中国校本教研与校本课程数字出版平台
中国校本教研网 www.schooledu.com.cn
◎特别推荐◎

高效校本研修模型构建艺术

Gaoxiao Xiaoben Yanxiu Moxing Goujian Yishu

总主编：刘永平　李秀伟
刘素雁 等著

江苏教育出版社

图书在版编目（CIP）数据

高效校本研修模型构建艺术/刘素雁等著. —南京：江苏教育出版社，2013.5

ISBN 978-7-5499-2846-0

Ⅰ.①高… Ⅱ.①刘… Ⅲ.①教育研究 Ⅳ.①G420

中国版本图书馆CIP数据核字（2013）第101174号

书　　名	高效校本研修模型构建艺术
作　　者	刘素雁等
责任编辑	严小英　雷利军
出版发行	凤凰出版传媒股份有限公司
	江苏教育出版社（南京市湖南路1号A楼　邮编210009）
苏教网址	http：//www.1088.com.cn
照　　排	润星之源文化有限公司
印　　刷	九洲财鑫印刷有限公司
厂　　址	河北省三河市灵山大口
开　　本	787毫米×1092毫米　1/16
印　　张	16
字　　数	262千字
版　　次	2013年5月第1版　2013年5月第1次印刷
书　　号	ISBN 978-7-5499-2846-0
定　　价	30.00元
网店地址	http：//jsfhjy.taobao.com
邮购电话	025-85406265，85400774　短信　02585420909
E - mail	jsep@vip.163.com
盗版举报	025-83658837

苏教版图书若有印装错误可向承印厂调换

提供盗版线索者给予重奖

《校本研修》

系列丛书

丛书编委会

主　任　刘永平

副主任　张　嵘　刘天宝　刘洪益　刘素雁

指导专家　齐　健　徐　洁　崔秀梅　刘德义

丛书主编　刘永平　李秀伟

本书编委会

本册主编　刘素雁

参与编写　王安存　田金芳　刘　青　刘素雁　李蓓蓓　李德花
（按照姓氏笔画排列）　李　蕾　李华强　李秀伟　关洪钢　任炳凤　乔　秀
庄明华　孙海玲　孙晓燕　孙云霄　辛秀红　林亚妮
金文玉　张君燕　张廷娟　金凤华　陈朝祎　赵　楠
姜美玲　耿艳丽　裴志星　谭　伟　董伟伟

前言

真实，所以超越

当几本书稿摆上案头，凌晨的台灯下，我轻轻地摩挲着每一个文字，这里记载了团队老师四年来在教育现场踩出的凹凸不平的足迹。我清楚地知道，这些饱含着教育情怀的文字皆出自老师们每一天在教育实践中的切己体察、虚心涵泳，这是在自己的土地生长出来的可以触摸的果实。

2010 年，当我的工作室在奎文区建立的时候，没有人告诉我们要做些什么，我们也不知道该做些什么。整整一年的摸索、探索，甚至我们自己都怀疑这样的一个工作室、二十几位老师聚在一起会有什么意义。然而，正是那些几乎荒废了的时光告诉了我们：高瞻远瞩、左顾右盼不是我们的发展之道，潜心课堂、内省自我才能够有明达与智慧的选择。

我们选择，在真实的教育现场做真实的教育研究。

我们定义自己所做乃小生产劳动者的事情，就像中国几千万中小学教师的平凡劳动一样，可是，这也是人之所依，墨子说：

“今人固于禽兽麋鹿飞鸟贞虫异者也。今之禽兽麋鹿飞鸟贞虫因其羽毛以为衣裘；因其蹄爪以为袴屦；因其水草以为饮食。……今人与此异者也，赖其力者生，不赖其力者不生。”

每一个人的努力劳作恰恰是最不平凡的事情。

我们忘不了：

一节课的研修，李蓓蓓、赵楠、王安存、裴志星……每人留下 5 万乃至 10 万字的记录；

凌晨五点李蕾老师发来的信息：李老师，你也一夜没有睡吗；

病床边姜美玲老师打来的电话：李老师，我把案例删去了 7000 字；

一年过去了，辛秀红老师开发的课程还没有名字，而学生已经深深受益；

每一次研究现场，刘素雁老师在精心呵护着每一位老师的发展与进步；

宋燕在读《艺术人类学》，林亚妮在读《尼各马克伦理学》，殷芝华在读《论自由》，李华强在读《知性改进论》……

这是教育的良知，“仁者爱之理，爱者仁之用”。把自己放进教育的最深处，渐渐地，一些简单却被忽视的道理浮现出来。

张志勇研究员多年来在山东省力行的远程研修，主张的教师第二课程，推进的教师读书计划，期待的卓越课堂改革在这里着陆。

在“校本研修”中，教师把自己放在舞台的最中央，历练出了教育的智慧，也发现了一个普遍可用的模型；

在“第二课程”开发中，教师把学生个性发展需要置于教育的终极目标上，构建起了一个完整开放的校本课程开发结构；

在“教育读写”中，老师们推己及人，用自己的笔墨人生解答一个学生可以持续发展的核心命题；

在“卓越课堂”构建中，老师们用自己的理论思维让课堂变得从此与众不同而价值无穷。

这四本书回答了教育理论与教育实践间最亲密的姻缘关系，是一个过程的记载，也是一段研究的陈述。

本书呈现的是自2012年开始的“教师第二课程建设项目”成果，最终以校本课程的形式转变了学校的教育行走方式。工作室的老师们和潍坊育华学校、潍坊市奎文区的部分学校在多年来校本课程研发的基础上，建立了一个基于“理解与改进”的校本课程建设范型，将课程产生、课程实施、课程评价、课程改进融为一体，赋予校本课程本身发展力。

这一范型的呈现只是就实践价值来观照的。回望，是为了更好地前行，而不是结束。

启明的星辰正在东方升起，我与我的朋友们，将继续同行！

李秀伟

2013年1月6日，泉城济南英雄山下

CONTENTS

目录

CONTENTS

第一章

改变何以可能

自从新课程实施以来，校本研修就成为中小学一线教师的重要课题。本章从教师校本研修的动力是教育教学中的问题、其他学校校本研修的成功经验，以及自己研修的思路等几方面出发进行了阐述。

校本研修是学校的一种研究制度，也是教师的一种研究方式，是指教师在教育教学实践中将遇到的一些具有个性化和真实性的问题作为研究对象的一种教学研究活动。促进校本研修与教师的日常教学实践融为一体，其目的在于让教师通过积极有效地开展教学研究活动，提高课程实施和教学实践的质量，实现学生、教师、学校的协同发展。当前，我国中小学校本研修在一定程度上提升了课程实施水平、教师专业素养及学校教育质量，但校本研修仍面临着诸多困境。厘清校本研修中存在的问题，对既往校本研修的范式与改进路向进行反思，对完善并发挥校本研修的真正作用具有重要的现实意义。

一、动力来自于问题

走进教学现场，会有许多有意义的发现：

这是一节高中历史课，教学内容是“百家争鸣的历史意义”。在这节课前，执教教师精心设计了一个导学案，目标指向于学生对百家争鸣历史意义的理解与建构。在教学中，这位教师从诸子百家讲起，略述了其中的一些主张和观点，继而将教学的重心转移到了对《庄子》的解读上，教师一个接一个地为学生讲庄子的故事，非常精彩与引人，足见这位教师的文化功底之深厚，最后，还剩下不到五分钟的时间，教师才结束了讲《庄子》，带领学生简单翻看了一下教科书关于“百家争鸣的历史意义”的论述，便匆忙下课。课下，执教教师谈到：“我本人太喜欢《庄子》了，对此研究也很多，所以课堂上的学习重点有了偏移，导致学生没能有足够的时间来理解、思考，继而建构起对于百家争鸣历史意义的思维模型。”显然，这位教师通过对自己教学的反思，明确地意识到了这节课的问题所在。研讨结束后，这位教师又去上课了，接下来他还要在另外一个班里上同一节课（高中历史教师一般兼任多个班级的课），笔者希望了解这次研讨使这位教师发生的改变，于是又与这位教师一起走进一个新的班级。然而，这节课上，这位教师同样把《庄子》讲得精彩纷呈，甚至下课铃声响了，他都没有讲完，最后只好补充了一句："同学们下课以后看一看'百家争鸣'具有怎样的历史意义。"

这是一节小学数学课，教学内容是"一个数比另一个数多百分之几"。上这节课的时候已临近寒假，教师为了搞一次教学研究，把寒假后的教学内容临时拿到这儿来学习。这本是一位非常优秀的小学数学教师，然而，由于假期将至以及师生准备不足等原因，这节课上得并不成功，教师匆忙地呈现给学生"一个数比另一个数多百分之几"的意义以及计算方式，使得大多数学生没能进行足够的自主思考，对概念一知半解。这节课上完后，包括执教教师、学校教研组教师、区教研人员、市教研人员一起进行了研讨、会诊，并形成了六个方面的改进思路。笔者建议，由学校研究团队在假期以后先行研究并观课修改，在教师第三次授课时，我们进行集体的观课、议课。在教师第三次授课时，整个研修团队的成员都到了，执教教师的这次教学显然流畅、顺利了很多，但是，在对学生的观察中却仍然发现"学生没能进行足够的自主思考，大多数学生对概念一知半解"的现象。而且，当打开假期以前的观课记录时发现，在教学的整体流程、细节指导、作业布置等方面，教师虽做了改动，但是没有实质的变化，几乎在重复春节前的教学设计。在课后的研讨中，专家组和学校研究小组共同总结的五个问题却和第一节课的问题完全重合，就是说，经历了三节课的修改，这节课的内涵几乎没有改变。

从上面的两个案例看来，问题是教师不思改变吗？显然并非这么简单。这是我们常见的学校校本研修活动，第一节课是由学校组织的听评课，当然有教师的反思，但是，仅仅靠教师的一次反思就能够解决他自己已经意识到的问题吗？事实证明是很困难的。第二节课是专家介入的深度教研，帮助教师发现优势与不足后引领教师改进，然而，教师却很难从根本上改变自己已有的经验与行为。马斯洛研究认为："我们每一个人的深层本性中都蕴含着两种力量，一是由于畏惧而使人坚持安全和防御，倾向于倒退，紧紧依附于过去，害怕失去已有的东西，害怕独立、自主和分离，害怕承担成长的风险；另一种力量则推动人向前进步成长，建立自我的完整性和独特性，充分发挥他的一切能力，树立面对世界的信心、勇气并认可他最深邃的、真实的、无意识的自我。”① 人的成长是一个变化的过程，而有意识的变化是需要情境支撑的，需要增进身处其中的人的真实感受和内在选择，缺失了对自我认知与认同的自然感受和选择，变化将是困难的。

在人的学习与改变中，包含行为学习、认知学习与感情力量。然而，学校一般意义上的听评课、集体备课、教学反思等并没有足够能量调动教师行为学习、认知学习与感情力量的结合，其实效性就大打折扣了。看来，改变与否并不完全是教师问题，而在于促进改变的校本研修方式有没有建立。

研究小组于2011年暑期对2021名教师进行了问卷调查，小学、初中、高中教师分别占38.6%、54.4%、7%，教师均为有一定研究能力并取得一定研究成果的中小学骨干教师。调研过程分三步，第一步是就校本研修进行开放式问题征集，发放问卷800份，回收有效问卷771份，问卷有效率96.4%。通过对调查结果的统计分析，从当前校本研修中存在的众多问题中归纳出最突出的四个焦点领域，即学生学科能力发展、课堂教学深层次改革、学校校本研修方式、教师专业发展支撑。第二步是分析、研究进而明确这四个焦点领域包含的一些具体问题。第三步是对这些问题进行大样本调研，发放问卷1021份，回收有效问卷1003份，问卷有效率98.2%。综合研究结果发现以下问题：

一是学生学科能力发展失位，面临课程价值困境。调研结果显示：29%的中小学教师认为“学科教学研究针对性不强”，“学生阅读、计算、表达等能力培养欠缺”；24%的教师认为“学生学科能力发展目标不明确”；18%的教师认为“学科教学全面育人功能与价值失落”。这些问题的主要症结在于教学研究既无力完成一般教育理论的迁移，也关注不到学科领域内学科课程的育人功能，使学生学科能力发展失位并由此体现为课程价值的现实性缺失。

二是课堂教学深层次改革缺失，面临教学改进困境。调研结果显示：29%的教师认为“学为基点的高效课堂欠缺学科教学支撑”；26%的教师认为“教师自发自为的教学改革面临交流困境”；23%的教师认为“备课、说课、上课、评课研究流于肤浅”；22%的教师认为“基于问题或主题的具体性教学研究较少”。总的来看，研究浮于表面，实践流于形式的现象比较普

① ［美］马斯洛．马斯洛人本哲学［M］．北京：九州出版社，2003.315.

遍，教师很难在关注课程价值的同时来建构相应的教学操作体系。尽管区域研究、校本研究和教师个体的教学研究都曾出现过许多有价值、有意义的成果，但停留在综合、整体描述的较多，而深入教学内在层面就某一教学问题进行研究的较少。教学研究成果缺乏成熟的系统性，缺乏有个性并能够深入推进的成果。

三是学校校本研修方式失信，面临组织形态困境。调研结果显示：从校本研修的“主体与指导”来看，32%的教师认为“教师单打独斗多，专业支持少”；从校本研修的“时间与效率”看，27%的教师认为“活动应对检评多，长期坚持少”；从校本研修的“组织与形式”看，24%的教师认为“学校常规活动多，研讨交流少”；从校本研修的“内容与形式”看，17%的教师认为“上级任务布置多，深入研讨少”。这些问题反映出学校校本研修呈现着非常强的外在“他组织”方式，教师“自组织”的教学研究活动得不到生存的空间，使校本研修不能有效解决教学研究中的现实问题，也并不能真正引领教师倾心于此。

四是教师专业发展与生命成长得不到根本的支撑，面临内省发展困境。调研数据表明，当前校本研修对教师专业发展的促进有六个不足，12%的教师认为“教师教学的幸福感缺失”，16%的教师认为“教师专业发展的组织支持力欠缺”，16%的教师认为“教师内在发展需要有现实无根性”，17%的教师认为“教师专业发展与教学实践脱节”，18%的教师认为“教学研究与教学反思缺乏方向感”，21%的教师认为“教师自我意识觉醒与组织学习的断裂”。通过研究提高教师的专业水平，继而实现对学生、学校发展的引领是校本研修的重要目的，然而，恰恰在这一点上却没有得到教师的认可。

在课程改革与学校谋求变革的背景下，校本研修在促进教师专业发展继而促进学生、学校整体发展中的作用面临挑战。挑战来自于校本研修的组织构建、运行方式构建、内在情感力构建等领域的交叉性与系统的复杂性。

二、有没有成功经验

从辩证和历史的视角来看，校本研修的综合性价值使其成为一个国际社会间共同的话题。我们当前校本研修中普遍存在的上述困境在借鉴一些成功经验中可以寻求到改进路向。

第一，从模糊泛化到专属精致促进学生学习。囿于一般性教学研究并没有完全关注课程价值与学生发展的诉求，教师的教学行为倾向于引领学生在空泛目标下学习，这是浅层次的学习。如在小学阶段就屡屡被语文教师强调的“有感情地朗读课文”这一目标与语文课程的大量目标几乎在每一篇课文的教学中共存，得不到专属于一节课或者一个阶段的重点关注和强化，学生似乎得不到让我们“看得见”的提高，貌似全面实则泛化的目标预设使每一个“点”的强化往往被忽视却让教学不堪重负。切入课程目标与教学改进的校本研修则清晰地呈现了对核心目标的重点关注，通过集中研究专属学习而使学生的发展脉络清晰化而促进学生发展。在这方面，日本从 1955 年到 1962 年逐渐探索并积极进行的“授业研究”，让教师按科目、年级等分成不同的小组准备“研究课”，每组定期开会，仔细讨论研究课的学习内容，确立重点，分析难点，针对难点设计教学，并由一位教师来执教，使“授业研究”具有课程内涵、组织视野、反复性等特征。目标专属、课程精致、教学组织的专业化使日本中小学教育质量在一定的时期内实现了显著提升。

第二，从经验范式走向研究范式提升教学行为。如果研究行为仅仅停留在经验层面上并不能够带来超越自我的思想。人们大多能够从自己的经验中抽取出理论的因子，张楚廷先生将这些人的行为同样理解为做技术性、工艺性工作，“虽然其中也有一些人能在娴熟技艺中产生特别的感悟，因而免不了有一定抽象性的理念或命题生出来，但这只是人的一种本能”。[①]“本能之说”对教师来说也并不例外，只有将自己置身于日常行为之上并对行为进行有意识地追问，才能够自我超越，这才是属于哲学层次的经验。正是在这一理念基础之上，2002 年，上海市基于青浦实验 20 多年的探索，针对教师专业发展进行了“行动教育”研究。这是一种在通常的教师培训形式之外提出的，以课例为载体、在教学行动中开展包括专业理论学习在内的教师教育。要实现的是三个关注：①关注个人已有经验的原行为阶段；②关注新理念之下课例的新设计阶段；③关注学生获得的新行为阶段。贯穿三个关注阶段的

① 张楚廷．课程与教学哲学［M］．北京：人民教育出版社，2003.17.

是教师的两次反思。”[①] 显然，这也是一种以课例为载体的，立足于多次设计与多次反思改进的教学研究方式，其最终效果也在于促进学生学习与教师专业发展。

第三，从制度教研走向非制度教研推动学校文化的建设。研究既是一种专业的科学理性行为又是寄寓着人的认知与心理内驱力的行为，由内而生是研究力实现的一种心理过程。拉·梅特里认为，“研究是任何年龄、任何地点、任何季节、任何时刻都可以得到的一种快乐。”当然，“一个明智的人，仅仅自己研究自然和真理是不够的，他应该敢于把真理说出来，帮助少数愿意思想并且能够思想的人。”[②] 可见，个体研究以及个体对于群体研究的影响都是可以自然实现的，这就使得非制度性教学研究有了思维空间。非制度性教学研究体现了一种新型的研究文化并对学校文化起着积极的涵化作用。从组织行为学上来看，这便是教师的自组织。山东省潍坊市奎文区幸福街小学以“皆为好之者”为思维起点探究了教师参与校本研修的五大自组织类型：“专业需求引发的研究自组织、领导小组辐射式研修自组织、个性教师发起式研修自组织、不同学科教师间的研修自组织、教学中的争议问题引发的研修自组织。”这是不存在外在指令的教师间基于需要相互默契又约定而成的教学研究形式。

第四，从问题解决到有目的性的超越以支持教师教学。教师通过教学研究活动解决问题是重要的，问题的解决与积累意味着教师实践性知识的获得，然而，“从教师的日常工作中可以看出，他们很少关注一般性问题，更多的是关注具体的问题”[③]，而一个个具体问题的相遇与随机解决却并不能自然积累为教师的教学经验，更难以通过这些问题的解决实现自我的超越。而基于课例的集体研究、个体反思、共同改进等行为则构成了这一有目的的、不断产生积极经验的过程。为了帮助教师不断积累经验并建构对于实践性研究成果的概念，2000 年，香港启动的“课堂学习研究”是“针对每一节课的教学内容来集体备课、教学观摩、协同工作，进行系统的反思，以达

---

① 王洁，顾泠沅．行动教育——教师在职学习的范式革新［M］．上海：华东师范大学出版社，2007.37.

② ［法］拉·梅特里．人是机器［M］．北京：商务印书馆，1959.7.

③ 马克斯·范梅南．教育敏感性和教师行动中的实践性知识［J］．北京大学教育评论，2008，(1)．

到更有效的教与学的教师专业发展过程，其终极目的是让学生进行更有效的学习”①。作为一种促进学生学习与教师发展双重价值与功效的“课堂学习研究”在充分运用变易理论的过程中，从内容（即课程）入手、反复授课、反复研究等关键要素对教师发展的促进作用显而易见。

三、我们的思路

2011年，我们将山东省小学远程研修中采取的课例打磨等方式迁移到学校，为校本研修带来了全新的探究方法，并拓展探究空间。

一是系统取向的自组织性。学习型组织的建立已经成为学校教育者的共识并已充分介入以校本研修为主要方式的教师专业发展领域，然而，“所谓组织（organizations），是指这样一个社会实体，它具有明确的目标导向和精心设计的结构与有意识协调的活动系统，同时又同外部环境保持密切的联系”②。组织的运作在于人与人之间的相互关系。作为一个同外部环境保持密切联系的活动系统，组织具有复杂性。学校校本研修的组织复杂性体现在组织内人员的价值诉求具有不稳定性，即便在同一教育价值观的引领下，也会因着力点的分散而使组织学习难以维系一个持续稳定的目标。自组织的行为体系通过对组织与个体的自我建构则能够突破复杂系统并实现机制重建与推进。

二是价值取向的课程化。国内外关于课程与教学、课程论与教学论关系问题的研究形成了课程与教学不可分割的研究与行为范式。从课程的角度来研究和组织实施教学为课程目标的选择与落实创造了条件，避免了知识内容的单一目标形态而更凸显了对学科能力目标的关注。学科教学在承载课程知识、能力、价值等核心领域目标层面上，其知识目标更倾向于教学内容层面，而其价值目标却不可能由某一节课来进行“训导”可得，只有学科能力的发展才是学生在课程学习中可以清晰获得的。课程与课程目标纳入校本研

① 卢敏玲等．课堂学习研究——如何照顾学生个别差异［M］．北京：教育科学出版社，2006.1.

② 理查德·L. 达夫特．组织理论与设计［M］．北京：清华大学出版社，2011.12.

修范畴，从课程的视角来寻找学生学科能力发展的支撑点使教学的指向性变得清晰、贯通与贯穿。

三是行为取向的笔墨样态。有效教学研究包含资料梳理和成果提升的高效度、高质量。现实却是，更多的成果提升过程是由专家来完成的，教师在研究中往往充当了基础性工作任务的完成并进一步默认了自己的这一经验提供者角色。专家介入的常规性研究并没有对教师产生实质性的专业引领，教师的专业收获只在实践性知识的外显性层次上徘徊。破解这一问题的根本还在于教师成为一个主动的“书写者”：记录研究过程、书写研究反思、摘录研究依据、撰写研究总结、构建研究成果等一系列“写”的过程就从实质上改变了教师的教育行为走向。“写”与“写出来的成果”不是目的，目的是教师的研究能够从一种“行为和口头文化”转变为一种“反思和笔墨文化”。

由此，一种新的校本研修思维在我们的工作室里产生，而山东省潍坊育华学校承载着工作室的全部工作，也承载起了新型的校本研修模型的建构。

第二章

校本研修：改进路向与模型建构

作者在本章中主要阐述了目前校本研修的改进路向与模型建构，主要有建立学习组织、发现研究主题、实施课例研修、评价改进成果。在这一模型中，作者在每一步都提供了具体的实践范例，为一线教师提供了成功经验。

校本研修可以成为以各学科课程价值与目标为依据，以学生学科能力的表现与培养为研究核心，以教师自组织并致力于教学改进与师生双向发展为价值取向的行动研究模型。研修模型的主体可以统整为：建立学习组织——发现研究主题——实施课例研修——评价改进成果。

一、建立学习组织

以理查德·L. 达夫特的研究来看，“组织具有两大变量：一是结构变量，包括正规化、专业化、职权层级、集权化、职业化、人员比例六个方面；二是情境变量，包括组织规模、技术、环境、目标与战略、组织文化五个方面”。[①] 当然，这一组织变量分析模型是基于严格的组织管理来呈现的，学习组织的构建既要充分关注这两个层面的变量，又要从学习的能动性层面引入自组织的建立原则。马克斯·韦伯认为，“一个组织可以是自律的或他律的，自治的或他治的。自律意指组织的秩序是由组织成员凭借自身的特质建立起来的，不管其如何达到这一步……自治意指领袖和管理干部皆是依据组织自己的秩序规章所产生，而不像他治的情况，完全由外人指派。”[②] 这应当是一种自组织的方式。自组织一方面保障了组织内部成员个性化的伸展，使其成为有着自我独立意识的成员，另一方面由于自我选择的过程使得组织内部成员的个性化更为积极，更容易形成凝聚力和核心价值观。

那么，学校校本研修的自组织方式是怎样的呢？从结构变量与情境变量

① 理查德·L. 达夫特．组织理论与设计［M］．北京：清华大学出版社，2011.17.

② 马克斯·韦伯．社会学的基本概念·经济行动与社会团体［M］．桂林：广西师范大学出版社，2011.89.

来看，组织一旦建立就是正规的。如围绕某一学科、某一课程目标的研究应当体现出充分的计划性，包括工作计划与教师的教学计划、研究计划等；这个组织是具有专业性的，身处其中的教师都会有专业化的分工，主备课人、主授课人（一般与主备课人为同一人），以及观课、议课、资料收集分工等都清晰明确。自组织性的学习组织也会在职权层级和集权化方面体现出部分教师的组织决策性，特别是以“名师工作室”“教研组研修”“研修发起者”等方式进行的研修，需要有统一的安排；从职业化来看体现得更为明显，即学习组织不仅要研究如何解决问题，还要以学习为核心进行内部的学习交流。当然，这个学习组织不是非常庞大，可以是一个小的教研组，可以是一个学科的联合，可以是一个发起人的发动，五六个人、七八个人都是可以的。这是一个自愿参加、双向调节的开放性学习组织，互助与分享将构成这个组织的文化氛围。

实践范例　自组织的研修形式①

校本研修是学校教师专业成长的主要途径，是彰显学校特色的主要内在力量。作为一名校本研修的组织者，清楚地了解当前校本研修的普遍形式大多是自上而下的组织活动，其实施过程基本是学校制度、规章下的教师们的被动参与，是一种非自觉的研修状态。在此状态下，教师的研究意识得不到唤醒，也谈不上专业成长，导致其校本研修处于应付状态，其成效也会是肤浅的。

要想让教师走专业成长之路，要想提高校本研修的成效，就必须改变校本研修中的非自觉状态，由他组织形式转变为自组织形式。

何为自组织形式？从组织的进化形式来看，可以把它分为两类：他组织和自组织。如果一个系统靠外部指令而形成组织，就是他组织。他组织只能依靠外界的特定指令来推动组织的形成并向有序演化，从而被动地从无序走向有序。如果不存在外部指令，系统按照相互默契的某种规则，各尽其责而又协调自动地形成有序结构，就是自组织。

为了改变当前校本研修中比较普遍的他组织形式，我们改变教师的教育

① 山东省潍坊市奎文区幸福街小学王安存老师提供。

理念，激发教师专业成长的热情，从而引发教师的自觉意识，并在校本研修中形成一种自觉的默契，由目前的他组织形式逐步转化为自组织形式。在我国前期的学校校本研修中涌现出了多种自组织形式。

（一）专业需求引发的研修自组织

这种形式的研修是学校研修的主要形式。由于老师们意识到了专业成长的重要性，所以都自觉寻求成长的途径，而成长的最好策略便是研究。课堂是教育教学的主阵地，对课堂教学的研究便成为了前期老师们校本研修的主要内容。从目标的确定到教学流程的设计，从教学策略的运用到课堂观察，每一次的课例研究都会让执教者、观课者在专业成长方面有质的飞跃。

我校的老师们自发地以年级组为单位进行课例研究。每个年级组就是一个课例研究的自组织。他们还确立了各自组织课例研究的主题，如一年级是识字课，二年级是口语交际课，三年级是诗词课，四、五年级是阅读课中的细读文本，六年级是习作互评等。各个自组织的课例研修的形式也不尽相同，有的自组织的研修形式是对组织中的同一位教师的多次磨课；有的自组织的研修形式是骨干教师和刚毕业的年轻教师轮流执教，同磨一堂课；还有的自组织的研修形式是两名青年教师轮流执教，同磨一堂课。

内心对专业成长的渴求，让我校的老师们自己组织并以适合他们年级段的形式进行研究。

（二）领导小组辐射式研修自组织

这一形式是学校校级领导接受了一个新的理念，然后在学校顶层管理层中先行实践，并在实践的过程中带动了更多人的认识，引发了中层管理和班主任们的自觉实践，从而实现了全校上下的共同进步。

上学期，我校校长提出了一个新的管理理念：走动管理。上学期，作为学校顶层管理的几个校级领导针对管理进行了尝试性的实践。在新理念指导下的这种实践带动了学校中层。本学期，中层们也在自己的管理中渗透这一理念，并逐步实践。理念指导下的实践形式所带来的变化影响着来自一线的老师们。于是，“走动管理文化的建构与运用”便作为了一个“十二五”省级课题，全校教师共同实践研究。

（三）个性教师发起式研修自组织

每个被命名的个性教师肯定在教学这一领域内有自己独到的成功做法。个性教师会在学校内充分发挥他们的引领作用。由于个性教师多来自一线，他们很容易与一般教师组成一个实践的共同体，校本研修中，在个性教师的引领下，一线教师会获得专业成长。

作为奎文区幸福街小学的第一批个性化教师，我的发起带动便是很好的例子。经典诵读是我校的教学特色。如何让学生兴趣盎然地诵读经典？这是诵读之初我们的困惑。面对我们成人都有些难懂的文言、半文言的经典作品，要想让小学生诵读，一定要有一些策略方能调动学生的兴趣，方能提高诵读的效率。前几年，我在“如何引领小学生诵读经典作品”方面做了一些探索，也稍有成色，于是就在学校内推介了我的诵读策略。学校多数语文老师都在模仿并创新运用这些诵读的策略，此举不但营造了很好的诵读氛围，而且把诵读经典活动搞得扎实、有效。本学期，在我区的连片教研中，小课题连片教研，我的诵读策略得到了更大范围的推广，激发了教师的热情，起到了很好的带动作用。

（四）不同学科教师间的研修自组织

不同学科教师的专业知识、经验背景以及各自的兴趣、爱好也大都不同。这些不同学科的老师因为教学中的某个问题而形成了自发式的自组织。他们通过合作、交流与分享，从不同侧面和角度实施教育教学。

如我校六年级的语文老师们在设计《长江之歌》这堂课时，其中一个环节是需要教师教唱这首歌，但是，多数语文老师的歌唱水平比不上音乐老师，于是，他们在教研活动时就让音乐老师也一起参与，或是学唱。有的实在歌喉并不美妙的老师就和音乐老师一起走进教室，在课堂中，有诵，有唱，学生感受深刻，受益匪浅。在平时的教研活动中，这样的自组织形式还有好多。

（五）教学中的争议问题引发的研修自组织

在我们的教育教学活动中，有争议问题的出现是不可避免的。对这些有争议的问题进行自觉研究，也是我校校本研修的形式之一。上学期，我校教师进行了一次诵读展示活动。在展示诵读内容时，老师们对苏轼的词《江城子·记梦》是不是应该作为婉约派的代表展示出来引发了争议。有的认为这首词不能作为婉约派的代表，因为婉约派词多是宫词，婉转、圆润，吟诵花、柳之物的，而《江城子·记梦》太悲情。有的认为，这是典型的婉约派，就应该展示这首，原因是婉约派词多是展示儿女情长的。围绕该不该展示这个问题，老师们自觉地形成了两个小组织。他们查资料，不断地交流，尽力地想说服对方。在这次诵读活动之后，他们还展开了与之有关的一系列的研究活动：豪放派的词有哪些？该如何诵读？婉约派的词有哪些？该如何诵读？为此还进行了一次引领学生诵读宋词的教师课堂比赛。

不管是哪种形式的校本研修，只要是自组织的，其研修就是高效的；只要是自组织的，其研修就是有兴致的；只要是自组织的，教师的专业成长就是迅速的。

二、发现研究主题

研究什么？这是个重要的问题，这也是校本研修有别于一般教学研究的核心所在。通常的教学研究往往是针对一节课的教学内容来的，研修的结果是上好了一节课，然而这节课承载的研究目标和价值却是模糊的。基于学科教学改进的校本研修模型首先是从确定学科课程的研修主题开始的，要研修的是学科课程领域内的目标或者教学行为策略，而不是某一课的教学内容。这就是说，当我们选择“如何抓住关键词句体会人物思想感情”这一主题时，我们可以选择小学课文《装满昆虫的衣袋》、初中课文《故乡》、高中课文《一滴眼泪换一滴水》来承载研究，这样也就走向了从研究文本教学到研究课程教学的转变。

其实，研究主题大多是在学习组织建立之初就已经明确，确立过程本身就是研究的一部分，是伴随着研究与发现而得来的，所以有效的校本研修特别关注主题的发现过程。一是由教学理念转化来的研究主题。理念的碰撞与观念的更新自然带来新的思维方向和思维方式，这些都可以作为研究主题确定下来。二是课程价值内含的问题可作为研究主题。课程性质与课程价值往往决定学科教学的基本走向。语文、英语同时具有工具性与人文性的统一问题，但在不同学科显然会有不同的体现，这就为教学研究寻求到了切入点。三是将教学过程中遇到的问题作为研究主题。研究主题可以立足于解决学科教学领域内具有一般意义的问题，也可以立足于教学中遇到的小问题。四是组织建立后主动寻找的研究主题。以“伙伴协商”或“头脑风暴”等方式可以确立研究主题，如一所学校的语文教师团队针对“一、二年级学生亟需培养的学科能力有哪些”这个问题开展了头脑风暴，通过多轮次的思维碰撞与理性筛选将该问题确定为了研究主题。

确立主题的方法并不唯一。还可以从学校的整体价值建构中寻求研究主题，结合学校的发展规划，回归学科课程来思考切入点和着力点，由此构建的研究主题容易得到组织内成员的理解和认同，也容易进行校本化的推进。有些教师基于个人对学科教学本质的深刻理解与领会，自主提出研究主题并交由组织内讨论和最终确立，也可以成为一种有意义的主题确立方式。

实践范例　因“需”而定的研修主题[①]

校本研修对于增强教研活动实效，提高教学质量，培养学生的学科能力具有非常重要的意义。在开展校本研修过程中，我们认识到，要想开展好校本研修活动，首先要确定好学科教学研究的主题。那么研究主题如何确定？我们认为一定要因“需”而定。此“需”所包含的内容有：课程有效落实的需要、学生发展的需要、小课题研究的需要、教师发展的需要等方面的内容。只有基于这些，认真开展学科校本研修活动，才能使其真正发挥实效。

（一）基于课程有效落实的需要，确定学科研究主题

1. 转变课程理念，确立研究主题

叶圣陶先生早在1978年就说过：“教师教任何功课，‘讲’都是为了达到用不着‘讲’。”换个说法，“教”都是为了达到用不着“教”。叶老又说：“语文教材无非是个例子，凭这个例子要使学生能够举一反三，练成阅读和作文的熟练技能。”这与新课程要求“用教材教”或“教语文”是透过课文

① 山东省潍坊市奎文区圣荣小学李蕾老师提供。

这个载体，能看到课文中适合本年级学生学的知识、能力，特别是阅读能力的要求是一致的。

在校本研修过程中，我们逐步认识到：教师在课程观上更倾向于课程是知识或学科的理解。在今天新课程改革的背景下，这种课程观仍然在老师的思维意识中根深蒂固，占据着主流的地位。不难看到，在实际的语文教学过程中，大部分老师真的是忙于“教教材”，立足于把课文教深、教透，特别是把课文的思想内容分析透。正是因为认识到了这一点，潍坊市中新双语学校的李蓓蓓老师在沈大安、吴忠豪、李秀伟等专家的指导下，认真分析自己所教的五年级学生对于知识、能力的要求，将“阅读课教学流程”确定为自己的研究主题。通过开展新型的“阅读教学流程”课例研究，经过反复打磨，她所执教的《装满昆虫的衣袋》一课作为2011年山东省小学教师远程研修课例，供全省的小学语文教师学习。2011年10月，她的这节课荣获“全国目标教学课堂教学大赛”一等奖。

李蓓蓓老师在自己的反思中这样写道：“在校本研修的过程中，我们的研究主题看似有些偏离，不是在研究中高年级阅读课的基本流程，倒成了一种理念的转变。其实，教学流程的设计离不开教学理念的指导，有什么样的教学理念就有什么样的教学流程。所以，归根结底我们的研究主题还是没有改变的。现在，语文教学正处于一个转型期，如何处理好‘人文性’与‘工具性’的统一，如何落实好叶圣陶老先生的‘教是为了不教’，这是我们作为教学一线的教师应该扎扎实实做好的基本工作。”

沈大安教授在《观李蓓蓓老师〈装满昆虫的口袋〉后记》一文中写到：“李老师打磨这个课例的时候，正是我国小学阅读教学开始转型的时候。2010年，一些语文教学专家纷纷呼吁我国小学阅读教学转型，比较有代表性的观点有：全国小语会理事长崔峦提出《和“内容分析”式的阅读教学说再见》(《小学语文》，2010年第9期)，台湾小语会会长赵镜中写了《“教教材”和“教阅读”》(《小学语文教师》，2010年第5期)，上海师范大学教授吴忠豪发表的《教课文？教语文?》(《小学语文教学》，2010年第4期)。这些专家的共同观点是，小学语文教学要走出教‘课文内容’的误区，走向教‘课程内容’；对阅读教学来说，要从‘文本解读’过程走向‘阅读能力培养’过程。

李老师在课例打磨中，逐渐领悟了这一转向的重要意义，并在自己的课例中尝试实践。李老师的教学为我们从‘教课文’走向‘教语文’、从教‘课文内容’转变为教‘课程内容’起到了示范作用。”

2. 把握课程本质，确立研究主题

孙云霄老师的研究主题是“小学生诗词鉴赏结构研究”。这个主题的确定，除了跟她个人喜爱诗词有关外，还跟她对诗词教学本质的深刻理解有很大的关系。在教授李清照的《如梦令》时，她恰好读了日本教育家小原国芳、印度哲学家诗人泰戈尔、北大教授钱理群的书，发现他们都表达过同一个意思：语文是一个民族的灵魂，诗歌是灵魂的内核。诗词是生命的歌，是美的化身，是值得后人咀嚼、消化、回味的精神食粮。诗词的阅读与欣赏应当跨入美学领域，用心灵去捕捉诗的意象和境界。于是，她确定了“小学生诗词鉴赏结构研究”这个研究主题。

（二）基于学生发展的需要，确定研究主题

1. 从培养学生学科能力出发，确立研究主题

培养学生的学科能力与素养是校本研修的一个重要方面。那么学生的哪些学科素养与能力已经形成，哪些素养又该亟需养成，我们又该从培养学生的哪种能力入手呢？奎文区圣荣小学的语文老师们针对“一、二年级学生亟需培养的学科能力有哪些”这个问题开展了头脑风暴活动，她们共从听说读写等 7 个方面找出了 26 种学生亟需培养的语文学科能力，然后又让每个老师根据自己教学的实践，把这 26 种亟需培养的学科能力进行排序，汇总结果。经过分析，排位占前 3 名的，是所有学科都需要培养的，于是就确定排位占第 4、5 位的“不爱读书，不会读书”“读书拖长声、唱读、没有感情”作为她们要解决的问题，从而将“有感情地朗读课文的指导”确定为研究主题。

潍坊市育华学校裴志星和赵楠老师也采用这种方法，分别将自己的研究主题确定为“培养学生的问题意识能力”和“小学英语单词课文新授课模式流程研究”。

2. 从关注学生的学习经验、引领学生发展入手，确立研究主题

《基础教育课程改革纲要》提出：“改变课程内容‘难、繁、偏、旧’和过于注重书本知识的现状，加强课程内容与学生生活以及现代社会和科技发展的联系，关注学生的学习经验。”潍坊市德润国际双语学校的孙晓燕老师

发现当前学生学习物理难的主要原因是：学生的课余时间多被各种辅导、电视、网络游戏占用，而对生活中的现象缺乏基本的观察，造成了感性认识的缺失，使学生失去了物理学科的学习基础与经验。为此她将引导学生观察生活中的物理现象，培养学生的观察能力、归纳总结的能力，并通过最生活化的课程，将培养学生主动观察、主动思考的意识作为自己要研究的问题，从而将研究主题确定为：生活观察课程的开发和课堂实施策略。

（三）基于小课题研究的需要，确立研究主题

近年来，在潍坊市奎文区教育局大力倡导下，小课题研究成为奎文区老师们日常教学研究中的一项重要工作。为了提高研究实效，很多学校教师将小课题研究与校本研修活动相结合，根据小课题研究的需要确立研究主题。如奎文区圣荣小学语文、数学、英语组的教师根据自己的小课题研究需要，分别确定了“小学低年级数学学科读说品质的培养”“小学低年级数学学科计算品质的培养”“小学低年级数学学科听写品质的培养”“小学低年级英语学科倾听与阅读品质的培养”“小学低年级英语学科说与写的品质培养”等研究主题，扎实开展研究，既完成了小课题研究的任务，又提高了课堂教学效率，可谓一举两得。同样，日向友好学校的陈朝祎老师和十三中的谭玮老师也是根据小课题研究的需要确立了自己的研究主题。

（四）基于教师发展的需要，确立研究主题

新入职教师有着强烈的专业发展欲望与需求，但是由于教学实践不足、经验匮乏，他们在课堂教学中往往会遇到许多令他们觉得无法解决的问题，这些问题成为他们快速成长的最大障碍。为此，奎文区圣荣小学组织本校新教师就“课堂教学中遇到的问题”这一主题开展了一次头脑风暴活动，新教师们畅所欲言，说出了自己在教学中遇到的困难，共梳理出 30 个问题。老师们根据自己的教学实际，各选择一个最困扰自己的问题作为自己的研究主题，开展课例研究。研究主题如下：如何营造英语课堂教学氛围，怎么让学生注意力集中，怎么提高学生的课堂参与度，小学中年级阅读能力的提高方法。每位教师通过 3 次以上的课例打磨与研究，都找到了解决这些问题的方式与方法，解决了困扰自己成长的难题。

当然，学科校本研修主题的确定，还可基于中、老年教师发展的需要，基于学校特色工作开展需要，基于教育改革的需要等。但归根结底，这些研究主题都要围绕课程观来确定，都是为了落实课程目标，从而提高学生的综合素质，促进教师、学校发展。

三、实施课例研修

在广泛借鉴国内外研究成果并结合校本研修的新路径反思验证后，可以确立这样的课例研修模型。（见下图）

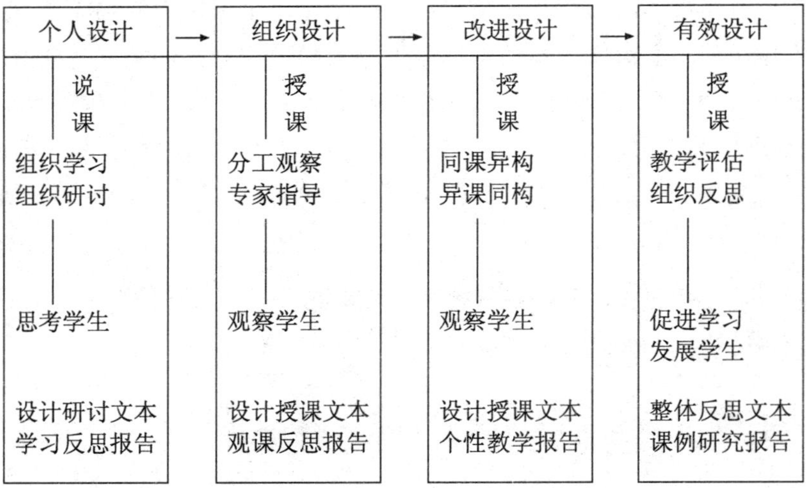

课例研修模型图

课例研修模型分为四个层次，分别由四次教学设计作为外显流程，每一次教学设计之后所产生的一系列研修行为就构成了研修的整体活动。

1. *横向：四层次研究的跨越循环*

从研究的行为指向上来看，研修过程总体划归为横向四层次，横向四层次事实上都围绕着最外显的第一层次即“教学设计”层次展开。从研究行为指向上来看，第一层次是教师的四次到多次教学设计：“个人设计”→“组织设计”→“改进设计”→“有效设计”。第二到第四层次是研修过程的内在结构，并不是唯一或者固定不变的，根据研究的需要可以进行内容和形式的调整，但大致经历研修的一般过程。第二层次是教师四次到多次设计后的说课或者授课研讨过程；第三层次是教师四次到多次组织内研讨的过程；第四层次是组织学习中留下的文本材料。（各层次操作要点见课例研修模型图）

从研究的价值指向上来看，在第一层次的教学设计循环中，体现的是执教教师理念的更新与教学改进的主动性，通过四次到多次的教学设计，教师将不断修正自己对于教学的认识并形成新的行动方案，这是课例研修中最外显的研究过程。当然，教学设计的改变来自于第二层次的组织学习与研讨过程以及第三层次对于学生的学习效果的关注；第四层次则是研修过程中留下来的文字资料与过程性研究成果，在于教师对于笔墨文化的趋向。

2. 纵向：层次内研修的推进

“个人设计”意指基于教师个人教学经验的设计。在“个人设计”引领的纵向流程中，教师要做的是在研修组织内先说课，说课要点也要集中于怎样通过这一教学内容体现研究主题，实现课程目标，促进学生发展上，由此引发小组内的专业研讨。研修组织内的研讨因为有了核心目标的导向，有了具体教学内容和教学设计的支撑，所以很容易形成专业化的思维。同时，限于教师认知水平较低等因素，这一过程的研讨并不是单纯坐而论道，根据研修主题、课程目标、教学行为设计等，可以将研修与读书、查阅资料结合起来，使研修的专业性进一步增强。个人设计后的研修结束后，授课教师根据留下来的研讨文本材料或专业资料，写下学习反思报告，以此开始第二次教学设计。

“组织设计”意指研修小组经过研讨、学习后经教师反思修改后形成的教学设计。在“组织设计”引领的纵向流程中，教师会进行现场授课，而研修组织成员则分工观课，每位成员选择不同的课堂观察点进行课堂观察，观课后要形成详细的观课报告，供组织研讨与授课教师反思用。由于有了分工观课，所以能够协调发挥组织学习的优势，同时使得观课、评课都有了专门的视野，针对性增强了，数据资料等齐全了。而授课教师根据这些丰富的课堂反馈文本材料可以形成自己更有针对性的教学反思，并能够有针对性地改进教学设计。

“改进设计”与“有效设计”分别是在第一次分工观课议课和第二次分工观课议课后形成的教学设计。当然，执教教师的每一次设计、授课之后的研讨方式是可以有区别的，比如在分工观课、专业指导之外，还可以组织同课异构、异课同构、教学评估、组织反思等活动使研讨渐入深境。在对同课异构和异课同构的理解中，基于研究的课程价值应该有全新的理解：所谓同课异构不仅仅是同一节课有不同的上法，而是通过同一节课承载不同的课程目标或研究主题。

研修过程不是封闭的，不仅限于四次设计、三次授课、四次研讨，可以更多次，也可以根据需要调整为两到三次；每一个研修流程的时间没有具体的限定，可以一到两周，可以一到两个月，可以一个学期，甚至一年。

实践范例　一个完整的研修过程①

第一步：研究学习团队的组成

研究学习团队共有 7 位教师，奎文区德信现代学校的辛秀红、丁欣、潘福顺、张敏；奎文区胜利东小学的王晓燕、王宏云；奎文区孙家小学的穆会清。

我们团队的目标就是通过“课例打磨”的研修活动，让自己真正走进教学研究，在专业的道路上越走越远，真正成为一名研究型教师。明确的目标把三个学校的七名老师凝聚在了一起，组成了一个研究学习的团队。

团队成员各有特点。潘福顺是团队里唯一的男性教师，他上课语言干练严谨，其课堂是属于思维型的；丁欣是数学系毕业，并且是二级心理咨询师，她能从心理学的角度分析每个环节的设计是否符合学生的心理特点；张敏的课堂风格是润物细无声，能让每个孩子在老师的关注下学习；王晓燕爱思考、喜欢读书，她在培养学生自主探究方面有独特的方法，她在课堂上不断让学生提出问题、解决问题；王宏云非常理性，具有丰富的教学经验，总是从不同的视角看问题，能给人以启迪，是良师益友型的老师；穆会清老师刚大学毕业，工作热情高，能认真对待每一次活动，虚心好学，是很有发展前途的年轻老师。

第二步：研究主题的确定

我们课例打磨的主题是青岛版三年级下册第四单元第一课时“面积和面

① 山东省潍坊市奎文区德信现代学校辛秀红老师提供。

积单位”。

我们团队研究的课题是《小学生数学思维能力的培养策略研究》。在前面的研究中，主要是在“问题解决”课型中探寻培养学生数学思维能力的有效策略。“空间与几何”内容在联系现实世界、构建直观模型方面，有着其他领域的知识不可比拟的优势。作为一种形象、直观的数学模型，几何教学在激发学生直觉思维、增强学生好奇心、发展学生创造力和思维想象力方面具有不可替代的作用。

这次课例打磨的目的是要找到更多培养学生思维能力的有效策略和途径。

确定课例打磨的主题后，结合李秀伟老师的学科研修计划，研修团队认真制订了“面积与面积单位”磨课计划，确定了辛秀红作为执教教师。

围绕课例打磨主题，团队进行了“三重研读”。

一研课标。经过研读课标，我们知道“面积与面积单位”是属于“空间与几何”领域的测量内容，其要求主要包括：体会测量的意义；体会并认识度量的单位及其现实意义；了解度量的一些基本方法；掌握一些基本图形面积测量方法和公式，在具体问题中进行恰当的估测。面积单位是比较抽象的概念，所以要让学生通过实践活动，在具体的体验和感悟中认识它们的实际意义，并积累活动经验，从而培养学生的空间观念。学习内容来自学生生活实践，学生在已有经验的基础上学习，能使学习更有效。

二研教材。通过对教材的深入研读，我们明白了本单元内容的教学，是在学生已掌握了长方形、正方形的特征，并会计算长方形和正方形周长的基础上进行的。小学生从对一维大小长度的学习到对二维大小面积的学习，是空间形式认识发展上的一次飞跃。学好本单元内容，不仅有利于发展学生的空间观念，提高解决实际问题的能力，而且还能为他们以后学习其他平面图形面积的计算打下基础。

三研学生。通过与学生的沟通，“面积”这个词学生在生活中有所接触，对面积的几个常用单位也略知一二，虽然认识还非常肤浅，但这些都是学生已有的生活经验，是学生学习这一节课的基础。但是，学生对于本节课内容的先前知识是抽象的、陌生的，于是“体验面积概念的形成过程、注重常用面积单位表象的形成、注重在直观操作及形式多样的活动中体验，进而形成表象”就成了研修过程中的坚定目标。

第三步：基于个人经验的第一次备课

【教材分析】

“面积和面积单位”属于“空间与几何”领域，是三年级数学下册第四单元“长方形、正方形面积”中的教学内容。这一单元主要包括：面积和面积单位；长方形、正方形的面积计算；面积单位的进率；常用的土地面积单位。作为单元的第一课时，面积和面积单位是在学生初步掌握长度和长度单位、长方形和正方形的特征及其周长计算的基础上进行教学的，在空间形式上经历了“从线到面”的飞跃，是从一维空间向二维空间转化的开始，更是后面学习面积计算的基础，是小学阶段几何教学的基础知识。

学生第一次接触到“面积”这一概念，“面积与面积单位”的学习，对学生学习平面图形（平行四边形、三角形、梯形）的面积起着铺垫、支撑作用，所以教师要做的就是将面积的意义和面积单位的知识及数学思想植根于学生的经验之中，这样，学生的所有经验就会为以后平行四边形、三角形、梯形的面积计算公式的学习打好基础。

【教学目标】

1. 利用动手涂画比赛让学生初步感知面积的概念。

2. 在看一看和摸一摸、说一说等活动中，让学生经历探索物体表面和封闭图形大小的实际问题的过程，初步理解面积的含义。

3. 在讨论探究的过程中，让学生体会引进面积单位的必要性，认识到常用的面积单位有平方厘米、平方分米、平方米，形成正确的表象，并会应用这些常用的面积单位。

4. 通过动手操作，发展学生的空间观念，对不同的面积单位有亲身的体验。

【教学重点】

理解面积的意义，掌握常用的面积单位，建立面积单位的表象。

【教学难点】

1. 建立面积的概念和面积单位的表象。

2. 在操作中体会引进统一面积单位的必要性。

【教具准备】

多媒体课件、五分硬币、正方形小纸片、方格纸等。

【教学过程】

一、比赛设疑，导入新课

教学预设1：出示两个大小不一样的长方形，让男女生进行涂色比赛。

设疑：他们为什么会输？

教学预设2：可能一拿出这两个大小不一的长方形学生就会质疑，然后可以不进行比赛，直接引入面积的概念。

引出课题：面积。

二、自主探索新知识

1. 初步感知面积的意义

教师指出：在我们周围的物体都有面。引导学生结合生活中的面，边说边摸，说说谁的面积大，谁的面积小。让学生感受面的大小就是面积。

2. 认识面积单位

(1) 出示一个长方形、一个正方形（这两个图形不容易分辨大小）。

(2) 引导学生想办法来比较两个图形面积的大小。（分小组讨论用什么方法可以比较出面积的大小，再交流）

(3) 为了更好地比较，老师给每个小组准备了很多材料，学生可以借助材料来想办法。（学生分组讨论，并动手操作）

(4) 学生想出了很多种方法进行比较，请各小组的同学上台介绍方法。

(5) 小结：我们有很多种方法，这些方法都用了不同的标准。

讨论：哪种方法最好、误差最小？（学生畅所欲言，谈自己的观点）

得出：用正方形的误差最小。

(6) 创设情境：都用正方形纸片的面去测量小黑板的面积，为什么有6块和24块两种呢？（让学生意识到正方形的大小也要统一）

(7) 请学生用正方形纸片测量橡皮一个面的面积，在学具中找出用哪种正方形比较合适？

(8) 根据学生的回答得出：这个小正方形的面积是1平方厘米，观察一下它有什么特征？（数学家经历了一个曲折的探索过程，创造出了边长是1厘米的正方形，把它的面积叫做1平方厘米；指出平方厘米是一个面积单位）

(9) 找一找周围的物体哪些面积大约是1平方厘米。

(10) 估计橡皮的面积，再量出橡皮的实际面积。

小结：有了统一的面积单位，测量的结果就都一样了。

(11) 让学生用1平方厘米测量桌面和地面面积，说说你的感受。

(12) 能根据需要创造出更合适、更多的面积单位吗?

得出：平方分米、平方米、……

(13) 将得出的面积单位逐一分析研究。

它是什么样的图形——它有多大——用手比划——找出周围的物体。

(14) 感受1平方米有多大。

A. 看1平方米可以站几个同学。

B. 估计屏幕有几平方米?

(15) 回顾前面比较两个省份的实际面积——平方千米。

三、拼图游戏

拼出8平方厘米的图形。

四、全课小结

其实有关面积的知识还有很多，希望同学们在以后的生活中不断收集有关面积的知识，丰富自己的头脑。

第四步：第一次群组备课

执教者辛秀红完成第一次教学设计后，进行了执教前的说课，然后大家围绕教学目标的制订、教学环节的设计以及课堂练习的设计，进行了研讨。

1. 关于教学目标研讨

第一个教学目标——“通过涂色这个活动初步感知面积的含义”太理想化，也偏离课程标准中的“结合实例认识面积”的要求。第二个教学目标在教学过程中没有很好地通过活动来实现。第三个教学目标中通过动手操作来发展学生的空间观念，目标不明确，教学中不易实现。

研讨后，制订了本节课新的教学目标：

(1) 经历比较图形大小的过程，理解面积的意义。引导学生学会用面积单位测量指定物体的面积，培养解决实际问题的能力。

(2) 在探究过程中，引导学生体会引进统一面积单位的必要性，从而认识面积单位平方厘米、平方分米、平方米，形成对三个面积单位的表象，并会应用这些常用的面积单位。

(3) 培养学生的观察、分析、比较、概括等能力，并在实际操作中，增强合作交流意识，提高操作技能，发展实践能力，体验数学与生活实际的联系。

2. 关于面积概念的教学研讨

（1）重新审视教材，教材中没有给出明确的“面积”定义，而是设计了买新房子的平面图，比较餐厅和厨房的大小这一情境，让学生通过不同的比较方法体会统一面积单位的重要性。结合以前的教学经验，如果学生不能很好地体会面积的定义，在以后的学习中，就容易和周长混淆。所以，我们在教学中要借鉴北师大和人教版中的关于面积的定义：“物体表面或封闭图形的大小，叫做面积”。面积就表达了以下两个层面的意思：物体表面的大小；围成平面图形（封闭图形）的大小。

（2）面积概念的构建，是要通过学生亲身经历，通过学生与学习环境的交互作用来实现的。“面”是什么？说不清，道不明，但只要动手“指一指”“摸一摸”“比一比”，学生就能做到心中有数了。在大量直观、实践、体验活动中，学生能实实在在感受到“面”是什么，进而归纳出面积的定义。

3. 关于让学生体会统一面积单位必要性的研讨

在研讨中，是否有必要让学生体会统一面积单位的必要性，这也是大家争论最为激烈的环节。根据以往经验，如果教师想让学生在课堂上通过动手拼摆等一系列活动，充分经历面积和面积单位概念的形成过程，亲身体验统一面积单位的必要性，并进一步探索用正方形表示面积单位的合理性，就必须为学生提供充分的探索和研究空间，课堂上的 40 分钟根本没办法完成。有的老师提出，面积是一种陈述性的概念，面积单位都是人为规定的知识，在学习长度单位的时候，已经让学生体会到了统一长度单位的必要性，现在还有没有必要用大量的时间让学生再体会统一面积单位的必要性？然后大家一起再次研读课标，寻找解决问题的办法。《数学课程标准（2011 版）》在第一学段要求：“结合生活实际，经历用不同的方式测量物体的长度，体会建立统一长度单位的重要性。”这种要求对面积单位和体积单位也是同样适用的。找到了依据，那么我们再来认真研读教材，大家一致认为要让学生体会并收获选择什么样的工具来度量面积最合理，从而体会到统一面积单位的必要性和重要性。

第五步：执教者的第一次个人反思

“面积和面积单位”第一次备课完成后，学习团队的老师们对每个教学环节的设计进行了集体研讨。通过研讨，我对“面积和面积单位”这一节在整个小学数学阶段的地位，以及通过这一节课如何实现培养学生的思维能力有了重新认识和思考，这让我潜心思考了这节课的设计哪些地方存在问题，哪些地方值得借鉴。

在大家研讨后，我又认真研读了青岛版教材，发现青岛版教材弱化了对面积概念的教学，只是让学生初步感知什么是面积，不是抽象出具体的面积定义。但是根据自己以往的教学经验，我知道，如果学生对面积的含义不理解，会把面积和周长混为一谈，甚至有的学生到了六年级还会用地面砖的边长铺地。教学中融合人教版教材和北师大版教材中对面积的定义，让学生从物体表面的大小和封闭图形的大小两个方面进行理解、归纳、总结面积的定义。因为面积概念抽象，所以想让学生通过身边具体的实例，通过比一比、摸一摸、说一说等一系列活动调动各种感官，真正去理解面积的定义。

第一个环节想通过出示一大一小两个长方形，让学生进行涂色比赛，引导学生对比赛结果进行质疑，还寄希望于还没比赛学生就会质疑：长方形的大小不一样这样的比赛肯定不公平。设疑：为何不公平了？涂色部分表示的是长方形的什么？从而引入面积的学习。老师们在研讨的时候，对此提出了不同的意见和建议，因为如果这样比赛，不确定的因素太多：穆老师提议比赛规则要讲清楚，必须要均匀地涂完整，不能用斜线，不然影响比赛效果；张敏老师建议用两片形状相同的树叶让学生比较大小导入新课；丁欣老师建议让学生拓下自己的小手，比较谁的大谁的小。最后交流后，大家否定了以游戏导入的方案。因为长度单位是以前学习的内容，与这一节课有着紧密的联系，所以我们直接以复习导入，简单明了直奔主题。

教学中，在让学生初步感知面积的意义的时候，只向学生强调了对物体表面的大小感知，而忽略了对封闭图形大小的感知，没有设计让学生归纳总结面积的含义，导致学生没有很好地调动感觉建立面积的表象。所以借鉴人教版教材，这里需要进行重新修改。

教学中创立面积单位的环节，没有运用总结比较的方法，而是直接进入了统一面积单位重要性的学习。这个环节的处理不够细致，既没让学生学会知识，又不能很好地培养其能力，这个环节需要重新构思，结合大家的建议这里应该加上“观察法”“重叠法”，为后面“数方格”的方法打下基础。

在面积单位大小的空间观念的建立上，教师在处理上还不够细致，没给学生更多的空间和时间去体会，根据群组老师的建议，这个教学环节还需要进一步完善。

总之，在第一次设计中，我太注重了学生对知识的掌握，忽略了挖掘教材深层次的内容以培养学生的数学思维能力。所以，不论什么时候，都要认真研读新课程标准，做好学情调查。

第六步：群组研讨基础上的第二次备课（组织备课）

【教学目标】

1. 引导学生经历比较图形大小的过程，理解面积的意义。学会用面积单位测量指定物体的面积，培养解决实际问题的能力。

2. 在探究过程中，引导学生体会引进统一面积单位的必要性，从而认识面积单位平方厘米、平方分米、平方米，形成对三个面积单位的表象，并会应用这些常用的单位。

3. 培养学生观察、分析、比较、概括等能力，引导学生在实际操作中，增强合作交流意识，提高操作技能，发展实践能力，体验数学与生活实际的联系。

【教学过程设计】

一、情景引入，导入新课

1. 我们在一年级的时候就学过比较，下面，我们来比一比。

(1)（出示两支不同长短的铅笔图）哪支铅笔长？

比较哪支铅笔长，是将两支铅笔的什么在做比较？（长度）常用的长度单位有哪些？（学生说的时候，教师板书表示长度单位的字母）

(2) 黑板和你们的课桌，哪个大？

比较黑板面的大小和课桌面的大小，比较的是长度吗？

2. 什么是面积，常用的面积单位有哪些呢？这节课我们来学习“面积和面积单位”。（板书课题）

设计意图：《数学课程标准（2011版）》强调：从学生已有的知识和生活经验出发，让学生亲身经历将实际问题抽象成数学模型的过程。这一环节中，学生已有的旧知“长度”和相关“物体表面”的经验呼之欲出，自然体验由“线”到“面”的空间飞跃，引出对“物体表面”的研究。观察比较中，学生也初步感知了“长度与面”的区别，为下节学习长度单位和面积单位的比较埋下伏笔。

二、组织活动，探究新知

（一）面积的意义

1. 对春风吹又生的认识

关于面积，你都知道哪些呢？

2. 感受物体表面的大小

（1）谁能根据自己的理解，来指一下黑板的面积指的是哪里？电视机屏幕的面积指的是哪里？

（2）（出示数学书和练习本各一个）数学书和练习本的封面的面积指的是哪部分的大小？数学书和练习本哪个封面的面积大？

（3）我们周围的各种物体都是有表面的，这些物体表面的大小，就是它们的面积。（板书：物体的表面的大小，就是它们的面积）

（4）你能选一样物体，说一说什么是它的面积吗？

3. 感知封闭图形的大小

（1）（拿出一个长方体文具盒）：这是一个长方体，如果把其中一个面画下来，会是一个什么图形？教师在黑板上画出文具盒的底面。

像这样的图形我们把它叫做封闭图形。你还知道哪些封闭图形？

（2）（课件出示三角形、圆形、长方形、正方形、角）

它们都是封闭图形吗？为什么？

（学生会说角不是，教师追问为什么角不是封闭图形）

（3）（指一封闭图形）它的面积指的是哪部分的大小？（再指一封闭图形）它的面积指的是哪部分的大小？

这两个图形中的哪个面积更大？

（4）（指角）这个图形有面积吗？为什么？

（5）通过刚才的实例，我们已经发现，封闭图形的大小就是它们的面积。（补充板书）

4. 概括面积的意义

将前面我们的两个发现结合起来，就是面积的意义。也就是说，物体表面或封闭图形的大小就是它们的面积。

设计意图：对于面积意义的教学环节，融合了人教版和北师大版教材中对面积的定义，通过让学生“指一指”“摸一摸”“比一比”等活动，把说不清道不明的“面”在大量直观、实践、体验活动中使学生能实实在在地感受到。

（二）面积单位

1. 统一面积单位的必要性

我们已经知道什么是面积了，现在我们就来比较面积的大小。

（1）比比黑板表面和课桌表面哪个面积大？（介绍观察法）

让学生明确，当要比较的两个物体表面和图形的大小差距很大的时候，我们通过观察就能得出结论。

（2）比较数学书封面的面积和练习本封面的面积的大小？（介绍重叠法）

让学生明确，当两个物体表面的大小通过观察法不能一下子得出结论的时候，就用重叠法进行比较。

（3）比较长方形和正方形面积的大小。（观察和重叠法都不能比较时）

出示图形，让学生说谁大谁小。

看来观察法和重叠法不能比较这两个图形面积的谁大谁小，怎么办呢？先思考一下，然后同桌交流一下看法。

谁能说一说你的想法？

（4）在学具袋中，老师已经帮大家准备了一些工具，现在同桌两人合作，选用适当的工具，比较一下这两个图形的面积大小吧！（教师巡视）

合作要求：

①选择合适的工具比较两个图形的大小。

②注意及时记录比较过程中的数据。

③整理好自己的结论和理由，准备全班交流。

（5）谁能汇报一下你们的结论和理由？

学生汇报后，师生总结统一面积单位的重要性。

2. 认识面积单位

（1）大家的想法和数学家们的一样。数学家们就是采用固定大小的正方形来测量面积的。这些固定大小的正方形的面积大小，就是面积单位。下面，我们就来认识常用的面积单位。

（2）认识平方厘米

（拿出1平方厘米的小正方形）这个小正方形的边长是1厘米，它的面积就是1平方厘米。（将小正方形贴在黑板上，并板书：1平方厘米）平方厘米就是我们认识的第一个面积单位。

谁能说一说，“平方厘米”这个面积单位是怎样规定的？

请同学们凭自己的感觉在学具里找出面积是1平方厘米的正方形。

闭上眼睛想一想，1平方厘米有多大，再睁开眼睛验证一下。

生活中哪些物体的表面大约是1平方厘米？

(3) 认识平方分米，过程和方法同上。

(4) 认识平方米，过程和方法同上。

黑板的面积大约是几平方米？教室的面积大约是几平方米？

课堂练习：见课件

第七步：“面积和面积单位”上课实录

一、导入新课

师：在一年级的时候我们就学过怎样比较，对吧？

师：同学们都看出来了，老师和这位同学比的是什么？身高。

师：也就是说在比长度，我们常用的长度单位有哪些？

师：黑板和电视机的屏幕相比哪个大？

师：这个同学厉害，不但看出谁的面积大，还能看出是几倍关系。

师：刚才咱们比较黑板和电视机屏幕的大小，比的是什么？还是长度吗？

生（齐）：面积。

师：那么什么是面积，面积单位有哪些呢？这是我们这一节课要研究的问题。（教师板书课题：面积和面积单位）

二、探究新知

（一）面积的含义

1. 引导学生了解面积

师：关于面积你都知道哪些呢？

生：面积有大有小。

师：到底什么是面积呢？同学们说的对不对？我们研究完这一节课同学们就知道了。

2. 感受物体表面的大小

师：谁能根据自己的理解，指一指黑板的面积指的是哪里，电视机屏幕的面积指的是哪里？

（学生指黑板和电视机屏幕的面积，教师及时指导学生指面积的方法）

师：数学书的封面有面积吗？练习本的封面呢？拿出你的书和练习本，摸一摸、说一说。

师：我们周围的物体都是有表面的，你能选一个摸一下吗？

师：这样看来我们周围的物体都是有表面的，这些物体表面的大小就是物体表面的面积。（教师板书物体表面的大小）

3. 感知封闭图形的大小

师（拿出一个铅笔盒）：这是一个长方体，如果把一个面画下来是什么图形？

师：你还认识哪些图形？刚才同学说的这些图形，它们有没有面积？它们的面积是什么？

师：是不是所有的图形都有面积呢？

师（在黑板上画出图形：角）：角有面积吗？

生（群体反映热烈）：老师，我知道！

生：某一个图形只要它有一个地方有空缺，它就没有面积。

生：有面积的图形必须是封闭的。

（教师板书：封闭图形的大小）

师：通过刚才我们的两个发现，物体表面的大小和封闭图形的大小，合起来就是面积的意义。

（二）面积单位

师：我们知道什么是面积了，那么我们比比黑板表面的面积大，还是课桌的面积大？

生（齐答）：黑板的面积大于课桌面的面积。

师：你们怎么看出来的？（问题提出后学生有10秒钟的沉默，师又补充说）你怎么比较出它们的大小的？

生：把黑板和课桌放在一起就比较出来了。

师：说得非常好。刚才有同学说，黑板的面积是课桌的10倍，咱们同学有很强的观察能力啊！当两个物体的表面面积相差很大的时候，我们可以通过观察直接判定谁的面积大，谁的面积小，这就是观察法。（师板书）

师：同学们看，数学书的封面面积和练习本的封面面积哪个大哪个小？

师（追问）：怎么比较？

生：把两个重叠一下，就能比较出大小。

师：真棒，当两个图形或者物体的面积相差不大的时候，我们运用观察法拿不准的时候，就用这样的方法，重叠起来进行比较。（教师板书“重叠法”）

（出示一个长方形和一个正方形，观察法和重叠法都无法比较）

师：同学们看看老师手中的正方形和长方形，面积一样大吗？

生（七嘴八舌）：一样大。不一样大。正方形大。长方形大。

师：那么到底谁大谁小呢？观察法失效了，你们有什么好办法比较出来？

师：谁还有想法？（生没有反应）

师（补充说明）：刚才有的同学说用测量法，我们测量出来的是边的长度，我们需要的是面积，长度有长度单位，面积也应该有面积单位，那么我们就去用面积单位测量。

师：拿出你们准备好的学具：正方形和圆形纸片，小组合作测量你手里的长方形和正方形面积的大小。

师：刚才同学们在很认真地比较两个图形的大小，现在汇报一下你们的结论。

师：他们小组得出结论来了。

师：哪个小组再来汇报一下？

师：你怎么知道测量不准呢？

生：用圆形测量长方形、正方形，中间会出现很多的空隙。

师：明白了，也就是说选择圆形测量误差太大是吗？哪些小组用的是正方形来测量的？（大部分小组举手）

师：你们用正方形测量了，结论是正方形面积大的请举手（一大部分学生举手），长方形面积大的请举手（一小部分学生举手），说明咱们得出来的结论还是不一样。你看每个小组的正方形纸片是不一样的，有大的有小的。

师（板书学生的结论）：长方形面积是 324 厘米，谁有疑问？

师：这里用的是什么单位？

生：长度单位。

师：看来长度单位和面积单位还是不能这样混用，还是要进行面积单位的学习。再不出现面积单位就乱套了，那么我们就让它出现吧。

教师拿出 1 平方厘米的正方形纸片：这个小正方形的边长是 1 厘米，它的面积就是1平方厘米（师板书），让学生找到手里面积是1平方厘米的正方形学具。

师：请同学们认真地看看1平方厘米的正方形的大小，你找找我们周围什么物体的面积大约是1平方厘米？

（生活动，略）

师：我们认识了3个面积单位，它们分别用在什么地方呢？

师：我读一段一个小同学的日记，同学们看看：小明在3平方厘米的床上美美地睡了一觉，然后在3平方米的课桌上写作业。

生：啊，床太小了。啊，课桌太大了。

师：从刚才同学们的反应里，老师知道同学们对这三个面积单位的大小概念建立起来了，也能够在生活中选择合适的面积单位描述你所看得的物体的表面面积了。

这节课我们就上到这里。

第八步：第一次上课后教研组成员的观课报告

穆会清、潘福顺老师的观课报告：

我们观课的维度是每个教学环节所用的时间。每个教学环节用时统计："导入新课"的时间是10∶07～10∶12，大约占整堂课的11.6％；"学习新知"的时间是10∶12～10∶48，大约占整堂课的83.7％，其中，"认识面积"的教学用时4分钟，"感知周围物体的面积"的教学用时8分钟，"比较面积大小的方法"的教学用时4分钟，"小组合作"的教学用时4分钟，"小组汇报"的教学用时5分钟，"认识面积单位及建立表象"的教学用时11分钟；"课堂小结"用时2分钟，大约占整堂课的4.7％。从时间的分配上来看，导课用时长了，而后面建立单位面积的概念环节用时太短，非常仓促，希望辛老师在后面的设计中关注到这个问题。

张敏老师、王宏云老师的观课报告：

我们的观课维度是课堂有效提问。在本课中，辛老师一共提问了近43个问题，其中有质量的问题有24个。有些是提前设计的问题，有些是课堂上辛老师随机提问的问题。设计的问题可以归纳为：引导性问题、分析性问题、反问性的问题、追问性的问题。课堂上随机提问的问题可归纳为：判断性问题、选择性问题、询问性的问题等。其中引导性、分析性、反问性问题占约40%。

在本节课中的导入新课环节，教师和学生比身高，是复习以前的长度单位，为后面面积单位的学习做铺垫。教师追问比较黑板和课桌面的大小比的是什么？这个问题承上启下，转到了对新课的学习，同时也了解了学生已有的生活经验。在面积意义的教学中，判断性的问题比较多。在让学生体会统一面积单位必要性的环节，引导性和分析性的问题增多。虽然询问性问题和选择性问题是学生正确理解面积意义所需要的，但这类问题相对简单，不能有效引发学生的思考。因此，建议降低询问性问题和选择性问题的个数，适量增加分析性问题、反问性问题及追问性问题的数量，提高课堂学生生成资源时的有效提问价值。

本课中有效问题的数量在70%以上，无效问题以判断性问题和询问性问题为多。建议要避免明显带有教师主观意图的或无价值的是非判断的无效问题。

几点建议：

教师的提问如何引领才更加有效？整节课有近43个问题，可否压缩一下，或者让问题从学生口中出来，效果是不是更好？——提出问题比解决问题更重要。学生的自主探索、自我判断、自我提升在课堂上如何更好得体现？学生的课堂让学生“做主”，在自主探索的基础上进行合作，这样的合作会更加有效。

第九步：执教者第二次个人的反思报告

在群组老师共同研讨的基础上，我进行了“面积和面积单位”一课的第二次设计，并于2012年3月22日在胜利东小学三年级（2）班进行了第一次试讲。群组的老师从教学环节的时间安排，教师提出问题的次数以及问题质量，学生主动提出问题的次数，学生参与度等方面分工观课、评课，并写出了观课报告、感悟和进一步的修改意见。根据大家的意见和建议，结合我自己上课的情况，有了如下的反思和感悟：

从穆会清老师的统计中可以看出来，整体的课堂时间安排前松后紧，在学习面积单位的时候比较匆忙，没有带领学生进行很好的巩固练习，也就没有很好地实现本节课的教学目标中的帮助学生建立面积单位概念，培养学生空间能力的目标。

导入新课环节用时 5 分钟，这个和我开始的设想有出入，设想是最多 3 分钟进入新课学习。在教学中，教师还是话语过多，干扰了学生的理解，问的问题有些随意。“你怎么知道这就是面积?”这个问题是想让学生规范的说还是规范的指？目的不明确，学生回答的就五花八门。进行修改后，让学生摸数学书封面和练习本的封面，物体小还好操作，不浪费时间，并且每个学生都能感受。这也表明，教师的问题一定要有针对性和思考性，引领学生的思维走向深入，避免随意的问题导致产生无效环节。第三次进行修改的时候，首先让学生比较两支铅笔的长度，学生说到长度单位的时候，教师板书表示这些长度单位的字母，为后面学生学习完面积单位以后做比较准备，帮助学生建立面积单位的概念。

在比较面积大小的环节里，给学生介绍观察法和重叠法，让学生能够明确不同的情况利用不同的方法比较面积的大小，当出现两种方法都不合适的情况时，就引发了学生的认知冲突。这个环节的设计意图是想训练学生思维的严密性。但在听实录的时候，这里处理得有些凌乱。教师的话也有些零碎，在下一次的教学中一定要把要求说明白、问题说清楚。同时，这个环节的教学时间应该留给孩子们，让他们自己去感受。同时，该环节中对小组合作的要求不明晰，所以学生在后面汇报的时候思路不够清晰，影响了教学效果，如要修改，这里可用课件打出合作要求：(1) 选择合适的工具比较两个图形的大小；(2) 注意及时记录比较过程中的数据；(3) 整理好自己的结论和理由，准备全班交流。因为毕竟是三年级的学生，教师应该对学生在活动后整理发言内容做指导，这样才能够真正发挥合作的优势。

关于让学生体会统一面积单位的必要性环节，处理得还不够透彻，用正方形或者小圆片测量一个长方形和一个正方形面积的时候，大部分小组选用正方形测量，汇报的时候有的学生说用圆形测量不合适，因为中间会留有空隙，选用正方形测量合适，不会出现空隙。学生能够觉察出这一点比较好，但是我忽略了正方形还有大有小，应该让学生体会到，用不同大小的正方形去测量，所用的正方形的个数也不相同，也不能够得出准确的结论。也就是说，当面积单位不统一的时候，也不能准确地比较出正方形和长方形的大小，从而不能让学生体会到统一面积单位的必要性。

回顾整个课堂，课堂的容量非常大，特别是最后的面积单位表象的建立的环节显得非常匆忙。从课后的调查看出，学生对平方米的表象建立的还不够。是不是应该把“面积概念的建立”和“面积与面积单位”分开两课时进行，这样做的利与弊分别是什么，还需要进一步的探索。

要用评价调控整个课堂。该课教学中，没有及时地鼓励和肯定学生，引导学生思考的过程还不深入。反思整个教学过程出现这样那样问题的原因，实际上还是没有很好地深入地去了解学生的思维状况和想法。这就要求我们一定要关注学生原生态的想法，不能使劲将其往老师的思维里拉。

第十步：“面积和面积单位”的第三次设计（有效设计）

鉴于篇幅的原因，这里的有效设计只呈现修改后的内容和环节：

一、情景引入，导入新课

出示数学书和练习本。

数学书的封面和练习本的封面哪个大？

比较数学书封面和练习本的封面大小，比较长度吗？还是比什么？

二、组织活动，探究新知

（一）面积的意义

关于面积，你都知道哪些呢？

（二）认识面积单位

大家的想法和数学家们的一样。数学家们就是采用固定大小的正方形来测量面积的。这些固定大小的正方形的面积大小就是面积单位。下面，我们就来认识常用的面积单位。请同学们在小组内：

1. 量一量：各个正方形的边长，判断出哪个是：1平方厘米、1平方分米、1平方米，并做好相关记录。

2. 说一说，你是怎样体验三个面积单位的。

3. 找一找，生活中哪些物体的面积大约是1平方厘米、1平方分米、1平方米？

第十一步：第二次上课后教研组成员的观课报告

穆会清、潘福顺老师的观课报告：

我们的观课维度是每个教学环节的时间分配。每个环节所用时间统计：

"导入新课"部分用时 3 分钟，大约占整堂课的 7.1 %；"学习新知"部分用时 38 分钟，大约占整堂课的 90.4 %，其中，"认识面积"的教学用时 6 分钟，"感知周围物体的面积"的教学用时 2 分钟，"比较面积大小的方法"的教学用时 8 分钟，"小组合作"用时 8 分钟，"小组汇报"用时 6 分钟，"认识面积单位及建立表象"的教学用时 8 分钟；"课堂小结"用时 1 分钟，大约占整堂课的 2.5 %。

我们的观课维度是教学各环节中的时间分配问题。这次讲课，辛老师缩短了导入的时间，通过举身边的例子，由对长度的比较引入对面积的比较，直接进入主题。辛老师非常注重学生的表现，学习新知中每一个知识点都是由学生的认知冲突引起的，也是在学生的讨论中解决的。如"比较面积的大小"这一小环节，充分展示了学生的精彩。这一部分用时 8 分钟，是上次的 2 倍。在此环节中，引出了观察法、重叠法，最后大家得出这两种方法都不精确。这些方法都是从学生的口中说出来的，老师是开阔学生思维的引领者，这一部分很精彩。

"面积单位的认识及建立表象"这一环节，可能由于前面环节占用了过多的时间，这一环节的教学显得有些仓促，没有加入练习，老师也没有举例子说明实际生活中应选择合适的面积单位，这可能给学生的印象就不够深刻。

总起来说，这次的课上得比较成功，辛老师的亲和力、驾驭课堂的能力都非常值得我们学习。

王宏云、王晓燕老师的观课报告：

这次我的观课维度还是教师问题的有效性。这次辛老师提出的问题是 20 个，不再零碎，并且都能引发学生的思考，没有丝毫的废话。和上次比较有了非常大的改进，能够很好地引导学生进行思考。

生动的课堂引入能激发学生的积极性，增强学习的专注度。这节课，老师们都是从生活中的物品入手：比铅笔长短、比电视机屏幕和一块黑板的大小。既营造轻松的学习氛围，又渗透概念的知识，从而拉近数学与生活的距离，唤起学生的联想和有意记忆，学生就活跃起来。

本次听课感觉孩子的参与度高。每个学生都有机会参与小组合作，参与学习，学生的学习积极性高。本节课注重了对学生数学思维的训练，根据学生的思维特点，利用本节课的教学内容把思维训练贯穿于课堂教学的各个方面。

需要改进的地方：

在本次讲课过程中，发现和上次授课出现的问题差不多：个别学生不会参与合作，各人干各人的，同桌两个人，一个用小正方形摆正方形的纸片，一个用小圆片摆长方形的纸片，摆完之后就不知道该干什么了，总体感觉是合作要求的目的不明确，所以学生没有带着问题去参与活动。教师应该再明确一下统一面积单位必要性活动时的要求，同时要加强对学生小组合作学习习惯的培养，学生的合作意识还要再进一步加强，毕竟是三年级的孩子，习惯的培养也非常重要。

张敏、丁欣老师观课报告：

这是学生回答问题次数的统计表：从统计表中可以看出，辛老师这一节课关注到了大部分同学，特别是对于思维比较活跃的学生，老师关注的还是比较多的。整节课有7个学生没有得到老师的关注，我观察了坐在我身边两个没有回答问题的学生，其中一个女孩子，每次都能很好地完成老师布置的任务，但是这个女孩子一次也没有举手回答问题。我问她为何不举手回答问题，她很羞涩地笑了笑。课后和辛老师交流得知这个女孩子非常内向。所以，教师上课应该关注到性格相对内向学生的发展。还有一个小男孩，注意力不集中，每次都是问同桌老师要我们干什么，对于上课自我约束力较弱的学生，教师又应该怎么做呢？这也是我们应该思考的问题。

回答次数	学生人数 （共40人）	所占比例
4次	3人	7.5%
3次	4人	10%
2次	14人	35%
1次	12人	30%
0次	7人	17.5%

第十二步：来自教研组外专家的指导点评

李秀伟老师在辛秀红老师执教完“面积和面积单位”后进行了评课：

1. “面积和面积单位”教学中存在的问题

(1) 学生对“面积单位”的理解不到位。这是教材引导方向的问题，如果换个角度考虑问题，不是让学生比较长方形、正方形的面积大小，而是比较大多少、小多少，就能把孩子的关注焦点从比较大小转移到面积单位上来。

(2) 课堂容量问题。

(3) 思考：教学环节的设计，假设没有教师的引导，学生能自主进行下去吗?

“学生合作”的目的应该让学生明确，让学生应该读出什么样的结论；在课堂教学设计中，教师应该试着让学生自主学习，教师试着退出课堂；现在课堂的问题是环节太多，如果能在一节课中设计一两个有效的环节，让学生在活动中自主获取知识，就很好。

(4) 数学思维培养的策略是什么?

2. 今后评课的方向

评课不光评教师、评设计，更应该关注课堂实效，评价“学生学会了吗?”

第十三步：对“面积和面积单位”一课的磨砺和思考

很有幸成为奎文区李秀伟名师工作室成员，让我有机会走进了“基于学生学科能力的培养”的课例打磨研讨活动。研讨活动虽已经结束，却让我一直在思考，深刻体会到这样的课例研讨是对我这个主讲老师的打磨，也是对我们团队的锤炼；是集体智慧的交融，也是团队素养的并进。这样的课例打磨，磨得是疑惑、思考、反思和共享。

我和我的团队针对三年级“面积和面积单位”一节课进行了一系列的研讨活动。半年的课例研讨，让我在一次次的试教、一次次的研讨、一次次的更新中渐入佳境，那是“衣带渐宽终不悔，为‘课’消得人憔悴”的甘之如饴。在磨课中不断的感悟、顿悟、彻悟，在悟中，视野得以开阔，智慧得以提升。一课四磨，步步有思考。

思考一：要从学生角度研读教材

我们已经建立了“用教材教”而不是“教教材”的新教材观，并且能够根据需要对教材进行增加、删减和改编。在对“面积和面积单位”进行第一次设计时，首先明确了本节课的难点是帮助学生建立面积概念，但是面积概念对学生来说比较抽象，如果处理不好会和周长概念混为一谈，为以后学生的学习造成障碍。但是，明显感觉到青岛版教材在这方面做得不是很到位，所以借鉴了人教版和北师大版教材的优点，对教材内容进行了增加，让学生从物体表面的大小和封闭图形的大小两个方面进行理解、归纳、总结面积的定义。因为面积概念抽象，所以想让学生通过身边具体的实例，通过学生比一比、摸一摸、说一说等一系列活动调动各种感官，真正去理解面积的定义，几次试教都取得了比较好的教学效果。这一点得到了教研组老师和听课专家的认可。

思考二：要让课堂真正向学生开放

新课程实践这么多年，对于很多的理念，教师们都在努力尝试，如放手让学生探究。有些课环节很多，设计很细致，环环相扣，但总感觉不够开放、不够大气，却又不知如何来调整。群组成员的评课、议课，再加上专家的点评和解读让我充分认识到形成板块是最重要的实施策略，而形成板块的三个关键点是：

1. 核心问题的引领

一堂课要有一两个统领全课的核心问题，所有的教学都围绕着这一两个核心问题来进行，这样教学才能真正从“线性”走向“板块”。在解决这个核心问题时，再来设计一些小的环节。“面积和面积单位”部分的内容的核心问题实际上就是面积的概念和面积单位的建立。这两个问题就需要分成几个小环节：引导学生首先感受物体表面和图形的大小来认识面积的概念，然后通过小组活动感受统一面积单位的重要性，最后通过三个活动完成对面积单位的体验。

2. 要对小环节进行整合

小碎步的教学虽然不会出现意外，一切都在教师的掌控之中，但是却牵制了学生的思维，使学生的思维也变成浅层次的。所以，要善于对一些小的环节进行整合，这样既节省了教学时间，又为学生的探究提供了更大的空间。

3. 要把观课、评课的目光转向学生

以前听课评课，目光大多是集中在教师的“教”上，例如，教学设计是否新颖，教学环节是否流畅，老师驾驭课堂的能力是否很强等，很少关注学生的“学”，如很少关注学生对学习的投入状态，学生活动的时间长度、频率、分布，学生对一个问题的思考时长等。而教研组进行观课评课，每个观课老师观课的角度不同，对教师和学生两个维度都进行了关注。

这次基于主题课例研讨的活动虽然已经过去一段时间了，但对于已经有了 20 年教龄的我而言，期间的磨砺可谓刻骨铭心。从观念的洗礼、内心的挣扎到细节的磨砺等都是我今后教学生涯宝贵的财富。

四、评价改进成果

校本研修需要具有元认知考察的自我意识，立足于参与者的自我反思与自我评价，指向校本研修对学生学习、教师发展、学校改革创新的促进作用。

1. 弥补常规教研的非专业化指向，实现研究过程的“四个专业化”

一是教学设计专业化。这是基于研修过程对教学设计反复关注而形成的假设。教学设计包含着课程目标设计、学情分析、课程资源选取与加工、教学流程组织、教学反馈与评价等。教师在一个研修主题的引领下，通过反复研讨、反复反思、反复设计生成具有专业化的教学设计能力。二是教学行为专业化。这是指教师通过说课即反复授课所获得的教学水平的提升。由于授课教师的反复不是在同一层次和水平上的重复，而是有了专业支持，所以教学水平的提高是“看得见”的。三是教学观察专业化。与一般意义上的听课评课不同，课例研修中的教学观察不仅有了专业化的视角而且都要形成观课报告，这本身就是对教学观察者的专业促进。伴随着课例研修的展开，作为教学观察者的教师也在积累着教育教学的实践性知识。四是教学反思专业化。让教学反思有据可依，让反思建立在大量实际研究资料的基础上，由此就避免了反思的空泛，使得教师在反思过程中能够回归教学的思维与时间场景，切实找到问题与症结，也能够看清经验与优势。

2. 弥补常规教研的指标性缺失，立足评价过程的“四个认知点”

一是跟踪测试。作“目中有人”的教学研究，探索研修过程中学生发展的可能空间，紧密跟进对学生学习效果的测试，通过学生课程目标的达成水平来探究研修的效度。二是材料积累。通过研修过程中积累的研究素材来考查研修过程对教师发展的影响作用，特别是当教师能够对教学研究行为与材料积累过程建立了相关性认识时，其实是教师研究行为的重要突破。三是研讨展示。这是对课例研修结果最常见的评价与鉴定方式。通过召开各种研讨会议来展示研究成果，获得专业评鉴，这就使得广泛的同伴互助与个人反思得以实现，而且由于开放式的研究氛围和对专业理论的实时学习与借鉴，使得专业力量的介入变成可能。四是文章发表。这是参与研讨教师的水到渠成的研究成果。教师在研修过程中并不单纯注重写作发表，但是大量文本资料的积累将使教师开始用笔墨呈现自己的教学研究过程，研究与写作的结合是教师成长的个性化与去个性化结合的过程，成为教师自我意识与教育的专业意识双向发展的标志。

实践范例 发展就是我们的成果①

《数学课程标准》中指出，数学教学要紧密联系学生的生活实际，以学生的生活经验和已有知识出发，创设有价值的数学问题情境，激发学生的学习兴趣，让学生在生动具体的情境中学习数学。但是，在我国长期教育体制的影响下，许多老师尤其是家长看重的仍是学生的基础知识与基本技能，因为这些都密切关系到试卷上的分数。而学生是否享有幸福的数学学习生活，是否把数学学习作为一种乐趣、一种享受、一种探索和渴望，则很少为孩子想过或努力过。

教育人本论指出，在尊重、关心、理解与信任每个人的基础上，一是发现人的价值，二是发挥人的潜能，三是发挥人的个性。教育人本论是素质教育的前提，素质教育是培养人的素质的教育，是以人为核心说的。要进行素质教育，就必须以人为本，尊重、关心、理解与相信每一个人。这样，人们才会自觉地接受素质教育，主动地提高自己的素质。

① 山东省潍坊市育华学校裴志星老师提供。

建构主义认为，学习总是与一定的问题情境相联系的。在问题情境下，学习可以使个体对客观情境获得具体的感受，激起积极的情绪，促进学生的潜能发展，从而使学习者更好地利用自己已有的认知结构和生活经验，对当前所学的知识进行“同化”“顺应”，从而达到一定意义上的建构。现代教学论观点认为，数学教师的主要任务就是为学生设计学习情境，为学生提供全面清晰的有关信息，引导学生在教师所创设的问题情境中，自己开动脑筋进行学习，掌握数学知识。

该如何有效地呈现“问题”，运用“问题”提升学生的数学思考，促进学生的发展，我们盼望一种鲜活的、生动的教学情境，渴望具有生命力的教学课堂，让“问题”在课堂中发挥应有的实效作用。于是，我们开始围绕“如何培养学生的问题意识”进行深入地研究。

在齐鲁名师李秀伟老师的指导下，我们用头脑风暴的方法，统计了 30 条初中数学需要解决的学科问题，最后整合了三个研究问题：一是学生基本运算能力的培养；二是学生问题意识能力的培养；三是学生学科知识建构能力的培养。后来经过进一步交流讨论，我们最终确定目前我们的课堂主要以培养学生的问题意识能力为主。

我担任执教人，讲课内容是随堂选择的，按照当时教学进度正好学到“30°、45°、60°角的三角比”，这是泰山版八年级下册第九章的内容。本节课主要是从学生熟悉的三角尺引入特殊角，并探索这三个特殊锐角的三角比，然后应用它们解决有关距离、高度、角度的计算问题。

课题和内容确定以后，我们研究小组就本堂课展开深入的研究。首先由我进行精心备课，再由小组研究进行集体备课，然后进行授课，在授课的环节中有目的地分工观课、专业评课，并及时进行反思和总结，最后异课同构展开新一轮的研究。我们分了三个维度进行观课：一是从教学目标的完成情况进行观课；二是从教师引导学生发现问题的有效性方面进行观课；三是从学生质疑问题的参与度方面进行观课。这三个维度分别由潍坊育华学校的李华强主任、杨海龙主任和孙兆忠主任分工观课，以做到有针对性的研究评价。讲完课后，观课小组的老师各自发表自己的看法，然后再进行共同探讨。

每一次观课和每一次探讨都有不同程度的进步和收获。在这里拿第一次和第三次的观课和反思进行比较，在 2011 年 3 月 23 日开始我的第一次授课，观课和反思如下：

（一）从教学目标的完成情况进行的观课

在教授的过程中，没有做足够的学情分析，没有很好地进行预习，并且没有对本节所需的前置知识做很好的复习，所以在探索三角比时，虽然用时很多，但学生对三角比的推理没有很好的掌握。再加上时间分配不合理，导致前重后轻，在三角比的应用上练习较少，从当堂检测的结果来看，教学的重难点完成得不好。

（二）从观察教师引导学生发现问题的有效性进行的观课

存在大量的形式主义的问题和形式主义的问法，应该先让学生针对课题自己提问，而后让学生自己读课文，并边读边想自己的问题，看看能否解决，还可以在读中产生新的问题。如果比较简单、当时就能解决的问题，教师不需要出示，只提醒学生认真读就可以了。解决不了的问题出示出来，让学生评价哪些问题提得最有价值，这样做不但尊重了学生，而且也引导学生提的问题质量高一些。

（三）从学生质疑问题的参与度进行的观课

纵观本节课，学生的参与度相对较低。学生在遇到自己感到疑惑的问题时，有“等、靠、要”的想法，只有部分同学能大胆地提出自己的疑问。对于学生提出的这些问题，教师应该及时进行肯定，让学生知道老师是很喜欢学生提出质疑的。对学生的质疑，老师不要直接给学生答案，而是对学生进行引导，最终让学生自己通过思考，得到答案。

针对这次授课，我进行了深刻的反思，本次授课，感觉有点失败，不仅时间没有把握好，且本节课的学习目标没有全部完成。

分析原因，主要是我没有做足够的学情分析。对于新的数学符号、新的认识信号，学生需要一段时间的适应，当时应给学生充足的思考时间。例如，让同学们观察各个三角比的比值，他们会发现什么问题。全班同学都在思考，我只给了他们 10 秒钟的时间，就过早地引导学生竖着观察表格，其实如果当时再给学生一点时间，他们肯定也会发现问题的，但是我的急性子剥夺了学生思考并发现问题的权利。不过，本节课中的秦艺源、林彦佐等人的积极表现让我感到欣慰。

我吸取经验教训，改进了课堂的相关环节，于 2011 年 3 月 30 日进行了第二次授课，同样进行了分工观课、专业评课、小组反思和自我反思。我又参照专业评课的内容对课进行了更加细致的修改，于是，4 月 2 日进行了第三次授课，授课后观课评课情况如下。

1. 教学目标的完成方面

本堂课我对学生的学情进行了详细的分析，组织学生进行了充分的预习，并在课堂导入后对前置知识进行了很好的复习，两个活动组织得非常好。对于教学时间的分配和课堂的整体把控做得也非常到位，学生对于三角比知识的应用练习有了充足的时间保证。在教学过程中，老师能够很好地引导学生去探索将实际问题转化为数学问题的方法，注意培养学生将实际问题转化为数学问题的能力，很好地完成了教学目标。

2. 教师引导学生发现问题的有效性方面

整节课中，利用比较、自主思考、同桌合作、小组合作、班级展示等形式，让学生在思考中体会知识的难点，使其便于形成自己的问题。学生在教师的引领下整理知识网络，梳理了知识结构，理解、感悟知识的内涵，形成了自己的问题。

3. 学生质疑问题的参与度方面

从学生提出的质疑来看，学生不再是羞于提出问题，而是勇于大胆地提出问题。对学生提出的质疑，能让学生给予解答的就让学生自己解答；对学生不能自己解答的问题，给学生一定的提示，让学生自己得到问题的答案。

通过几次研究，这次的教学在教学目标的完成方面和教师引导学生发现问题的有效性方面，以及学生质疑问题的参与度方面都有很大的改观。在这次研修中，我的教学理念与教学效果也发生了很大的变化，以前听说教学中要充分发挥教师的主导作用和学生的主体作用，这句话我曾经背诵得很熟，但今天才真正领会到学生作为主体的魅力。

几次研究，我感觉到学生的问题意识有所增强。教学中，学生不善提问的现象是客观存在的，如提问时不知从何入手，不知提什么样的问题，而有个别同学完全是为了凑热闹。因此，要使学生善于提问，作为教师要正确引导学生，使学生对提问掌握一定方法，从而能提出有价值的问题，如启发学生在自己思考后还不理解的地方寻找问题，多问几个“为什么”，并在与新旧知识的联系及区别中对比找问题，让思考的焦点集中在关键问题上，特别是对学生提出具有创新个性的问题要给予积极的评价，给予适当的鼓励和表扬，并加以分析。

研究的过程和研究经历，改变了老师对学生课堂提问的看法，端正了学生对提问的正确态度，提升了学生自己发现问题的能力、分析问题和解决问题的能力。但是，在培养学生的问题意识方面，目前还尚未形成系统的方法，要想从实践上升到理论高度，仍需专家的指导和引领；教师自身的问题意识和研究能力有待于提升和加强，仍需深入学习相关理论并提高应用与实践的能力；对于我们小组成员来说直接碰撞的还不够，仍需共同探究，共同学习，互相促进。

今后，我们会继续在现有研究的基础上，更加深入地研究分析，力争发现、总结出系统的培养学生问题意识能力的方法和途径。

第三章

理论视野与实践要义

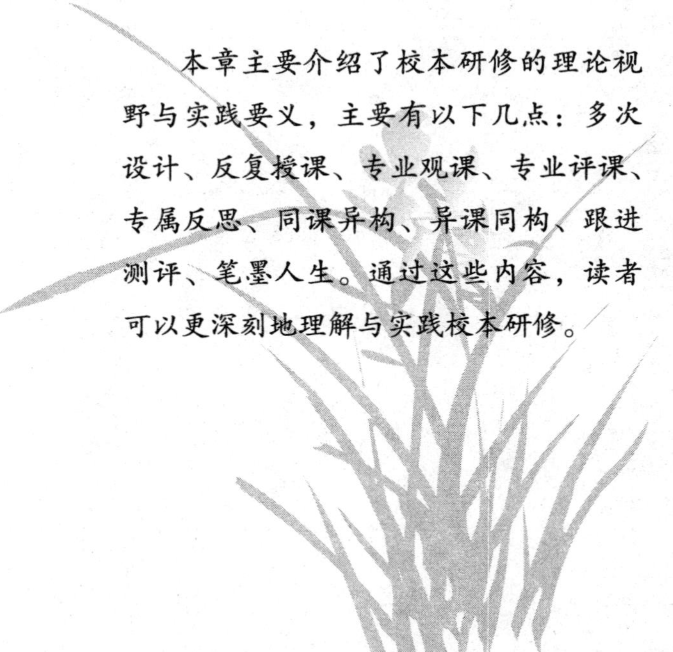

本章主要介绍了校本研修的理论视野与实践要义，主要有以下几点：多次设计、反复授课、专业观课、专业评课、专属反思、同课异构、异课同构、跟进测评、笔墨人生。通过这些内容，读者可以更深刻地理解与实践校本研修。

教师作为主动实践者，始终是学校变革的思维与行为主体，以校为本的教学研究必然会切入教师的日常教学实践中并与之融为一体，而不是在教师的教学实践之外另起炉灶“外加”一种研究。这在教师那里就产生了对实践关注的教学行为与对变革期待的研究行为两种行为之间融合的诉求，课例研修便承载了其方向与意义。课例研修是一种以校为本的行动研究方式，是教师（一般为学习型教师组织）基于课例而进行的融专业理论学习、教学实践、教学研究于一体的旨在改进教学继而提高教师专业水平的研究行为。中小学教师课例研修基本要义的描述是从理论与实践相结合的一般阶段与一般特征而言的，具有规律性与目的性的双重意义。

一、多次设计

学校层面上的课例研修是发生于教师学习型组织内的，是教师教学行为改进的基本诉求。因为学习型组织利用教师“社会认同”与“自我归类”两种心理的结合，促成了教师对自己行为的自觉审视，特别是教师进入教学现场的设计与授课过程受其影响最为明显。

学生学习的展开来源于教师的课程与教学设计的引领，没有设计就没有有意识、有目的的教育活动。“为学习设计教学”是加涅的基本主张，他将学生的学习过程划分为八个阶段，“注意：警觉→预期→提取到工作记忆→选择性知觉→编码：进入长时记忆存储→反应→强化→提示提取”；于是，教学事件也相应的要为这八个阶段而设计“引起注意→告知学习者目标，激发动机→刺激回忆先前知识→呈现刺激材料→提供学习指导→引出行为→提供反馈、评价行为→促进保持和迁移”。[①] 在此，加涅提供了教学设计应关注的要点和流程，显然是从学习者的学习规律入手来构建的，这是包含了情境设计、目标设计、经验设计、资源设计、指导设计、反馈设计、评价设计、拓展设计等一系列教学设计问题的概述。回到具体的学科教学情境中，无论哪一个层次的设计都需要结合课程的价值、教学的目标、学生的学情、教师的理解等进行重新定位与重新规划，所以，教学设计又构成了教学过程中一个相对独立的复杂系统，重视进行教学设计是教学改进的第一实务。

由此，将“多次设计”作为研修主要的外显性行为就十分必要了。然而，多次设计的促成则是组织的建立，理查德·L. 达夫特在研究中发现“协作是实现更大的创新以及解决问题、提高绩效的前提条件”[②]。而行为改进则意味着创新，意味着更好地提高效率。

组织视野下的多次设计是有层次的，可以称为“多次设计”，其中，前四次设计可以分为“个人设计”→“组织设计”→“改进设计”→“有效设计”。“个人设计”意指基于教师个人教学经验的设计；“组织设计”意指研修小组经过研讨、学习后经教师反思修改后形成的教学设计；“改进设计”与“有效设计”分别是在第一次分工观课议课和第二次分工观课议课后形成的教学设计。每一次教学设计都是伴随着研讨、学习、反思与改进而进行的，都是对课程实施更深一层的领悟，也伴随着教师的专业发展。当教师将不同层次的设计文本进行比较研究的时候，就会清晰地看到变化蕴含其中，这种变化可以是多方面的，涵盖加涅所认同的学生学习与教学对应的八大阶段，也可以是体现某一方面的设计变化。只要变化产生了，所期待的课例研修的意义便呈现出来了。当然，多次教学设计并不是固定为四次，根据研究的需要可以进行更为多元、深入的研究，设计反复次数可能会增加。当然，也不是反复得越多越好，根据研究的需要，两到三次的教学设计如果能够研究并破解足够的问题，则可以适可而止。

---

① ［美］R·M. 加涅. 学习的条件和教学论［M］. 上海：华东师范大学出版社，2011. 303.

② ［美］理查德·L. 达夫特. 组织理论与设计［M］. 北京：清华大学出版社，2011. 193.

二、反复授课

组织为反复授课提供了条件，这是与多次设计一脉相承的，反复的理论假设仍然是变化，单纯的反复不一定会生成变化，但是没有反复变化则无从谈起。反复不是重复已知，恰恰是通过反复走向自己曾经走过但仍然尚属未知的领域。正如《学记》所说："故君子之于学也，藏焉，修焉，息焉，游焉。""藏""修""息""游"内涵不同却都是为了更好地学习、进步。那么，教师在改进教学的过程中选择反复授课就有深意了。

在课例研修的模型中，授课过程是一个支撑点，往上承载的是教学设计，当然是来源于组织内教学研究之后的教学设计，往下则承载着新一轮的教学研究，并促成教学设计与授课的多次与反复循环。在某种意义上来说，反复授课实质上是反复呈现研究的成效或问题，使教学研修过程成为一个无法截然裁断的流程，而在反复中教师乐在其中、变在其中。正因为是"反复""呈现"，所以，必须有值得呈现的研究成果才使得反复授课具有意义，而研究成果的获得又离不开整个研修过程的各个环节，此时，研修的持续性就显而易见了。其实，反复授课在当前的学校教研活动中，特别是在一些优质课大赛活动准备过程中已经被广泛使用过，主讲教师不断接受新的思想、新的做法，大多被动地做着教学技巧的改变以求得一个好的评鉴结果，这与自组织的课例研修有着天壤之别。因为课例研修是一个参与式的研究性系统，不同于一般教研的接受式的单向度行为，关键体现在授课教师根据分工观课、议课形成的报告进行了充分的自我反思，并通过新的教学设计呈现了反思的结构。改变的不仅仅是某一节课，而是一个人。

三、专业观课

课堂观察是一个复杂的主观行为过程，带有观察者强烈的个体意识，随机进入教学现场并不带任何指令和任务的观课一般会成为个人视角的观课。

个人视角的观课没有明确的聚焦点，容易发现课堂上随机产生的生成性资源或者教师学生之间的创造性火花，但由于课堂观察业已成为教师的常规性教学研究行为，在众多的观课过程中难免“审美疲劳”，很难有深层次的发现，教学研究的价值便消减了。

另外就是专业观课。专业观课也可以分为两个方面，其一是带有专门任务的观课，比如各类公开课、优质课评委的观课，各种评价鉴定现场的观课等，都需要带着既定的课堂教学达标标准去观课，不在我们的讨论之列。另外一种专业观课就是有专业分工、专门视角、专用工具以及专题任务的观课。我们在此讨论的专业观课就是这种观课方式。如果专业观课是组织性的行为，那么专业分工就非常重要，如果是单个教师的专业观课尝试，就需要教师自己选择一个视角了，这便是观察的视角。国内有研究者将课堂教学观察的框架划分为四个维度：“一是学生学习，视角是准备、倾听、互动、自主、达成；二是教师教学，视角是环节、呈示、对话、指导、机智；三是课程性质，视角是目标、内容、实施、评价、资源；四是课堂文化，视角是思考、民主、创新、关爱、特质。”[①] 结合这四个维度设立了相关的观察工具。从这一维度划分以及观察视角来看，观察视角更像是对课堂教学的评价标准，而进一步细化的观察指标也无限类似于评价指标，显然，这是研究成熟的以获取评价性资料为载体的观察维度、视角和具体的观察点。

在课例研修中，观察视角的确立宜服务于研究主题。如研究课堂教学的“对话性”问题，观察的视角则聚焦于师生对话的广度、质量，生生对话的频率、平等性，师生与课程资源对话的效率、效果，课堂生态营造对对话的促进作用等方面。而观察研究如何培养学生“思维能力”的课堂，观察的视角就聚焦于教学问题设计是否有助于学生思维的展开，学生思维的流畅性、敏捷性、开放性在那个层次上得到了关注，问题在哪里，等等。

总体来看，专业观课的要素是：紧扣研修主题确立课堂观察视角，结合观察视角进行合理分工，依据不同的视角开发观察工具，进入现场进行专业的教学观察，记录获取研究资料并在教学现场进行思考和简单判断。在课堂

---

① 沈毅，崔允漷．课堂观察：走向专业的听评课［M］．上海：华东师范大学出版社，2008．104～120．

观察中还要注意这一视角之外教学因素的影响，从而获取综合性的有研究价值的资源。

四、专业评课

有了专业观课，评课的过程自然有了专业性。这是一位教师在课例研修过程中连续听了三节课后的评课记录：

我是从课堂提问的角度进行课堂观察的。课堂提问是引发师生交流的主要途径，是教师引领学生深入学习的策略之一。

通过对执教老师几次课堂提问的观察，我发现其课堂提问的次数有了变化，问题的质量及提问的有效性一次比一次提高。

我把老师课堂中所提问的问题进行了归类分析：两节课中，老师共提出了 21 个问题，其中属于思考性的问题有 16 个，属于启发、想象性的问题 3 个，这两项占了所有问题的 90%；属于机智性的问题 2 个，让学生进行判断性的问题没有，与学生学习无关的课堂提问没有。和前几次相比，判断性问题和没有思考价值的问题大大减少。

通过观察发现，课堂提问的改变让学生的学习状态发生了改变，不管是学生自己读文本，还是在教师引领下的思考，学生的学习表现都比以前投入了，思考有了一定的深度，这与教师提问的有效性提高有着直接的关系。

由此可见，专业观课后的评课不再是整体上的褒奖或指责，而是以“证据”来反馈教学的实际效果。评课不再是机械的反馈，而是有了思维含量、科研方向。专业观课可以就一个问题或几个问题深入地研究起来。案例中所呈现的不仅有观课的实时性报告，同时省去了对无关环节的无效评价，不是泛泛地表扬教师十几个优点、指出教师十几个缺点了事，使研究的针对性加强了。再比如观察研究一节作文教学课，其研究主题是如何指导学生谋篇布局，那么，观察的视角就可以清晰地确定为教师对谋篇布局的指导是否有效，观察学生在文章的谋篇布局方面因这一节课有哪些收获或者变化。在课堂上，别的地方上得再花哨都可以不过多关注，重点在谋篇布局的学习效率如何，一节课不行就两节课，两节课不行可以再授课研究，一直把培养学生谋篇布局能力的教学研究透彻。有条件时，专业评课结果可以形成一个评课报告。

五、专属反思

当反思被认同为教师专业发展的有效方式时，在教学实践特别是教学管理层面就已经被泛化了。有些学校要求严格，每节课以后，都要求教师写一个反思，就写在备课薄上；要求不严的一个单元或一个学期写几篇反思、写案例等。然而，被强制写下的反思并没有得到老师的欢迎，反而让很多教师应付了事，没有起到应有的作用。究其原因，因被动而生发的抗拒显然是一个重要的方面，但也不是全部，关键在于反思或者案例是思考和研究的产物，没有一个研究性的思维状态或研究性的工作环境，此时是写不出真正意义上的反思的。

课例研修为教师的反思提供了可能，这就让教师的反思走向了有据反思。解剖一个教学反思产生的流程来看：授课教师按照研修主题基于个人经验备课之后要在组织内先说课，说课的过程就是一个系统展示自己的设计思想以及设计流程的过程；说课以后，组织内成员按照自己的理解分别点评、质疑、提供帮助，为授课教师提供更为多元的设计思想与思路；为突破组织成员的认知局限，大家还要为授课教师推荐同一主题下的理论读物供他学习；根据预设的学生发展需求，还要就教学指导、作业设计等提出改进方案。等一系列的研讨活动结束之后，授课教师会结合研讨留下来的文本材料以及学习资料，对自己第一次的教学设计进行反思，反思要留下反思报告。此时，教师的反思报告就有了大量可以依托的研究素材供筛选、供加工，反思报告时就能够做到有理有据、有针对性。特别是在教师授课以后，通过组织成员的专业观课以及观课后形成的评课报告，授课教师能够借助丰富、多元的文本资源形成自己的反思报告。事实证明，许多教师在研修一节课后写下的教学反思达到几万字，而且不是强写，只是水到渠成的思维调度而已。

六、同课异构

教师的课例研修更多的是体现一种“求善”的价值研究取向，即以促进教学改进和教师自我成长为路径，最终达到提升教育质量的目的。而教育质量的判断来自于每一学科课程目标的实现，课例研修回归课程视野便呈现了这种价值研究的基本样态，从研修方式上来看则变革了一般意义上的同课异构和异课同构。

先来看同课异构，其最需要赋予新内涵的研修要点就是同课异构。传统意义上的同课异构，是校本教研的一种重要形式，指的是不同教师对同一教材的同一教学内容采用不同的教学思路，进行不同的课堂教学设计。因为教师的个性解读，这堂课的教学目标、教学过程、教学手段也随之各具特色、风格迥异。同课异构有利于教师教学个性的发现和成长。但是在实际的教学实践中，因为“异”的意义过于模糊，教师对“异”的理解并不相同，导致在教学中单纯为了追求“异”而“异”；或者只在教学手段上做文章，追求表面形式的花样翻新，流于肤浅。比如，五位老师都以“动物的群落与组织”这样一节生物课来进行同课异构，最终的结果是课上得不一样，各人有各人的风格，各人有各人的水平，各人有各人的角度，体现出了五种不同的教学水平和特色，这样的同课异构精彩之余价值却小。

更有教师认为，同课异构应当是使同一教学内容通过不同的教学设计承载不同的课程目标，“同课”可以理解为同一课程（或教学）内容，而“异构”则是由不同的课程目标入手构建起来的课程实施体系。比如，同样是“动物的群落与组织”这样一节生物课，五位教师在同课异构中选择了不同的课程目标，第一位教师重点让学生在这节生物课上学会如何通过观察来进行分析和总结动物群落系统的特点、组织的特点，让学生通过观察资料来自我发现和总结，培养了学生的观察、归纳能力；第二位教师以知识的详解为切入点，重点落脚在对“群落”“组织”等概念的分析，由于这一教学内容涉及很多概念，对这些概念进行延伸、拓展、演绎，培养了学生的分析、演绎能力，学生在获得生物学基本事实、概念、原理和规律等方面有了很大的收获；第三位教师重点落实让学生理解人与自然和谐发展的意义，提高学生的环境保护意识；第四位教师则通过大量的鲜活素材，让学生探索生命的奥秘，重在对学生实事求是的科学态度以及一定的探索精神和创新意识的培养；第五位教师希望学生学到生活中的生物学，则选择了回归生活的设计。每个教师的课都不一定是最完美的课，都可能有缺点，但是，每位教师都在探索生物课程的价值，也为其他四位老师提供了可以借鉴的课程实施角度。这样的同课异构就有了课程意蕴，研究走向了深层次。

七、异课同构

与同课异构一脉相承，异课同构也需要从课程意义上寻求实践路向。传统意义上的异课同构，指的是在不同教学内容的教学中采取相同的教学思路，采用类似甚至相同的教学模式，使得课堂呈现出类似的风格，如邱学华尝试教学法下的课堂教学、魏书生“六步”教学法下的课堂教学等。理想的异课同构有利于对课堂教学模式进行深入研究。在实际的教学研究中，人们却往往忽视了对教学内容的必要解读，盲目追求“同构”，但是，任何一种教学模式都不是万能的，如果对教学内容没有全面、准确、透彻的解读，仅仅对教学模式进行生搬硬套，这就会出现我们常见的学生、老师、教材互不相关的“三张皮”的课堂现象。

异课同构不是把不同的课程按一个模样实施，而是让不同的课具有同样的课程目标，也可以说是同样的课程目标在不同的教学内容、不同的课上来实现。这一点，老师们也可以去做，如果我们在一所学校里面把同课异构和异课同构这两件事情按照教学目标的设计来进行规划的话，校本研修一下子就活了。每位教师就都有了平等参与的乐趣，因为每位教师研究的角度都是别人没有研究过的，这位教师可能是省教学能手，另一位教师可能连学校教学能手都不是，但由于他们分工的不同，他们上课的角度不同，所以无所谓谁的课比谁的课好还是坏，因为这是无法比较的。基于课程目标的教学，让同课异构、异课同构拥有了内在的思维逻辑。

八、跟进测评

研究活动要扎实地切入学生的发展需要中去，特别是学校的教学研究活动不能无视学生的真实发展而停留在想当然的状态，所以，在自我评价和检验研究成果的时候，跟进的测评分析、对照是十分必要的。测评本身就是一个敏感的字眼，在我们逐渐将素质教育的推进之难、学生创新精神的发展之困都归结为各级各类的考试的时候，逐渐地，我们在正式的语境里回避了考试、分数、名次、淘汰等一系列被划归为“非人性”的字眼。然而，暗流涌动，充斥在学校竞争、教师竞争、学生竞争，乃至更大群体的社会舆论、家长参与下的考试潮却从未停息，只不过是因为正向引导的回避而使其科学性更加丧失；面向现实，学生走向社会的第一步就在考试、名次中蹒跚而过，没有谁能够回避社会的竞争与淘汰，没有谁能够用学校里虚假的成功换来社会群体中真实的发展。让学生时时刻刻领悟到自己的人生意义与生命价值，感受到成长的愉悦与人生的意义，这些都不会自然地与考试产生冲突。况且，以研究的视角利用测评帮助师生认识自我、改进自我，是教学研究的应有之意。

在理性视野的课例研修过程中，跟进的测评是一个积极的信号，一般也是将质性评价与量化测试结合起来，对于研修过程以及研修结果的评价一般采取质性评价的策略，具体方法前文已经述及。对于学生的发展变化，一般采取量化测评的办法。量化测评分三个方面：一是运用专业测试试卷对学生进行前测与后测相对照的测评分析法，无论是学生的成绩变化、能力发展水平，还是学生表现出来的思维状态、归属感等，都可以用前测与后测的对比来检测学习效果，进而调试教师的教学思路和办法；二是应用课堂上、作业中、活动中学生的表现性数据来对学生的学习效果进行测查，这一方法特别运用在学生的参与意识、情感状态、价值认同等用试卷难以准确测查的领域，通过观察量表的记录分析获取某个学生或者某一群体学生的发展变化，用以研究；三是运用三角验证的测查方式，将不同渠道获得的数据、资料进行比对分析，从而准确获得对学生学习水平、学习状态的判断。三角验证一方面来自于研修组织自发设计的三角验证领域，另一方面也与学校的整体测试等结合起来，获得更充分完备的数据。

九、笔墨人生

课例研修最终让教师充分自主地行动起来，进入了一个说写结合的教学研究过程。当前不可回避的是，教师的工作强度一般比较大，教学也很辛苦，几乎没有时间停留一下反思研究自己的教学。正如很多校长说的，平时要抓成绩。很多教师潜心于学生学习成绩的提高，一旦到了需要专业知识，特别是写论文、搞研究的时候，往往就没有东西了，脑袋里面空空的，写不出来，甚至说也说不出来，专业素养极为欠缺。基于组织视野下的课例研修恰恰在教师紧紧切入教学的过程中为教师提供了说、写的机会。所谓说，就是把自己的思考、观点、研究所得说出来，大家一起交流、切磋、共享；所谓写，就是把自己原先没有留下的教育痕迹用自己的笔记录下来，记录教学设计、记录教学研讨、记录课堂现场、记录教学反思。当把一个研究流程的资料完全记录下来的时候，教师才发现，原来自己的研究经历如此丰富、如此有价值。

如此一来，一种非制度性的，类似于自组织的教学研究文化便在课例研修的过程中生成。教师在组织学习中获得改进的力量，并自觉迁移到研究乃至教学的全过程，留下的资料成为教师改变自己职业行走方式的理论依托。①

一位教师曾经细数了他在研究一节课的过程中不经意间留下来的文本资料：(1) 第一次教学设计文本；(2) 第一次说课文本；(3) 第一次组织内研讨文本；(4) 第一次个人反思文本（基于集体备课后）；(5) 第二次教学设计文本；(6) 第一次授课实录文本；(7) 第一次课后研讨文本；(8) 第一次分工观课报告文本（5 位成员共 5 份）；(9) 第二次个人反思文本（基于组织成员的观课报告形成）；(10) 第三次教学设计文本；(11) 第二次授课实录文本；(12) 第二次课后研讨文本；(13) 第二次分工观课报告文本；(14) 第三次个人反思文本（结合组织成员两次观课报告对比写成）；(15) 第四次教学设计文本；(16) 第三次授课实录文本；(17) 组织成员同课异构教学设计、教学实录文本……当教师把三个月内对一节课的研修文本汇集后，达到了 10 万多字，这些文本材料记载的不仅仅是过程，而且是变化，当变化产生的时候，对于课程与教学的改进就开始了，与学生的进步相依存，教师的专业发展就有了真实的展现。

上述九个要点可以整体系统地体现，也可以分别使用，成为以校为本教学研究的工具性的策略，进而引领教师的研究与发展走上真实的可为之路。

---

① 李秀伟．中小学校本研修的改进路向与模型建构［J］．教育研究，2012，(7)．

其中，一位教师就以“同课异构”和“异课同构”为切入点，获得了属于自己的理论思维。

实践范例 异同之间斯为美[①]

“子曰：君子和而不同，小人同而不和。”（《论语·子路》）意思是，君子追求内在的和谐统一，而不是表象上的相同和一致；小人则相反，只在表面上人云亦云，内心却在激烈斗争，打着自己的小算盘，这是从人的关系上讲。从事物的关系上讲，“和”是多样性的统一，“同”是单一性的绝对同一。《国语·郑语》记载，西周太史史伯与郑桓公谈论“兴衰之道”，说西周将要灭亡，而其灭亡的原因是“去和取同”。在史伯看来，如果“去和而取同”，就会“声一无听，物一无文，味一无果，物一不讲”，一种声音单调，没有听头；一种物质单一，没有看头；一种味道乏味，没有吃头；一种事物没有比较，无法品评。以此治国，就会排斥异己、独断专行，国家也就离灭亡不远了，所以，史伯认为，“和实生物，同则不继”，他强调了事物是多种因素的集合，它们相互协调而组成新的事物，达到更高层次的统一协调。因此，孔子在《论语·学而篇》中提到“礼之用，和为贵；先王之道，斯为美”。“和”是先王的治国之道，这是最美的。

弄清了“和”和“同”的含义，就不难理解其在教育教学方面的真实意义了。新课程标准已经实施十多年了，它所提倡的“多元”与“个性”等关键词，已经得到广大教育工作者的普遍认可。同课异构和异课同构便是该背景下一种有效的校本研修形式。但在教学实践中，我们的同课异构或者异课同构是否真的做到了“和而不同，异而求和”的“斯为美”境界了呢？作为潍坊李秀伟专家工作室的一个研究群组，我们在李秀伟老师的指导下对此问题进行了粗浅的研究。

（一）同而不和：传统意义上的同课异构和异课同构

由前面的论述可知，无论是同课异构还是异课同构，都不是毫无条件的，

① 山东省潍坊市奎文区幸福街小学孙云霄老师提供。

相反，条件越明确越有利于教学研究的开展。比如，传统意义上的同课异构中的“异”，到底是教学环节的“异”，还是教学目标的“异”，还是其他方面的“异”？再比如，传统意义上的异课同构中的“同”，到底是教学流程的“同”，还是教学目标的“同”，还是其他方面的“同”？求异或求同的角度和方式的多样性给我们的教学研究提供了丰富的样本，但是，我们要认识到无论是异课同构还是同课异构，其本质都是比较研究，都是通过对此类现象的深入研究来发现教育教学规律的，而“异”或者“同”的不明确性则导致了研究中诸多因素的可比性和可参照性并不强。

怎样才能既有明确的可比较条件又不使研究范围缩小呢？基于研究的针对性和实效性考虑，我们提出了全新意义上的异课同构和同课异构。

（二）同而求异：我们的同课异构

我们把同课异构的概念界定为：使同一教学内容通过不同的教学设计承载不同的课程目标，即同而求异。从教学内容来说，课文文本本身蕴含的教学资源是非常丰富的，所谓“一千个读者就有一千个哈姆雷特”，这给我们提供了仁者见仁、智者见智的广阔空间。

下面以我与祝洪琴老师对《如梦令·常记溪亭日暮》的教学和我与周波老师对《孔子游春》的教学为例对“同课异构”作说明。

例 1：《如梦令·常记溪亭日暮》是苏教版小学六年级下学期第三单元第九课“词两首”的其中一首，作者李清照。全文共三十三个字，“常记溪亭日暮，沉醉不知归路，兴尽晚回舟，误入藕花深处。争渡，争渡，惊起一滩鸥鹭。”由此承载的课程目标及由此生发的教学设计分别如下：

	祝洪琴	孙云霄
课程目标	能主动进行探究性学习，在实践中学习、运用语文。	认识中华文化的丰厚博大，吸收民族文化智慧。
教学目标	1. 正确、流利、有感情地朗读课文，背诵课文。 2. 在诵读、品味的过程中理解、领悟词的内容和意境。 3. 通过理解、领悟词的内容和意境，能把自己想象的景象写出来。	1. 正确、流利、有感情地朗读课文、背诵课文，感知词的音韵美。 2. 理解词的内容，抓住关键词，理解词的画面美。 3. 揣摩感受作者不同境遇下的心境，品味词的意蕴美。

续表

	祝洪琴	孙云霄
教学流程	自主批注（结合注释，写出自己的理解） ⇩ 互动探究（小组交流，全班交流） ⇩ 改写词句 ⇩ 填写词牌“如梦令”	多种形式朗读，感知词的韵律美 ⇩ 想象，写一写，说一说，理解词的画面美 ⇩ 拼读关键词，理解词的意蕴美 ⇩ 拓展，咏读李清照的其他词，体会她的词的真情美

例 2：《孔子游春》是苏教版小学语文下学期第七单元的一篇课文，它生动地描述了孔子带弟子们到泗水河畔游赏，巧借河水诱导弟子的故事，课文内容共分为三部分：泗水河畔的春景，孔子论水，师徒言志。由此承载的课程目标及教学设计如下：

	周波	孙云霄
课程目标	能主动进行探究性学习，在实践中学习、运用语文。	认识中华文化的丰厚博大，吸收民族文化智慧。
教学重点	领会孔子循循善诱的教育方式及师生间浓浓的师生情谊。（论水部分是重点）	感悟儒家文化中的真君子形象。（言志部分是重点）
教学流程	整体感知（初读课文） ⇩ 探究感悟（孔子是位怎样的老师） ⇩ 拓展延伸（出示《论语》相关语句） ⇩ 说一说：孔子是位（　　）的老师	整体感知课文 ⇩ 美读，感知春意正浓悦景美（配乐美读） ⇩ 论水，领会循循善诱寓意深（品词析句） ⇩ 言志，体验师生情浓真君子（拓展补充）

祝洪琴老师《如梦令·常记溪亭日暮》的教学流程和周波老师《孔子游春》的教学流程都注重了学生的自主探究，并通过小组交流、全班交流等形式，创设了有利于自主探究的情境，让学生在兴趣高涨中获取了足够多的文本信息，进而达成她们设在课程目标下的教学目标。而我这两课的教学设计始终围绕“认识中华文化的丰厚博大，吸收民族文化智慧”下的教学目标，强调以读为本，读中感悟，让学生在沉静深入的思维和情感活动中深入理解和体验，有所感悟和思考，受到情感熏陶，积累语言收获智慧，培养审美情趣。

（三）异而求和：我们的异课同构

异课同构，同样的课程目标在不同的教学内容中实现，有别于传统意义上的异课同构。我们的异课同构不会在教学手段或模式上寻求“雷同”，而是为了达成同一课程目标，是为了追求一种高层次的和谐统一，有效避免了史伯所担忧的“以同裨同，尽乃弃矣”的严重后果。为了举例的方便，以我自己讲过的几堂课为例。这几堂课的课程目标均是“认识中华文化的丰厚博大，吸收民族文化智慧”。由此目标出发，对几篇课文的解读片段如下：

《林冲棒打洪教头》是苏教版小学语文六年级下册的一篇课文，是根据我国四大古典文学名著之一《水浒传》的第八回改写的，作者是元末明初的小说家施耐庵。课文主要写了林冲发配沧州途中，路过柴进的庄上，与洪教头比武过招并打败了他。教学《林冲棒打洪教头》时，除了引导学生解读林冲的人性之美，向学生打开一扇通往名著的窗外，还抓住关键句子“月亮升起来了，照得厅堂外面如同白昼”反复赏析咏叹，让学生感悟到这短短的一句话，折射出林冲内心世界中的孤寂之情与高洁之意，这是施耐庵对林冲的偏爱。同时让学生感知月亮这个文学意象在汉文化中的特殊地位。从《诗经》中的“明月皎兮”到唐朝的“床前明月光”，到今天的“月亮代表我的心”，源远流长的月文化会借助林冲眼角的一抹余光对学生的心灵进行冲击。

《嫦娥奔月》是苏教版小学语文五年级上册的一篇课文，讲的是奸诈贪婪的逢蒙想得到西王母送给后羿的长生不老的仙药，于是便趁后羿外出时闯进嫦娥家，威逼嫦娥交出仙药。嫦娥见情况不妙，便一口吞下仙药，飞上月亮。通过对“嫦娥吞了仙药以后飘飘悠悠地飞了起来”这段文字的解读，我们发现其内在逻辑的不合理性，比如，仙药既然是嫦娥在同逢蒙斗争的过程中，被逼无奈的情况下吞下去的，为什么她对后羿对家园没有一丝留恋，反而是义无反顾地头也不回地“一直朝着月亮飞去”？既然嫦娥吞药是不得已而为之，那为什么在这短短三句话中竟然连用5个主动性极强的“飞”字？而后教师出示“奔”字的演变过程，让学生感知到“奔”是一个方向性目的性都很强且带有急迫心情的字，但题目却恰恰用了这个方向性目的性和心情的迫切度都极强的“奔”字，是“嫦娥奔月”，而不是“嫦娥升月”或者“嫦娥登月”，这是为什么呢？这样，通过引导学生对文本进行抽丝剥茧似的深究细探，从而发现这个被改编的神话背后其实是隐藏了我们华夏民族的一段心理记忆：从4000年前的嫦娥窃药（“昔嫦娥窃不死之药奔月。”殷商，《归藏》）到2000年前的嫦娥窃药奔月变成癞蛤蟆（“羿请无死之药于西王母，嫦娥窃之以奔月，是为‘蟾蜍’。”后汉，《灵宪》），再到1000年前的（“嫦娥应悔偷灵药，碧海青天夜夜心。”唐，李商隐，《嫦娥》），最后到今天我们教材上的外貌美心灵更美的美嫦娥，说明嫦娥这个形象经历了由谴责（变成癞蛤蟆），到同情（碧海青天夜夜心），到赞美的演变过程，说明了人们由对月亮的崇拜、追求长生不老，转变为对自身人格完满的追求。在对“嫦娥吞了仙药以后飘飘悠悠地飞了起来”这段话一唱三叹的赏读中，灵活穿插厚重的神话知识是本堂课的一条暗线。

以上所举两篇课文本身就蕴含着丰富的民族文化，那么像《鞋匠的儿子》这样关于外国人的故事如何解读呢？《鞋匠的儿子》是小学语文苏教版第十一册第六单元的最后一篇叙事性记叙文。课文以生动的事例叙述了两度当选为美国总统的林肯，虽然出身贫寒，但面对态度傲慢、自恃上流社会的所谓“优越的人”的嘲讽，凭自己的智慧与宽容，捍卫了尊严，赢得了大家的信任和爱戴。课文主要抓住人物的语言描写来凸显人物的精神风貌、人格魅力。在教学中牢牢抓住林肯的三处演讲词进行研读感悟：（1）“我非常感激你使我想起我的父亲。他已经过世了。我一定会永远记住你的忠告，我永远是鞋匠的儿子。我知道我做总统，永远无法像父亲做鞋匠那样做得那么好。”（2）“就我所知，我父亲以前也为你的家人做鞋子，如果你的鞋子不合脚，我可以帮你改正它。虽然我不是伟大的鞋匠，但我从小就跟父亲学到了做鞋子的艺术。”（3）“对参议院里的任何人都一样，如果你们穿的那双鞋是我父亲做的，而它们需要修理或改善，我一定尽可能地帮忙。但是有一件事是可以确定的，我无法像我父亲那么伟大，他的手艺是无人能比的。”让学生透过这三段语言文字的表面去挖掘其深层的内涵是关键，真正从朴实的话语中读出人物的内心，读出人物的神韵，读出人物的魅力所在，让学生认识到“作为鞋匠的儿子，的确身份卑微、渺小，但是从他的字里行间我们却感受到了恰恰与卑微、渺小相反的一个词——伟大”。最后趁热打铁，用《道德经》中的两句话点睛：“物壮则老，是谓不道，不道早已。”意思是表现得过于强大就会走向衰老，就会很快灭亡。“夫唯不争，故天下莫能与之争。”意思是正因为他不与人争，所以天下没有人能够与他争。在这里，老子的智慧无所不在地作为一个背景目标对学生进行着熏陶感染。

总之，无论是同课异构还是异课同构，都极大地促进了教学研究。我们在研究中教学，在教学中研究，将理论引入实践，将理论与实践相结合，其实质都是对“斯为美”的“和”境界——促进学生发展的教学规律的一种追求：有“随风潜入夜”般的文本研读，有学生审美情趣的升华，有启迪思想的感染熏陶，有沉静深入的思维活动，有多边对话，有人性关怀。但是，如何将之常态化，同课异构或者异课同构是否给我们现在所提倡的教研组集体备课增加了不必要的负担等，都是我们正在思考的问题。

第四章

一堂好课是这样研成的

作者在本章中通过呈现一堂好课研修的具体过程说明了校本研修是如何进行的，如先将个人设计经验呈现于集体中，然后组织研讨后的备、上、观、评课，再进行专业研讨后的第三次设计，接着还有新授课后的专业观课评课和执教教师的自我改进与发展报告，最后是应用研修成果。

2010年山东省教育厅启动了“山东省小学远程研修课例打磨工程”，通过齐鲁名师带动其工作室成员进行课例打磨活动，采取网络教研、群组互助、专家点评等方式共同打磨一节课，为小学教师的校本教研提供了一种新的范式。

作为这项活动的全程参与者，我们体验到了新型校本教研的价值和意义，但是我们也认识到，单纯借助外力的教研活动是不可能获得持久发展力的，真正的校本教研应当来自于学校、教师的自组织。于是，在梳理国内外相关研究现状和广泛调查的基础上，我们启动了以“学科教学改进计划”为载体的新型校本教研模式研究项目，这一项目首先在潍坊市奎文区开展起来。

本项目的实施主要分为四个阶段：一是在学校或者校际间以学科教学为轴心自发确立学习组织；二是研究本学科或相邻学科在发展学生学科能力方面的主题词；三是以学科能力的发展为核心选择教学内容进行课例打磨；四是对课例打磨效果以及学生学科能力发展的评价和展示。

在小学语文学科，我们首先选择了“阅读教学的流程”作为研究主题，选择了《装满昆虫的衣袋》一课开展课例打磨。伴随着研究的深入，我们逐渐将视角投放到了阅读教学中通过“抓住关键词做批注”来理解文章、体会文章思想与内涵这一领域，并进行了课例打磨。本章所呈为第三环节——以学科能力的发展为核心选择教学内容进行课例打磨。

一、个人设计经验呈现于集体中

《装满昆虫的衣袋》一课的执教者是山东省潍坊中新双语学校的李蓓蓓老师，群组成员包括齐鲁名师李秀伟，潍坊市实验小学的耿艳丽，奎文区幸福街小学的王安存、孙云霄，奎文区樱园小学的张廷娟，奎文区圣荣小学的李蕾，潍坊日向友好学校的陈朝祎，临朐县第二实验小学侯忠彦等。根据“阅读教学的流程”研究需要和“抓住关键词做批注”来理解文章、体会文章思想与内涵的教学方法，李蓓蓓老师选择了苏教版五年级上册的《装满昆虫的衣袋》进行课例打磨。

最初，由其本人基于个人经验自行备了一堂课，教学设计是这样的：

《装满昆虫的衣袋》教学设计

【教材分析】

《装满昆虫的衣袋》是苏教版五年级上册第二单元中的一篇文章。本单元四篇文章旨在激发学生热爱自然、细心观察、探索自然的兴趣。这是一篇记叙文，主要叙述了著名昆虫学家法布尔从小就对昆虫非常入迷的故事。课文通俗易懂，富有童趣。第一部分，介绍了法布尔小时候的生活环境。第二部分，通过两件事来生动地说明法布尔从小对昆虫的入迷程度。一件事是他独自寻找“纺织娘”，忘记了回家；另一件事是他八九岁时去放鸭子，却花了大量时间观察昆虫并把捉到的虫子装在了衣袋里，父母的责骂也没有改变他对昆虫的迷恋。第三部分写了因为对昆虫的着迷，把法布尔引进了科学的殿堂。课文的重点是第二部分，所以引导学生借助课文的具体语句体会法布尔对昆虫的热爱与痴迷就成了本课的教学重点，让学生从中获得有益的启示。

【学情分析】

五年级的学生有着强烈的好奇心，对大自然的各种现象充满了兴趣。文中人物故事贴近学生的生活，是学生喜欢阅读的文本。在语文学习中，学生基本具备了在阅读中抓住主要内容、体会文章的思想感情和联系上下文理解词句的能力，但在阅读中揣摩文章表达方法的能力还有所欠缺。大部分学生对一些深层次的感悟难以体会到位，需要在课文学习中加强练习和培养。

【教学目标】

1. 学会本课 9 个生字，两条绿线内的 6 个字只识不写。理解由生字组成的词语。

2. 能正确、流利、有感情地朗读课文。

3. 借助课文的具体语句体会法布尔对昆虫的热爱和痴迷的情感。

4. 从法布尔的故事中受到启示，从小养成善于观察、善于发现的好习惯，培养热爱自然、热爱科学的志趣。

【教学重点】

从学生有限的生活经验和自身的阅读体验出发，引导学生紧扣文中描写法布尔迷恋昆虫的重点语句，在读中一步步走进人物内心，感受法布尔对昆虫无比痴迷的情感。

【课前准备】

学生预习课文，熟读课文

【课时】

一课时。

【教学过程】

一、激发兴趣，导入新课

1. 师读《昆虫记》中的一个片段。

同学们，知道这是谁写的吗？这是法国著名的昆虫学家法布尔写的。（出示课件）这本《昆虫记》曾经被翻译成五十多种文字，多次被翻版印刷，在生物界和文学界都引起了极大的轰动。你知道他为什么会写成这本书吗？学习了今天这个故事，你肯定会若有所悟的。（出示课题，生齐读课题）

2. 看到这个课题，你有哪些疑问呢？想知道些什么？

学生质疑。

下面就让我们一起学习课文，来揭开问题的答案吧。

设计意图：由一处精彩的片段唤起学生的兴趣，引出主人公的简介，激起学生阅读文本的欲望，让学生对课文题目进行质疑，培养学生的开放性思维，也能进一步了解学情，因学定教。

二、检查预习，整体感知

1. 检查字词（出示课件）

昆虫　小溪　纺织观察　责骂　中毒　垃圾　殿堂　纵横　闪烁　光泽　可恶　痴迷　圣莱昂　裤兜　着急　鸟栖虫居　鼓鼓囊囊

2. 检查课文

①课文主要讲了哪两件事？（此处注意训练学生的概括能力）

②文中的法布尔给你留下的第一印象是什么？（对昆虫的痴迷）什么是痴迷呢？

设计意图：五年级的学生已经具备自学字词、读熟课文、初步掌握课文内容的能力，所以此环节直接进行检查即可。学生在初读课文之后对法布尔有了整体感知，抓住总体印象，这是对学生概括和提取关键信息能力的培养。

三、精读课文，披文入情

过渡：让我们走进文本，一起看一看法布尔到底是怎样的痴迷吧！

（一）教师导学，学习 2～3 自然段

1. 请同学们以自己喜欢的方式，读课文 2～3 自然段，（出示自学提纲）看一看法布尔是一个怎样的孩子。你是从哪些段落、语句或是词语中看出来的呢？将它们画出来，边找边在旁边写写你的感受或想法。

师边看边提示：可以在你画的句子旁边写写你的心情或者想法，这就是一种很好的学习方法，这种方法叫作批注。

设计意图：让学生有自学的空间，有自我思考的空间，并在思考的同时写下自己的感受和看法，在教授学习方法的同时，实际上也是对学生学习能力的培养。

2. 交流“找纺织娘忘回家”

（1）生谈自己的想法。（调皮、坚持不懈、不怕困难、善于观察……）你能抓住这一段的重点词语来说说你的感受吗？本段重点抓住“终于”“三天前”这几个词。

课件出示：法布尔说：“妈妈，我在这呢！瞧……”（朗读训练，让学生进行换位朗读，体会法布尔当时的兴奋，读出那种激动的心情。学生朗读不到位时师范读，这样不断提高学生的朗读水平，最后，再齐读，师读提示语，让学生读法布尔的话。例如，“法布尔兴奋地说……”“法布尔无比激动地说……”用这种朗读的方式让学生在一次又一次的朗读中体会法布尔的激动，从而不断提高学生的朗读能力）

根据学生的语气，教师作出相应的点评：“我听出来了，你是带着欣喜的语气在告诉妈妈。”“我感受到了你的兴奋，真替你开心啊！”“你想让所有的人都来分享你的喜悦！同学们，这就叫换位朗读呀，将你自己想象成法布尔，你读得就有感情了。”（板书：换位朗读）

师：我们从文中第 2 自然段中父母的焦急也能感受出他对昆虫的迷恋。让我们将 2、3 自然段连起来读一读吧。

（二）学法总结

师：刚才我们用了哪些方法来学习这一片段呢？（师说并板书：抓关键词，发挥想象，换位朗读）

设计意图：此环节先由教师带领学生学习，教给学生感悟课文的方法，借助重点语句体会法布尔对昆虫的痴迷。同时，老师根据学生的理解反复指导学生读课文，在读中走近人物法布尔，体会他的内心情感。

（三）学生自学，学习4～10自然段

1. 学生自学

师：下面用这些方法自学课文4～10自然段，你从哪些语句能看出法布尔是个怎样的孩子呢？做好标注。

能想象的地方，将你的想象写在旁边；有感受的地方，将你的感受写下来；最后，将你所有的想法通过你的换位朗读展示出来。

设计意图：运用前面学过的方法，放手让孩子们读书，找具体的语句，体会法布尔对昆虫的痴迷。联系前文，把课文2～10自然段的学习分为两个步骤：第一步为教师渗透方法，引导学生学习2、3自然段，第二步让学生根据教师所教方法学习课文的4～10自然段，这样的学习过程更符合学生掌握知识的规律。

2. 组内交流

小组内交流一下自己找到的片段和看法，相互补充一下。

明确要求：同学们，将你的想象和想法说一说，说完之后，将你喜欢的片段换位朗读一下，试试让同学们通过你的读听出你内心的感受。

设计意图：让学生学会合作与交流，产生思想的碰撞，激起思维的火花，补充自己对文本的感受，将自己的不同看法提出来，同时借鉴别人的优点。

（四）交流反馈

师：同学们，起来交流时，可以借助有关语句说一下自己的想法，更重要的是我想让每位同学都能通过换位朗读将自己的想法展示出来，好吗？（学生汇报）

（注意学生的汇报，教师应最终落脚在“痴迷”上。同时教师的评价一定要具体，不要只从表面上说“好”之类的话）

四、回读全文，理清结构

1. 师：正是这种对昆虫的痴迷把法布尔引入了科学的殿堂。齐读第11自然段。（板书：引进科学殿堂）读到这儿，谁来说一说为什么用“装满昆虫的衣袋”作为题目？（因为这个题目最能体现出法布尔对昆虫的迷恋与珍爱）

2. 让我们再次回顾一下整篇文章，看看课文的第1自然段、最后一个自然段和中间几个自然段是什么关系，看看课文是按照什么结构写的。（板书：总——分——总）好，我们来完成这样一个填空练习，好吗？课文先总写________，再分写________，最后又总写____________。（出示课件）这篇课文先总写法布尔有着浓厚的兴趣，接着通过两件事分写，最后总写法布尔的成就，这种总分总的结构在我们习作时是可以借用的。

设计意图：这是对课文的一个整体回归与认识。感悟课文的同时，指导习作方法，以提升学生的习作能力。

五、课堂练习，情感升华

1. 积累

师：法布尔之所以能够成功，主要源自于他从小就对昆虫的痴迷，他用一生去观察了各种各样的昆虫。其实，世界上很多为人类作出贡献的大人物，也都像法布尔一样，对某些东西特别痴迷。牛顿由于做实验，吃没吃饭自己都忘了；数学家陈景润由于痴迷看书，一天都没理成发。所以说，很多事情的成功就源于一种专注、一种执着、一种痴迷。如果你对这件事情有兴趣，就要坚持，并注意观察。世界上很多有成就的人都这样告诉我们（出示课件），齐读：

兴趣是最好的老师。（爱因斯坦）

知之者不如好之者，好之者不如乐之者。（孔子）

观察，观察，再观察。（巴甫洛夫）

一切推理都必须从观察与实验中得来。（伽利略）

观察对于儿童之必不可少，正如阳光、空气、水分对于植物之必不可少一样。在这里，观察是智慧的最重要的能源。（苏霍姆林斯基）

让我们一起记住这些大师的名言，相信对同学们会有所启迪。

2. 小练笔

师：课文我们学完了，不知他的故事对你有什么启发？（认真观察、坚持到底）将你的感受与启发用一段话写在书上，如果此时你站在法布尔的雕像面前，你想对他说些什么呢？

设计意图：语文具有人文性的一面，语文教学离不开情感、态度、价值观的教学，所以从故事中学生得到了哪些启发，这是非常有必要说一说的，从而培养学生自己锲而不舍地探索和钻研的精神。

六、布置作业，拓展延伸（自由选择）

1. 把法布尔迷恋昆虫的故事讲给家里人听，请他们说说自己的感受。

2. 利用课余时间观察昆虫的活动，写一篇观察日记。

3. 找找法布尔的著作《昆虫记》读一读。

4. 收集有关其他名人“痴迷”的故事，读一读。

设计意图：在作业设计上，考虑学生的个别差异，设计说、听、写、做、读等不同的作业形式，把主动权交给学生，让学生选择自己喜欢的一种方式去读，激活了学生的参与意识，体现了以生为本的现代教育理念。

七、板书设计

装满昆虫的衣袋

总　痴迷

分　找纺织娘忘回家　观察

捉虫子遭训斥　执着

总　引进科学殿堂

金钥匙（抓关键词、展开想象、换位朗读）

针对这次个人备课，群组成员进行了网上研讨，各位群组成员对李蓓蓓老师的教学设计提出了建议。

潍坊市奎文区幸福街小学的王安存老师是这样修改的：

关于教学重点，从学生有限的生活经验和自身的阅读体验出发，引导学生紧扣文中描写法布尔迷恋昆虫的重点语句，在读中一步步走进人物内心，其中“感受法布尔对昆虫无比痴迷的情感”，此处应改为孩子逐步感受法布尔对昆虫的“着迷——迷恋——痴迷”。

关于教学过程，在第一环节“激发兴趣，导入新课”方面，如何激发孩子学习的兴趣，让学生尽快地投入学习状态中是这一环节的关键所在，教师应该在趣上下些功夫。

关于学法总结，教给孩子读书的方法很好，但就一节课来说，给予的方法过多，造成学生印象不深刻，建议减少读书方法。

潍坊市实验小学的耿艳丽老师是这样修改的：

关于精读课文这一流程，建议进行如下修改：

以课文中的三个词语“着迷——迷恋——痴迷”为线索，引导学生运用“抓住课文重点词句”的方法，围绕“捉纺织娘”“捉甲虫”“父母责骂”三个画面，指导学生借助多种方式的朗读，体会法布尔从小就对昆虫非常着迷的特点。学习作者抓住人物动作描写和细节描写来表现人物特点的写作方法。

具体过程为：

一、抓住“着迷”，整体感知课文

师：同学们，请你认真地读读课文的第 1 自然段，看看从课文的这一段中你能获得关于法布尔的哪些信息。

交流预设：

1. 法布尔的出生时间和地点。

2. 法布尔是著名的昆虫学家。

3. 法布尔的生活环境。

4. 法布尔从小就对昆虫非常着迷。

师：说得真好！（出示句子）

法布尔从小就对小虫子非常着迷！

孩子们，请读这个句子，法布尔怎样做算是对小虫子着迷呢？由这个句子，请你想开去，描述法布尔对小虫子着迷的一个镜头。请在描述的时候运用这样的句式：

法布尔从小就对小虫子非常着迷，他有时候________________，有时候________________。这些都是大家想象的，这些画面的确让我们感受到法布尔对昆虫的着迷。

我们知道，热爱足球的人，我们称他为——球迷；热爱唱歌的人叫——歌迷；那么法布尔热爱昆虫，我们可以说他是——昆虫迷。

课文借助具体的语句，描写了一个个画面，向我们展示从小就对小虫子着迷的法布尔。现在，请大家轻声地朗读课文，说说从课文中你又看到了哪些描写法布尔对小虫子非常着迷的画面。

交流预设：

1. 捉纺织娘或者找歌唱家。

2. 水边放鸭子或者捉甲虫。

3. 父母责骂但他依然迷恋。

二、体会法布尔对昆虫的着迷

师：现在，让我们走进这些画面中，先来默读课文的 2、3 自然段，哪一个词语让你感受到法布尔对昆虫的着迷？

1. 教师引导学生对“终于”这个词语进行感悟，理解法布尔捉纺织娘用的时间长，捉纺织娘非常不容易，从而体会法布尔对昆虫的着迷。

2. 跟进评价，指导批注，指导朗读。你对这个词理解得很深刻。找到这个词语的其他同学还有什么建议呢？请大家把这个词语圈出来，把你刚才的理解写在旁边，这个方法就叫“词语批注法”。

3. 法布尔费了好大的劲才找到这只纺织娘，找到这只会唱歌的虫子，心里一定很高兴。谁来读读 2、3 自然段，读出法布尔的这种心情？

4. 指生起来读，师跟进。你的读把老师带进了课文中，我仿佛看到了手拿一只全身翠绿、触角细长的纺织娘的法布尔。老师也想来读读，谁愿意和我一起再现当时的情景？

5. 创设情境，还原生活场景。

师：法布尔从小就对小虫子非常着迷。一天傍晚，暮色笼罩了田野，爸爸妈妈忙完农活正要回家，却发现法布尔不见了。他们不由得着急起来，在田野边上边跑边呼喊：“法——布——尔，儿——子。”

生：妈妈，我在这呢！瞧，我抓到了那只会唱歌的虫子！

师：啊，好漂亮的小虫子。全身翠绿，触角细长。儿子，这就是你三天前告诉我的那只会唱歌的虫子吧？

生：妈妈，是的。

师：儿子，快，告诉妈妈，你捉这只小虫子遇上了哪些困难？

……

师：同学们，看来法布尔捉住这只纺织娘的确不容易，但他还是捉住了，现在，由“终于”这个词语你能想象出法布尔当时心里是怎么想的吗？

预设：

不抓住这个小虫子我绝不罢休；我一定要想办法抓住这只小虫子。这个时候，如果让你用一个四字词语来描写法布尔，你认为哪个词语合适一些？

持之以恒、坚持不懈、滴水穿石等。

请大家选择一个词语写在“终于”的旁边。

小结：在“终于”这个词语的旁边，我们写着“着迷、喜欢、持之以恒”等词语，由这个词语看出法布尔对小虫子的着迷、喜欢，看出法布尔做事持之以恒的特点。同学们，词语批注法可以让我们更深刻地感受人物的特点。

师：让我们一起读读课文的第1自然段，再次认识一下这位著名的昆虫学家。

过渡语：在田野里，法布尔为了找到这只会唱歌的虫子，整整找了三天；后来，在他八九岁的时候，父亲叫他去放鸭子，在池塘边，他又做了什么？请大家认真地读课文的4、5自然段，圈出你认为能够表现法布尔对昆虫着迷的词语并进行批注。

学生运用所学方法自己学习课文4、5两个自然段，教师巡视指导。尤其注意指导学生运用“词语批注法”对自己画出的词语进行批注。

三、指导学生进行全班交流

师：在刚才的学习中，我看到很多同学画出了多个词语，进行了批注。现在，请选取你认为最能表现法布尔对昆虫着迷的词语和大家交流。

预设：

1.“逮、捉、蹲、静静地观察”——引导学生说出“静静地观察”是什么样子。此时，如果让你用一个四字词语再来描写一下法布尔，你会用什么词语？（专心致志　聚精会神）

2.继续交流。

预设：叫、扑、捉这些词语说明法布尔动作敏捷，由敏捷的动作看得出法布尔肯定捉过很多的甲虫，由此说明他对甲虫很着迷。

3.预设：“放进、包上、装进、欣赏”——这些词语说明法布尔包起这个昆虫非常小心，他的每一个动作说明他喜欢这只小甲虫。读出你的喜欢之情好吗？

学生读后，及时评价。

练习：根据刚才的学习进行填空练习，进一步巩固和体会这些表示动作的词语。

1. 他把鸭子赶进池塘以后，就去水边________蝴蝶，________甲虫，或是________下来静静地________奇妙的水底世界。

2. 他边________边用小手________过去，敏捷地________了他。

3. 他把这个小宝贝________蜗牛壳里，________树叶，________自己的衣袋，打算回家后再好好________。

小结，再读课文第 1 自然段。

师：同学们，这就是正在池塘边放鸭子的法布尔，通过这一个个精彩的句子、一个个生动的词语，我们分明感受到了他对昆虫的喜爱和着迷，让我们再来读读课文的第 1 自然段吧。（生齐读）

四、小组内学习课文 7～10 自然段

过渡：法布尔为了捉住纺织娘，在田野里整整找了三天；放鸭子时，专心致志地观察，捉到小甲虫，小心翼翼地保藏。这仅仅是着迷吗？——是的，可以说是迷恋，是痴迷。

1. 小组内研读课文 7～10 自然段，完成下面的选词填空。（在本子上按照顺序写下这些词语）

着迷　痴迷　迷恋　怒气冲冲　厉声

当法布尔赶着鸭子一回到家，父亲就________地责骂他，母亲也在一旁________地责备他，法布尔难过极了，眼泪刷刷地往下掉，很不情愿地把心爱的小宝贝放进了垃圾堆。可是，父母的责骂丝毫没有阻止法布尔对昆虫的________。可以说，此时的法布尔对昆虫的喜爱，由最初的________，达到了现在________的程度。

2. 小组同学一起读这段文字。

3. 全班一起读这段文字。

4. 小结：同学们，父母的责骂丝毫没有动摇和阻止法布尔对昆虫的迷恋、痴迷，他依然兴致勃勃地喜欢那些小玩意儿，他依然专心致志地观察着周围的一切。

5. 补充资料。

有一次，法布尔爬到一棵大树上，观察螳螂的活动，结果把周围的一切都忘记了，别人还以为他是小偷呢。当正要抓他时，他这才从观察中醒过来。

有一天早晨，几个农妇外出干活，看见法布尔趴在路上，睁大眼睛看一块石头。到黄昏时，这些妇女回家了，看见法布尔仍然趴在那里，以为他为谁祷告呢。其实，法布尔一整天都在观察石头上的昆虫。

还有一个感人的故事：法布尔曾经花了三年的时间，观察雄蚕蛾如何向雌蚕蛾“求婚”的过程，当快要成功的时候，蚕蛾不巧被一只螳螂吃掉了。结果，法布尔又花了整整三年，才得到完整而准确的观察记录。

孩子们，听了这些介绍，你能说说此时你心目中的法布尔吗？

6. 再读课文的第 1 自然段。

师：著名科学家达尔文赞美法布尔是“举世无双”的观察家。这一切，源自于法布尔小时候对昆虫的着迷。我们女生一起再来读读课文的第 1 自然段。

7. 再读课文的最后一个自然段。

正是因为法布尔对小虫子的着迷，到迷恋，再到痴迷，所以他一步步进入了科学的殿堂。男生齐读课文的最后一个自然段。

8. 练笔。

孩子们，后人为了纪念法布尔，在为他建造的雕像上，把两个衣袋做得高高地鼓起，好像里面塞满了许多昆虫。再来齐读课题——《装满昆虫的衣袋》。大家想一想，在这两个鼓起的衣袋里，装满的仅仅是昆虫吗？还有什么？请写下来吧。

课件：我认为法布尔的高高鼓起的衣袋里，装满的不仅仅是________，还装满了________，还装满了________。

五、小结全文，出示法布尔的独白

是的，看到装满昆虫的衣袋，我们就会想起法布尔对昆虫的热爱，对昆虫的痴迷，想起他的执着的精神，想起他专心观察的样子，让我们一起记住这位伟大的昆虫学家。

这是他的内心独白：“兴趣是最好的老师，对某件事情产生了兴趣，我们就会全身心地投入进去，做得那么有滋有味、兴趣盎然，忘记了周围的一切，甚至忘记了自己。”

潍坊日向友好学校的陈朝祎提出了这样的修改建议：

1. 在检查课文朗读时，可以让学生每人一个自然段开火车读，也可以先小组四人互相检查课文朗读情况，再指名抽查部分同学。

2. 检查课文主要写了哪两件事时，此处注意及时把握课堂生成资源，训练学生的概括能力，力求每一个教学环节都有效。

3. 法布尔给你留下了怎样的印象？此环节不必强求学生谈出“痴迷”，学生只要能谈出“着迷”“迷恋”等相关的词语即可。

潍坊奎文区幸福街小学的孙云霄老师提出了如下的修改意见：

在布置作业、拓展延伸环节，让学生自由选择。

1. 把法布尔迷恋昆虫的故事讲给家里人听，请他们说说自己的感受。

建议此项作业改为：“把法布尔迷恋昆虫的故事讲给家里人听，注意讲清楚自己感兴趣的部分，说说你的感受，也请他们说说自己的感受，并将你们说的话整理下来。”

能够“复述叙事性作品的大意”是新课标对小学中年级段的要求，甚至在一二年级也经常有这样的作业。新课标对高年级段的相关要求是“了解事件梗概，简单描述自己印象最深的场景、人物、细节，说出自己喜欢、憎恶、崇敬、向往等感受”。

“将你们说的话整理下来”，是学生经历的又一次多元对话过程，也是一次同自己内心进行深层次对话的过程。

“讲清楚自己感兴趣的部分”，这实际上是要求学生对课文中的精彩语句进行积累。

2. 利用课余时间观察昆虫，写一篇观察日记。

此项作业建议去掉。其一，重读人物不一定要去重复人物的行为，如此，像《董存瑞舍身炸碉堡》类的课文岂不尴尬？其二，拓展延伸不能游离于文本，毕竟学习观察昆虫的方法不是本篇课文的主要目的。

3. 找找法布尔的著作《昆虫记》，读一读。

建议将此项作业改为“读法布尔的著作《昆虫记》，抄写几个自己认为精彩的段落”。

首先，学习语文是需要积累的，抄录和背诵是积累语言材料、丰富语感必不可少的方法。

其次，读与抄的过程就是与文本、作者深入对话的过程，谁能断定学生在读与抄的过程中不会发出会心的一笑呢？

4. 收集有关其他名人“痴迷”的故事，读一读。

建议将此项作业改为“收集一至两位其他名人‘痴迷’的故事，读一读，讲给同学听”。

因为作业要求越明确、越具体，学生才会愿意完成。

小结：

1. 针对小学生的心理特点，作业要求不要模模糊糊，力求明确具体、可操作性强。

2. 语文作业要体现语文学科特点，读读、背背、写写是语文学习中历久弥新的学习方法，要勤加运用。

3. 作业的延伸拓展，要立足文本，若“泛语文”，会缘木求鱼，事与愿违。

4. 语文作业要始终体现其人文性，给予学生表达自己思想的空间，哪怕点滴。

建议将“设计意图”中，“说、听、写、做、读等不同的作业形式”改为“多种作业形式”。在“以生为本”后加入“立足文本，超越文本”。

根据大家的意见和建议，李蓓蓓老师进行了反思，她认识到了文章情感的主线应该是法布尔对昆虫情感从着迷、到迷恋、再到痴迷逐层加深的过程，教学时，应以此为主线组织教学。同时，课上对学习方法的指导是有必要的，但是方法太多，很难落实到位。在反思的基础上，她开始考虑对自己的教学设计进行修改。

二、组织研讨后的备、上、观、评课

针对网上研讨的意见与建议，李蓓蓓老师又修改了个人的教案，形成了第二次备课教案。这次备课是基于群组互助后形成的备课。

根据研究主题，李蓓蓓老师的第二次备课由原来的一课时改成了两课时，对教学目标进行了细化，对教学流程进行了优化，教学设计如下：

《装满昆虫的衣袋》教学设计

（基于群组互助的备课）

【教材分析】

《装满昆虫的衣袋》是苏教版五年级上册第二单元中的一篇文章。本单元四篇文章旨在激发学生热爱自然、细心观察、探索自然的兴趣。本文是一篇记叙文，主要叙述了著名昆虫学家法布尔从小就对昆虫非常入迷的故事。课文通俗易懂，富有童趣。第一部分，介绍了法布尔小时候的生活环境。第二部分，通过两件事来生动地说明法布尔从小对昆虫的入迷程度。一件事是他独自寻找“纺织娘”，忘记了回家；另一件事是他八九岁时去放鸭子，却花了大量时间观察昆虫并把捉到的虫子装在了衣袋里，父母的责骂也没有改变他对昆虫的迷恋。第三部分写了因为对昆虫的着迷，把法布尔引进了科学的殿堂。课文的重点是第二部分，所以引导学生借助课文的具体语句体会法布尔对昆虫的热爱与痴迷就成了本课的教学重点，让学生从中获得有益的启示。

【学情分析】

五年级的学生有着强烈的好奇心，对大自然的各种现象充满着兴趣。文中人物故事贴近学生的生活，是学生喜欢阅读的文本。在语文学习中，学生基本具备了在阅读中抓住主要内容、体会文章的思想感情和联系上下文理解词句的能力，但在阅读中揣摩文章表达方法的能力还有所欠缺。大部分学生对一些深层次的感悟难以体会到位，需要在课文学习中加强练习和培养。

【教学重点】

从学生有限的生活经验和自身的阅读体验出发，引导学生紧扣文中描写法布尔迷恋昆虫的重点语句，在读中一步步走进人物内心，感受法布尔对昆虫从着迷，到迷恋，再到痴迷的情感变化。

【课时】

两课时。

第一课时

【教学目标】

1. 能正确认读本课生字新词。能认读“莱、栖、蠕、兜、痴”5个生字，正确书写“昆、纺、察、骂、毒、垃、圾、殿”8个生字，读准“着急”的“着”的读音。联系上下文理解由生字组成的词语，如“鸟栖虫居、痴迷、蠕虫”。

2. 能正确、流利地朗读课文，并有感情地朗读课文的第2、3自然段。

3. 学习抓住关键词句揣摩人物特点的读书方法。抓住课文的具体语句，如“终于、三天前”等体会法布尔对昆虫的热爱和着迷的情感。

【教学过程】

一、激发兴趣，导入新课

1. 师朗读法布尔《昆虫记》中的一个片段，激起学生的兴趣，导入新课。（课件出示）同学们，知道这本书是谁写的吗？法布尔。他是法国著名的昆虫学家，（出示课件）他用一生写成了这本《昆虫记》，这本书曾经被翻译成五十多种文字，多次重印，在生物界和文学界都引起了极大的轰动。你知道他为什么能写出这本书吗？相信学习了今天这篇课文，你肯定会有所悟的。（出示课题，齐读课题）

2. 看到这个课题，你有哪些疑问呢？想知道些什么？

学生质疑。

质疑预设：

①课文为什么要叫《装满昆虫的衣袋》？

②是谁的衣袋里装满昆虫？

③他的衣袋里为什么要装满昆虫，而不装其他的？

师：下面就让我们一起学习课文，来揭开问题的答案吧。

设计意图：由《昆虫记》中的一个片段引出主人公的简介，激起学生阅读文本的欲望。让学生对课文题目进行质疑，培养学生的开放性思维，也能进一步了解学情，因学定教。

二、初读课文，整体感知

（一）初读课文

1. 师：自由读课文，读准字音，读通句子，将难读的句子多读几遍，并思考文中的小法布尔给你留下的第一印象是什么。（课件出示）

学生自由朗读课文。（教师巡视，发现难读的地方）

2. 检查字词。（出示课件）

（1）课件内容。

一类字：昆虫　纺织　观察　责骂　中毒　垃圾　殿堂。

一类字虽说有些是学生已经认识的，但此环节的认读并不只是为了让学生认识生字，同时也是记忆字形的过程。所以检查生字时，也应将一类字放入检查范围。

二类字：圣莱昂　鸟栖虫居　蠕虫　裤兜　痴迷

多音字：着迷　着急　鼓鼓囊囊

（此时，让学生说一说“着”的其他读音并组词）

（2）学生开火车读词语，教师适时纠正。

（3）学习“栖”字，先让学生猜一猜这个字是什么意思，再出示正确答案。

（4）解释“蠕虫”（课件出示图片）；初步理解“痴迷”。

3. 检查课文朗读。

我们把这些有生字的词语放回句子里，看能不能把句子读正确。指名读句子，其他生评价。（评价时注意先评价优点，再提意见）师及时纠正读得不对的地方。（课件出示）

（1）村子里小溪纵横，花草丛生，附近丛林中鸟栖虫居，各种可爱的小动物跑来跑去。

（2）他把鸭子赶进池塘以后，就去水边逮蝴蝶，捉甲虫，或是蹲下来静静地观察奇妙的水底世界：漂亮的螺壳、来回穿梭的游鱼、五彩缤纷的蠕虫……

（3）以后每次放鸭，他仍然兴致勃勃地捡那些“没用的玩意儿”，背着大人把衣袋装得鼓鼓囊囊的，躲起来偷偷地玩。

读了课文，你们知道了“是谁的衣袋里装满昆虫”了吧？（适时呼应学生的质疑）

（二）整体感知

1. 以自己喜欢的方式读课文的第1自然段，你从中获得了哪些信息？文中的小法布尔给你留下的第一印象是什么？

（1）交流预设：①法布尔的出生时间和地点；②法布尔是著名的昆虫学家；③法布尔的生活的环境；④法布尔从小就对昆虫非常着迷。

（2）教师出示句子：法布尔从小就对小虫子非常着迷！（板书：着迷）

2. 默读课文，概括课文主要内容。

（1）师：课文通过两件事来说明法布尔对小虫子非常着迷。现在默读课文，思考课文主要讲了哪两件事，试着给它们概括小标题写在书上。

设计意图：此处注意训练学生的概括能力，先找概括不准确的同学回答问题，师纠正其错误所在，给学生以正确引导，将正确的小标题写在书上。经过教师的引导，教会学生概括故事小标题。

生默读。

(2) 交流预设：①捉纺织娘忘回家；②水边放鸭子时捉甲虫遭责骂。

设计意图：将预习放在课内，做到扎实有效。从认识生词到对课文内容的初步了解，分层进行，符合学生的认知能力。对课文的整体感知借助概括小标题来完成，培养学生概括和提取信息的能力。

三、精读课文，披文入情

（一）方法导学

1. 学习课文的 2、3 自然段，体会法布尔对昆虫的着迷。

过渡：现在，让我们走进这两个小故事，先来默读课文的 2、3 自然段，找一找哪些词语让你感受到法布尔对昆虫的着迷？并画一画，简要地写出你的感受。（课件出示）

(1) 生默读，老师巡视。

(2) 交流。

本段重点抓住“终于”“三天前”这几个词。（板书：三天前　终于）

①预设：我勾画的词是“终于”，从这儿能看出他对小虫子非常着迷，因为他不是找了一天两天，而是非得找到这只小虫子不可。他是一个不怕困难的执着的孩子。

此处追问：“终于”一词是什么意思？说明了什么？很费劲才找到。这就是你的感受，应该将它写在这个词的旁边，这就叫做作标注。其他同学还从“终于”这个词中体会到什么？找了很多天，他不怕困难……

师：如果你同意他说的，那么就把这些感受写下来，记在“终于”的旁边。我们抓住关键词，谈出了自己的理解，感受人物的特点。

你能将你的理解读出来吗？师评价。（出示课件）

②接着引导学生想象当时找纺织娘时的情形。将课文还原为生活情景。想象一下这当中会遇到哪些困难呢？

师：孩子，你找的这只纺织娘长什么样子呀？

预设：全身翠绿，触角细长。

师：（出示图片）这就是你找的纺织娘吧？你找这只纺织娘很不容易吧？找了几天呀？

生：（预设）三天。

师：快，告诉妈妈，你捉这只小虫子遇上了哪些困难？

生：（预设）一会儿钻进草丛里；身上的颜色和草一样，很难发现；声音的中断、找错声音源、蚊虫的叮咬、自己受伤、不小心摔倒……

师：同学们，看来法布尔捉住这只纺织娘的确不容易。但他还是捉住了，现在，由“终于”这个词语你能想象出法布尔当时心里是怎么想的吗？

生：（预设）不抓住这个小虫子我绝不罢休；我一定要想办法抓住这只小虫子。

师：这个时候，如果让你用一个词语来描写法布尔，你认为哪个词语合适一些？

（预设：持之以恒、坚持不懈、滴水穿石等）

师：请大家选择一个词语写在“终于”的旁边。现在，在“终于”这个词语的旁边，我们写着“着迷、喜欢、持之以恒”等词语，由这个词语看出法布尔对小虫子的着迷、喜欢，看出法布尔做事持之以恒的特点。同学们，词语标注法可以让我们更深刻地感受人物的特点。

师：让我们再来读一读这句话，读出他的不容易。正是他的坚持与执着，他才会“终于”捉住纺织娘。（出示句子，练习朗读，突出重读词“终于”）

师：是呀，三天里（重读）他遇到了那么多的困难，终于找到了那只让他日思夜想的、会唱歌的虫子，他会怎样对他妈妈说？先自己试着读一读。

课件出示：“妈妈，我在这呢！瞧……”（朗读训练，让学生进行朗读，体会法布尔当时的兴奋，读出那种激动的心情。找学生个别朗读，不到位时师范读，这样不断提高学生的朗读水平，最后，再齐读，师读提示语，让学生读法布尔的话。例如：“法布尔兴奋地说……” “法布尔无比激动地说……”用这种方式让学生在一次又一次的朗读中体会法布尔的激动，进行朗读训练，从而不断提高学生的朗读能力）

根据学生的语气，教师作出相应的点评：“我听出来了，你是带着欣喜的语气在告诉妈妈。”“我感受到了你的兴奋，真替你开心啊！”“你想让所有的人都来分享你的喜悦！”

同学们，将你自己想象成法布尔，你读得就更有感情了。

师：我们从文章第 2 自然段中父母的焦急也能感受出他对昆虫的迷恋。让我们将 2、3 自然段连起来读一读吧。

设计意图：此环节先由教师带领学生学习，教给学生感悟课文的方法，借助重点语句体会法布尔对昆虫的着迷。同时，教师根据学生的理解反复指导学生读课文，在读中走近人物法布尔，体会他的内心情感。此环节中重点培养学生抓关键词理解人物特点的能力和换位朗读的能力，以及借助想象理解文本的能力。

（二）学法总结

师：刚才我们用了哪种方法来学习这一片段呢？（抓关键词品读人物的内心，再有感情地朗读）

设计意图：此环节重在引导学生总结学习方法，以指导下一环节的自学。

四、写字练习

1. 描红，写生字，摘抄文中的好词好句。（课上完不成，可作为家庭作业）

2. 发挥想象，扩写句子。

法布尔找了三天，终于找到了那只会唱歌的虫子。

第二课时

【教学目标】

1. 有感情地朗读课文，尤其是课文的第4、5、9、10自然段。

2. 学习抓住关键词句揣摩人物特点的读书方法。能抓住“静静地观察、欣赏、放进、丝毫没能阻止、仍然……”等词语体会法布尔对昆虫的痴迷。

3. 在学习课文的过程中，培养学生的独立阅读能力、理解表达能力，引导学生借助关键词正确、流利地表达自己的想法，同时借助名言增加学生语言的积累量。

4. 从法布尔的故事中受到启示，从小养成善于观察、善于发现的好习惯，培养热爱自然、热爱科学的志趣。

【教学过程】

一、精读课文，披文入情

（一）回顾方法，指导自学

师：同学们，上一节课咱们重点学习了课文的2、3自然段，用到了哪种学习方法？（抓关键词品读人物的内心，有感情地朗读）

（二）学生自学，学习4～10自然段

1. 学生自学

师：下面用这种方法自学课文的4～10自然段，找一找，你从哪些语句能看出法布尔对虫子的着迷？做好标注。

设计意图：运用前面学过的方法，放手让孩子们读书，找具体的语句，体会法布尔对昆虫的痴迷。联系前文，把课文的重点内容2～10自然段的学习分为两个步骤。第一步为教师渗透方法，引导学习2、3自然段。第二步学生运用所学到的方法学习课文的4～10自然段。这样的过程更符合学生学习的规律。此环节注重培养学生的独立阅读能力、默读能力，以及学以致用的能力。

2. 组内交流

小组内交流一下自己找到的关键词和看法，相互补充一下。

明确要求：同学们，将你找到的词语以及对这个词的感受说一说，如果你觉得有道理的地方，不妨也借鉴同学的写下来，做好标注。

设计意图：让学生学会合作与交流，产生思想的碰撞，激起思维的火花，补充自己对文本的感受，将自己的不同看法提出来，同时借鉴别人的优点。此环节要鼓励学生在交流和讨论中敢于提出自己的看法，作出自己的判断。

（三）交流反馈

1. 师：谁来说一说，你从哪些语句能看出法布尔对昆虫的着迷？最好结合关键词来说说自己的看法。学生汇报。

（注意学生的汇报，应最终落脚在“迷恋”上）

预设：

（1）“逮、捉、蹲、静静地观察”——引导学生说出“静静地观察”是什么样子。此时，如果让你用一个词语来描写一下法布尔，你会用什么词语？（专心致志、聚精会神……）

（2）“叫、扑、捉”这些词语说明法布尔动作敏捷，由敏捷的动作看得出法布尔肯定捉过很多甲虫，由此说明他对甲虫很着迷。

（3）“放进、包上、装进、欣赏、小宝贝”——这些词语说明法布尔包起这个昆虫非常小心，他的每一个动作都说明他喜欢这只小甲虫。读出你的喜欢之情好吗？学生读后，及时评价。

（4）“放进了垃圾堆”能看出法布尔很不情愿，说明他真的很喜欢这些小宝贝。跟进朗读。

法布尔口袋里装得满满的，赶着鸭子回家了。可以说是满载而归，他的心情如何？（预设：甜滋滋的）可他的爸爸妈妈呢？（预设：非常的生气）他们是怎样说的？找男女生分别来读爸爸妈妈说的话。

师此时采访学生：你是怎么想的？心情如何？

生：（预设）心里很难过、不好受。

师：请将你的心情读出来好吗？

(5) 从“丝毫没能阻止、仍然、兴致勃勃、躲起”能看出法布尔对昆虫的迷恋。

师采访学生：爸爸妈妈不让你捡这些破玩意儿了，你打算怎么办？

生：（预设）继续捡、偷着玩、不让大人知道……

跟进朗读。

2. 师过渡：法布尔为了捉住纺织娘，在田野里整整找了三天；放鸭子时，专心致志地观察，捉到小甲虫，小心翼翼地保藏。爸爸妈妈都这样强烈地反对他了，他还是要偷着玩，这仅仅是着迷吗？——不，不是的，这可以说是迷恋。

3. 师过渡：同学们，父母的责骂丝毫没有动摇和阻止法布尔对昆虫的迷恋，他依然兴致勃勃地喜欢那些小玩意儿，他依然专心致志地观察着周围的一切。

课件出示补充资料，由学生读。

有一次，法布尔爬到一棵大树上，观察螳螂的活动，结果把周围的一切都忘记了，别人还以为他是小偷呢。当正要抓他时，他这才从观察中醒过来。

有一天早晨，几个农妇外出干活，看见法布尔趴在路上，睁大眼睛看一块石头。到黄昏时，这些妇女回家了，看见法布尔仍然趴在那里，以为他为谁祷告呢。其实，法布尔一整天都在观察石头上的昆虫。

还有一个感人的故事：法布尔曾经花了三年的时间，观察雄蚕蛾如何向雌蚕蛾“求婚”的过程，当快要成功的时候，蚕蛾不巧被一只螳螂吃掉了。结果，法布尔又花了整整三年，才得到完整而准确的观察记录。

师：孩子们，听了这些介绍，你能说说此时你心目中的法布尔吗？

预设：

生：他对昆虫已经到了痴迷的程度了。（板书：痴迷）

师：你觉得“着迷”“迷恋”与“痴迷”这三个词有什么不同？

预设：着迷是一般的喜欢，迷恋是特别喜欢，而痴迷是喜欢到了一种痴傻的境界，不理会别人的眼光，只顾自己感兴趣的东西。

4. 师：著名科学家达尔文赞美法布尔是“举世无双”的观察家。正是因为法布尔对小虫子的着迷，到迷恋，再到痴迷，所以他一步步进入了科学的殿堂。齐读课文的最后一个自然段。

（生齐读）读到这儿，谁来说一说为什么用“装满昆虫的衣袋”作为题目？（因为这个题目最能体现出法布尔对昆虫的迷恋与珍爱，这个形象最能代表他对昆虫的热爱……）

设计意图：本环节完全放手，让学生采用前一环节中所学的学习方法来学习，体会人物的思想感情，初步领悟文章基本的表达方法。所有汇报最终都落脚在同一个主题上，那就是法布尔对昆虫的痴迷。本环节重在培养学生的理解和表达能力。“着迷——迷恋——痴迷”是一条线索。把这条线索处理好了，给人以层层递进的感觉。

二、课堂练习，情感升华

1. 练笔

孩子们，后人为了纪念法布尔，在建造他的雕像时，把两个衣袋做得高高地鼓起，好像里面塞满了许多昆虫。再来齐读课题——《装满昆虫的衣袋》。大家想一想，在这两个鼓起的衣袋里，装满的仅仅是昆虫吗？还有什么？请写下来吧。

课件：法布尔的高高鼓起的衣袋里，装满的不仅仅是____________，还装满了____________，还装满了________________。

预设：(1) 法布尔的高高鼓起的衣袋里，装满的不仅仅是昆虫，还装满了石头，还装满了贝壳。(2) 法布尔的高高鼓起的衣袋里，装满的不仅仅是昆虫，还装满了他对昆虫的痴迷，还装满了他对昆虫的热爱、对科学的热爱。

（讲评时要注意学生的感受会有两个层次：一个是写实的，如贝壳、石头、树叶等；另一个是精神层面的，希望学生能提升到精神层面。但第一种要让他们先展示）

2. 课堂练习

完成下面的选词填空。（课件出示）

着迷　痴迷　迷恋

法布尔从小就对小虫子非常________，他经常为了捉小虫子而忘记了回家，可是父母的责骂也没有阻止法布尔对昆虫的________。法布尔对昆虫的喜爱已经到了________的程度。正是这种________成就了他的一生，使他成为伟大的昆虫学家和文学家。

3. 情感升华

师：课文我们学完了，不知道通过这节课你都收获了些什么？可以从不同方面说一说，比如说写作方法呀、学习方法呀、故事对你有什么启发呀。

预设：借助具体事例来突出人物特点，选择事例时要有代表性，能突出人物特点；认真观察、坚持到底……

设计意图：语文具有人文性的一面，语文教学离不开情感、态度、价值观的教学，所以从故事中学生得到了哪些启发，这是非常有必要说一说的，从而培养学生锲而不舍地探索和钻研的精神。同时，让学生自己总结学习的收获，他们的感受会更深刻。

三、总结全文

师：说了这么多，同学们上课时的疑问还有吗？看看通过我们的学习，问题是不是已经解决了？是的，看到装满昆虫的衣袋，我们就会想起法布尔对昆虫的热爱、对昆虫的痴迷，想起他执着的精神，想起他专心观察的样子。让我们一起记住这位伟大的昆虫学家。这是他的内心独白（出示课件）：

“兴趣是最好的老师，对某件事情产生了兴趣，我们就会全身心地投入进去，做得那么有滋有味，兴趣盎然，忘记了周围的一切，甚至忘记了自己。”

让我们记住这句话，相信它会对你有所启迪的。

四、布置作业，拓展延伸（自由选择）

1. 把法布尔迷恋昆虫的故事讲给家里人听，注意讲清楚自己感兴趣的部分，说说你的感受。

2. 读法布尔的著作《昆虫记》，摘录几个精彩的段落。

3. 收集一至两位其他名人“痴迷”的故事，读一读，讲给同学听。

设计意图：作业设计上，考虑学生的个别差异，设计说、听、写、读等不同的作业形式，把主动权交给学生，让学生选择自己喜欢的一种方式去重读文章，激活了学生的参与意识，体现了以生为本的现代教育理念。

五、板书设计

装满昆虫的衣袋

着迷　　三天　　终于

迷恋　　欣赏　　放进

丝毫没有阻止　　仍然

痴迷　　引进了科学的殿堂

执教教师运用第二次备课教案进行了试讲，群组成员听课并进行了评课。

潍坊奎文区幸福街小学的王安存老师：

《义务教育语文课程标准》提倡教师要积极开发和利用课程资源，教材的编写要有开放性和弹性，在合理安排课程内容的基础上，给教师留有开发、选择的空间。教材编写时也已经注意留有余地，所以教师教学时也要注意时时处处做有心人，适当给教材“补白”。补白的形式是多样的，沟通课堂内外，将相关资料引入课本是形式之一。

相关资料的引入对于学生全面、深刻理解文本，把握人物特点都具有很重要的作用。

如本节课中，李老师在引导学生把握了人物的特点——迷恋昆虫之后，想让学生体会法布尔对昆虫的痴迷时，就适时地引入了相关的资料——两件关于法布尔小时候痴迷于昆虫世界的事情。可以说资料的引入适时，有效地填补了教材的空缺。

那么，如何有效运用资料，是教师在教学设计时要注意的问题。在本节课中，李老师始终围绕让学生体会“法布尔对昆虫的痴迷”这一中心设计，有效地运用了资料，发挥了文本所不能及的作用。

潍坊市奎文区圣荣小学李蕾老师：

在教学过程中，李蓓蓓老师主要抓住了文中的三个关键词——“着迷”“迷恋”“痴迷”，并引导学生找关键词，以词带句，以句带段，来感受法布尔对昆虫浓厚的兴趣以及持之以恒的精神，从而层层递进开展阅读教学。首先，李老师引导学生精读第 2～3 自然段，强调了“披文以入情”，把三种教学方法有机地融合在一起：一是抓住关键词句体会人物的情感，并且采用批注的方法，给学生学习的主动权；二是适度开展想象，既发展了学生的思维，又引导学生走进了人物的内心世界；三是通过朗读表达人物的感情。在这个过程中渗透着学习方法的指导。在学生学会了方法之后，李老师让学生运用上面的精读课文的方法，自学 4～10 自然段，使课文阅读沿着“着迷——迷恋——痴迷”这条线索逐层递进，使学生对人物特点的认识逐步加深，达到了情和理的统一。

更需值得一提的是，在整堂课的教学过程中，李老师教学生学会了“批注式阅读”。学生一边阅读一边记下自己的所感所悟、所疑所惑，虽然写在了同样的地方，内容却是具有个性的。

李老师所执教的《装满昆虫的衣袋》的课堂有着精彩的教学设计：课堂交流始终围绕“迷”这个字。在学生初读课文之后，李老师就抛出一问：“课文中的法布尔给你留下了什么样的印象？”细读文本，又引领孩子从具体的语句中去感悟，去体会法布尔的“迷”。在教师的引导下，孩子从“着迷”“迷恋”再到“痴迷”的交流，层层深入。可以说抓住了这个具有统领性的字，也就抓住了文章的中心。这是教师对文本的深度解读和准确把握的体现之一。

在学生对文中人物有了初步把握，感受到了法布尔是一个“痴迷”昆虫的人之后，李老师接着一问：“你认为何为‘痴迷’？”这样就把“痴迷”的本来意思给挖掘出来了，“痴”的本义就是傻的意思，“痴迷”就是让我们常人看来如傻子一般的不可理解的入迷啊。从课堂的交流看，孩子的理解也是很准确的，有的学生说：“就是忘记了吃饭，忘记了睡觉，去做某件事。”是啊，多执着啊。我们不就是要引导孩子理解他的执着吗？理解他的痴迷吗？我认为，这便是理解的捷径。

临朐县第二实验小学的侯忠彦老师：

建议李老师关注课堂评价的针对性、时效性和激励性。本课教学中，李老师注意了引导学生读出法布尔的执着与痴迷。但李老师对学生的评价针对性不强，形式也比较单一，评价效果不够理想。比如，在学习 2、3 自然段的时候，学生朗读法布尔找纺织娘忘记回家的句子后，李老师只是说：“你真会读书！”这种评价非常模糊，学生会读书表现在哪里？是停顿适当、语速适中，还是语气温和、情感到位，抑或是字音准确、态度认真？评价的针对性不强，就不能为这位学生和其他学生的朗读起到良好的示范和导向作用，学生再读还是没有方向性，就很难读得越来读好，没有“读”出来的精彩，“语文味”就不够浓。

此外，评价要及时、贴切。李老师让学生根据“终于”一词展开想象，想象法布尔在这三天中会遇到哪些困难。李老师预设了四个学生的想象可能：纺织娘的声音时断时续，很难找；纺织娘藏身的地方很严密，不容易发现它；纺织娘有翅膀，它发现了法布尔就立刻飞走了；周围草丛密集，根本不好捉到纺织娘。可以说李老师在这个环节对文本的处理独具匠心，发展了学生的创新思维，建议李老师在此环节预设一下自己的评价语言和评价角度，发挥评价的魅力，欣赏学生的精彩。比如：“看来，你一定捉过纺织娘或其他会飞的昆虫，不然哪来这么丰富的想象力？”这一定能够为这节课注入一股新鲜的活力，激发学生时时联系生活实际展开想象的内驱力。

潍坊市奎文区幸福街小学的孙云霄老师：

1. 产生对话，需要轻松自由的环境

《义务教育语文课程标准》指出：“语文教学应在师生平等对话过程中进行。”“对话”本是后现代阐释学的一个重要概念，“对话”是和传统语文教学中的“谈话”相对应的。“谈话”是以教师为主导，教师串讲串问，牵着学生的鼻子走。“对话”是平等的交流，包括师生之间、生生之间、师生与文本之间等，这种对话形式在李老师的课上都有所体现。

纵观这节课，李老师实际上只提出了一个大问题：文中的法布尔给你留下了怎样的印象？围绕这个大问题，多种对话在课堂里交叉进行着，并层层推进，教师在课堂对话中的作用是“导而弗牵”的，是“穿针引线”的，而这种对话之所以顺利进行，完全得益于课堂轻松氛围的营造。

我们回顾一下教师的评价语，就可以体会得到。

“我听出来了，你是带着欣喜的语气在告诉妈妈！”

“我感受到了你的兴奋，真替你开心啊！”

“你真是个善于学习的孩子，能抓住具体语句体会，将你的喜欢之情读出来。”

“你真是一个会读书的孩子！”

"知道你们为什么读得这么棒吗?"

"你会抓住关键词谈自己的观点了!"

"相信你肯定会读得很棒!"

教师不以自己的权威压制学生，然后以极大的热情鼓励学生大胆发表自己的见解，这一点很重要。

另外，李老师的教态亲切自然，尤其是脸上一直挂着微笑，笑得很具亲和力，所有这些都给整堂课营造了一种轻松、信任、自由的氛围。这是师生都能产生表达自己思想的基础。

2. 拓展延伸做得出色

新课程强调：教学过程不是教材传递和执行的过程，而是课程的创生和开发的过程。教师不能只成为课程实施中的执行者，更应为课程的建设者和开发者。在课堂教学中，我们更应体现这一新理念，创造性地理解和使用教材，让教学得到拓展与延伸，以此来培养学生良好的语文学习习惯，使学生形成自主学习的能力。

李老师在导入新课时用法布尔的名著《昆虫记》片段导入（结尾的作业布置中又一次提到了《昆虫记》，这种课堂结构的形式美暂且不谈），作业布置中又紧扣教学目标，根据学生的个别差异提供了四个作业题目，从不同的层面上对原有的教学目标进行了拓展延伸。

(1) 把法布尔迷恋昆虫的故事讲给家里人听，注意讲清楚自己感兴趣的部分，说说你的感受。

(2) 读法布尔的著作《昆虫记》，摘录几个精彩的段落。

(3) 收集一至两位其他名人"痴迷"的故事，读一读，讲给同学听。

以上三条题目的拓展大致分为两类：

第一是从课内到课外。有句大家耳熟能详的话："三分得益于课内，七分得益于课外。"仅凭一本语文教材是永远也不可能学好语文的，凡是有所成就的人或者真正是语文素养高的学生莫不是阅读了大量的课外读物的。我们平时所说的大量阅读，并不是指漫无目的地进行大量阅读，课内阅读是点，课外阅读是面，只有点面结合才是真正有效的阅读，否则课堂教学的意义将会打折扣。

第二是从书本到生活。大语文观倡导"语文就是生活，语文的外延就是生活的外延"。这堂课的拓展延伸题目较好地体现了这一点。"把法布尔迷恋昆虫的故事讲给家里人听，注意讲清楚自己感兴趣的部分，说说你的感受”，就是一个例子。成功的拓展既要立足于文本，从文本出发，又要使学生在生活中促进对文本的感悟。学生在生活中与家人共同解读时，有可能重新经历法布尔的痴迷，也有可能知道没有痴迷就不会有成功，有可能迷上昆虫，也有可能体会到观察的乐趣。谁知道呢？拓展出来的天地正因为有着无穷的可能性而倍显魅力。

3. 批注式阅读，阐释了新理念

上面谈到了“对话”，这堂课上提到的“批注式阅读”也是一种对话形式，是学生与文本、与自我、与既有阅读视阈之间的对话。学生一边阅读一边记下自己的所感所悟、所疑所惑，批注的内容兴之所至、信手拈来，在页眉、在书侧，手写的文字与铅印的文字相映成趣。虽然大家写在了同样的文本边，内容却是具有个性的、灵动变幻的，所谓“有一千个读者就有一千个哈姆雷特”。

批注式阅读需要学生去贴近、走进、融入、揣摩、思索、感悟、表达，包含了一系列思维过程，需要有宁静的心境。我们在李老师的课上感受到了这种怡心的静谧，静得只听见笔落纸端的声音。这不只是对我国古代“不动笔墨不读书”的阅读方法的继承，更是“对话”“解读”“自主”等西方先进教育理念的体现。

4. 书声琅琅

教师采用了“想象读”，即学生将自己想象成法布尔，设身处地地融入课文所描绘的角色，揣摩人物的内心世界，从而达到升华学生内心独特体验的目的。比如，学生在交流“捉甲虫、遭责骂”这一部分的自学情况时，一男生起来读妈妈“怒气冲冲”说的话，读得声情并茂，一只手还用力地指指点点，完全进入了角色，仿佛他就是那位气愤不已的妈妈。责之深，则爱之切。妈妈责之愈深，则说明法布尔对昆虫的痴迷程度愈深。学生读得越好，则越说明他对法布尔的痴迷理解得愈深。

本堂课，在李老师采用的读法中，有“齐读”“个人读”“填空读”“关键词重读”“示范读”等形式。这种灵活多样的朗读，是乐感、美感、语感与情感的和谐统一，可以培养学生对语言文字所蕴含的形象、情感、色彩直接敏锐的感知力。如果每堂课都能像这样让学生乐此不疲地去朗读，学生收获的不仅仅是朗读水平的大大提高、语感潜移默化的提升，还有人格修养的熏陶和语文素养的发展。

5. 目标达成问题

我来谈一下本堂课的目标达成问题。一堂课好与不好，很重要的一个指标是课堂教学目标的达成度问题。

新课标强调知识与技能、过程与方法、情感态度与价值观三个维度目标的统一性，使学生在获得知识技能的同时，学会学习，形成正确的价值观和人生态度。我们看到李蓓蓓这堂课做得很好，没有顾此失彼。

在知识与技能方面，能对本课的生字词进行正确的认读，并且着重跟学生强调了“着急”的“着”的读音，强调了对“鸟栖虫居”“栖”和“蠕虫”的理解，把长句子单独挑出来让学生读，这些做法都使知识与技能这一基础性目标得以实现。

关于发展性目标。在教学过程中，教师注意了对课文主要内容的概括，注意了批注法的渗透，尤其是通过抓关键词句理解体会、揣摩人物的内心世界，这些都有助于学生发展性目标的实现。教师能根据学生的实际情况，联系学生已有的生活经验，让学生通过想象设身处地地理解人物的内心世界，遵循了学生身心发展规律和语文学习的规律。

另外，小组活动是本堂课主要的活动形式。学生在小组合作中相互交流，不断碰撞，自由表达自己的见解，有助于学生自主合作探究。

李老师提出这篇课文的教学重点是：从学生有限的生活经验和自身的阅读体验出发，引导学生紧扣文中描写法布尔迷恋昆虫的重点语句，在读中一步步走进人物内心，感受法布尔对昆虫无比痴迷的情感。“一步步”体现得很好，从“着迷——迷恋——痴迷”，老师或引导学生抓关键词，或者引读，让学生有感情地读出自己心中的感受，既有方法上的指导，又有感情上的熏陶感染，体现了语文学习的特点。

所以说教学重点突破得很好。

潍坊日向友好学校陈朝祎老师的评课：

《装满昆虫的口袋》是一篇充满童趣的记叙文，依据《义务教育语文课程标准》的相关理念，阅读教学应该遵循“整体——部分——整体”的原则组织教学，体现“感悟——积累——运用”的阅读教学三层次。李老师的课堂教学主要由六大环节组成：激发兴趣，导入新课；自读课文，扫清生字障碍；初读课文，了解课文的大致内容；精读课文，披文入情；总结全文，情感升华；布置作业。其教学程序遵循了语文阅读教学的基本规律，符合教学内容特点，并充分考虑了学生的认知水平和已有的学习经验，符合学生实际。六大环节教学思路层次分明，脉络清晰。

同时，课堂结构严谨，环环相扣，过渡自然。比如，从第三个环节“初读课文，整体感知”向第四个环节“精读课文，披文入情”过渡时，教师设计了如下过渡语：“通过刚才的读书，同学们对法布尔有了初步的了解，现在让我们走进课文，相信同学们对法布尔会有更多的认识。”“请同学们以自己喜欢的方式读课文，找一找文中哪些段落、语句或是词语能表现出法布尔对昆虫的痴迷，边找边在旁边写写你的感受或想法。”很自然地将学生引入了课文的深层学习。

在教学方法的运用方面，我们知道，教学有法，但无定法，贵在得法。本堂课教师能依据不同的教学内容选择合适而多样的教学方法，注重了学生学习主体性的发挥，渗透对学生的学法指导，如自读课文做批注、抓关键词理解句子意思等学习方法。课堂提问设计精心，学生思维活跃，学习气氛热烈，学生学得轻松愉快。整堂课各个环节的时间分配合理，密度适中，教学效率较高。

潍坊奎文区樱园小学张廷娟老师的评课：

每堂课的导入都是必然的，而且良好的开端必定是成功的一半。导入是一门独到的艺术，它犹如小提琴伴奏，弓一上弦，第一个音符就定下了乐曲的基调；又好似下棋，第一招的出动，直接关系到全局的输赢。所以，作为语文老师，精湛的导入艺术，会愉悦学生的耳目，激发学生的心灵，触动学生的情思，会自然地引导学生走入文本之中。在这节课中，李老师采用让学生交流关于法布尔信息的方式进行导课，根据学生的实际情况，这种方式非常浪费时间，时效性不大，而且学生对自己收集的资料没有进行有效的整理，所以一开始课堂就没有形成一种浓郁的学习氛围。建议李蓓蓓老师采用朗读《昆虫记》片段的方式，或者声情并茂地讲述一段关于《昆虫记》的故事，以此吸引学生，设置悬念，导入新课。这样，既体现了课前资源的拓展与运用，同时又体现了与文本的紧密结合。

课堂教学是语文教学的主渠道，向仅有的 40 分钟要质量，就要求我们打造大容量、快节奏、高效率的课堂模式。但是，为了提高预习的时效性，本节课建议李蓓蓓把预习先放在课内，因为很多的语文课外预习往往流于形式，对学生学习习惯和语文能力的培养没有起到很好的推动作用。而真正有效的课内预习，既能使学生潜心读文，又能使教师及时了解和把握学情，但是，教师一定要在课内指导预习方法，并让学生举一反三，掌握预习的方法，以后逐步将预习这一环节移到课前，通过先扶后放的方式，让学生养成预习的好习惯，并保证预习的时效性。本课建议安排两课时，第一课时重点是理解课文，交流方法，老师扎扎实实指导学生读好文本，将字词的认读和书写进行有效的落实，并且让学生对课文有一个整体的感知。第二课时，用学到的方法来在小组内讨论学习 2～10 段的课文内容。对教材内容进行这样的划分学习更符合学情。

李蓓蓓老师在听了群组成员的研讨后，也写出了自己的反思，她这样写道：

有幸参与山东省远程研修课例打磨，这对我本人而言是件值得庆祝的事情，因为借这次打磨之机，可以提高自己的教学水平，同时也让自己那颗飘浮不定的心沉静下来，思考一下语文现在到底该怎样教。

第一次备课，是基于我个人经验的备课，由于自己经验不足，能力有限，所备之课，定有许多不是很妥当的地方，但我还是战战兢兢地将其拿出与团队的众位教师共同切磋。先谈一下我个人对这堂课设计的一些思考。首先，我知道这次课例打磨的专题是阅读教学的教学流程设计，所以我在教学流程中要尽量地将基本的教学环节体现出来，这包括“激发兴趣，导入新课；初读课文，整体感知；精读课文，理解感悟；总结全文，情感升华；拓展训练，布置作业”等环节。同时，我也注意设计了对学生阅读方法的指导环节，因为我觉得一堂好的阅读课，不是只带领学生感悟文本、升华情感就可以了，更应该在此过程中教给学生阅读方法。所以，本课我设计了三种学习方法，并且明确概括出这三种学习方法，以方便学生掌握。这三种方法是：抓关键词感受人物特点，发挥想象，换位朗读。

在教学设计中，我设计导学课文的 2、3 自然段，即“捉纺织娘忘回家”这件事，在这一段中老师渗透学习方法，和学生一起学习，再和学生一起概括学习方法，然后让学生用这些学习方法自学课文 4～10 自然段，即“捉甲虫遭责骂”这件事。接着，通过学生的汇报来检验学生的自学情况。最后，安排了一个小练笔，让学生写一写自己的收获。由于课时设计当时是按一课时设计的，所以课文的预习就放在了课前，课上是直接检查预习，这包括对生字词的认读和理解，以及对课文的初步理解。

我感觉这样的教学设计能够让学生有方法可学，并且这种方法是在具体的学习文本过程中提炼出来，又运用到了对文本的理解上，是一种有效的教学设计。能用一课时基本学完这篇文章，这也是高效的。

但在和各位老师以及专家的共同讨论下，就发现这样的教学设计存在许多问题。比如，成绩优异的学生课上能跟得上老师的步伐，而学困生是跟不上的，尤其是课前不预习的学生，学起来更是吃力。教学的预想是好的，但是很多能力培养没有落到实处，仅仅是蜻蜓点水般一掠而过。比如说对学生概括能力的培养，在第一次教学设计中，我在检查课文预习时，让学生起来概括文中的两件事，让学生提取关键信息概括故事的小标题，当前两个学生概括不出来时，我就直接帮他们说了答案，写在了黑板上，然后学生照样概括出了第二个小标题。而这样概括，仅仅是雨过地皮湿，学生到底有没有掌握这种方法，又有多少学生能掌握这种方法，可想而知。所以沈大安教授建议，这一概括能力的培养要落到实处，就要让学生既动脑又动手，让他们自己概括一个小标题写在书上，然后交流；先找概括不恰当的同学来交流，老师点拨问题出在哪儿，再让相对来说概括较简练的同学起来概括，前后对比，总结出方法，怎样提炼关键信息；最后，让同学们将正确的小标题写在书上。经过这样一个过程，学生的概括能力明显要扎实许多。

打磨小组的老师们提出：为了照顾所有同学，应将预习放在课内，这样才能保证学习的循序渐进，也能避免那些未预习的同学跟不上脚步。

此外，在整个文本的学习中，应该抓住一条主线，层层递进，让学生也能借助这条主线理解文本，在经过对文本的剖析之后，这条主线浮出水面，那就是法布尔对昆虫的感情从着迷到迷恋，再到痴迷的过程。而最初我备课时，并没有抓住这条主线，仅仅将注意力落在了学生学习方法的指导上。而我们团队中的耿艳丽老师说的一句话，让我恍然大悟，那就是语文课不像数学课一样，非得总结出一个公理或是定理来，有时一味地强调学习方法，则会丧失语文味。

回想我前面的教学设计，的确是落入这一囹圄中。

经过和专家以及团队老师的共同备课，我清醒了许多，原本那颗浮躁的心也逐渐沉静理性起来，原本模糊的教学思路也逐渐在我眼前清晰起来。

第一，阅读教学还是要扎扎实实，去掉那些不符合文本需要的方法，去掉那些华而不实的教学流程和教学手段，将传统语文教学中实在的东西传承下来，这样才能有利于学生能力的培养。

第二，教学目标的制订要具体化、清晰化。以前备课，制订教学目标仅仅是参照教参，不管是哪一课，都可以套这三个目标：一是正确、流利有感情地朗读课文，有需要的可以加上背诵；二是认识和理解由生字组成的词语；三是体会人物的特点和文章所要表达的思想感情。要想将目标落到实处，笼统的教学目标是很难实现的。试想，本堂课的教学目标都是笼统的、模糊的，这堂课又怎能上好呢？一堂课的教学目标就应该细化、具体化、准确化，教学过程就应围绕此细化的目标来设计实施。在第二次备课中，为了将学生能力的培养落到实处，我将教学目标细化、具体化了，并设计了两课时。

第三，教学过程抓细节。教师备课时，往往只抓大环节以及大环节中的主要部分，而忽略了其他的小环节。殊不知一堂课的每个大环节都是由小环节组成的，如果忽略了小环节的设计，又怎能很好地完成大环节呢？在教学过程中，应该不放过任何一个小环节的设计，将每一小步都落到实处。这样，整堂课下来，也就不会像概括小标题的设计那样给人蜻蜓点水的感觉了。

第四，教师的评价要到位。课堂上教师的引导很重要，而老师评价也非常重要。老师评价时不能一味重复学生说的话，不能模棱两可，也不能一直说："你真棒！""你真聪明！"……教师的课堂评价是一门大学问！而我正缺乏这种课堂上的精彩、适宜的评价能力。说多了，就显得嘴有些碎。不说吧，又觉得没给学生评价，对不起学生，这可难为死我了。这是对我个人能力的挑战，聪明办法没有，但我有一个笨办法，那就是收集教师课堂评价语，积累成册，平时多看，就会丰富自己的课堂评价。

第五，阅读教学的练习设计。在最初的教学设计中，练习只设计了两个，一是对文章结构的认识，一是写自己的收获。这两个练习显得有些单薄，纯是为了走过场而设计。在诸位老师的提议下，我对练习设计作了修改，有课上写字的练习，有对课文用词的练习，即课文原文动词填空；有对课文理解的练习，即根据课文理解填空；最后让学生写一写本课的收获。这样的练习设计，既注重了工具性，又注重了人文性。

通过第一次试教，我们基于团队研讨的教案，我发现课上还是存在许多问题。课上有些环节太拖沓，以致浪费了时间。有时学生的积极性与参与度不高，老师却没有及时调动。对课文的教学流程设计，在“初读课文，整体感知”这一环节上感觉缺少对课文总体的认知。所以，在修改教案时，我在整体认知环节上加入了学生对文章主线的认知。

在练习的设计上，感觉第二课时的练习有些多，所以将原来的“按课文原文填空”去掉，放在课后的检测中。保留“根据课文理解填空”，因为这道练习是检测学生对课文主线的理解情况，如果填对了，就说明学生经过课堂学习理解了课文，教学目标也就达成了。如果填不对，则说明孩子的学习没有达到老师预期的效果。老师就应该反思自己的教学，查找问题的原因。在试教后，我发现孩子都能正确完成这个练习。调整后的教学设计更有利于教学目标的达成。

课例打磨，更是对人的打磨，我觉得通过这次打磨，不仅提高了我的教学技巧，更提升了我的教学思想，使我在教学之路上前进了一大步。

三、专业研讨后的第三次设计

本次课例打磨有幸请到了沈大安教授和吴忠豪教授，两位专家看了李蓓蓓老师的第二次备课，提出了自己的意见。首先，现在的小学语文阅读教学正处于一个转型期，原本“文本解读”式的阅读教学遭到许多语文专家的质疑。专家们提出小学语文阅读教学应该由“文本解读”式的教学向“能力培养”式的阅读教学转变，语文阅读教学不应该是“教课文”，而应该是“教课程”。所以，李蓓蓓老师的课从设计理念出发就应该有所改变，要与“内容分析”式的阅读教学说再见。原来的教学设计有方法指导，有能力训练，但是是穿插在文本理解的过程当中，老师教学的出发点还是停留在文本理解上，没有从“教课程”出发，而且教学目标还是有些多，应该再简化、再明确。重要的是能力培养、方法训练要落实到位，不是仅限于让学生知道此方法，而是让学生掌握此方法并会运用，让语文课堂变成学生语文实践的课堂。

根据专家的指导，李蓓蓓老师又进行了第三次备课，教学设计如下：

《装满昆虫的衣袋》教学设计

（基于专家指导的备课）

【教材分析】

《装满昆虫的衣袋》是苏教版五年级上册第二单元中的一篇文章。本单元四篇文章旨在激发学生热爱自然、细心观察、探索自然的兴趣。本文是一篇记叙文，主要叙述了著名昆虫学家法布尔从小就对昆虫非常入迷的故事。课文通俗易懂，富有童趣。第一部分，介绍了法布尔小时候的生活环境。第二部分，通过两件事来生动地说明法布尔从小对昆虫的入迷程度。一件事是他独自寻找“纺织娘”，忘记了回家；另一件事是他八九岁时去放鸭子，却花了大量时间观察昆虫并把捉到的虫子装在了衣袋里，父母的责骂也没有改变他对昆虫的迷恋。第三部分写了正是因为对昆虫的着迷，把法布尔引进了科学的殿堂。课文的重点是第二部分，所以引导学生借助课文的具体语句体会法布尔对昆虫的热爱与痴迷就成了本课的教学重点，让学生从中获得有益的启示。

【学情分析】

五年级的学生有着强烈的好奇心，对大自然的各种现象充满着兴趣。文中人物故事贴近学生的生活，是学生喜欢阅读的文本。在语文学习中，学生基本具备了在阅读中抓住主要内容、体会文章的思想感情和联系上下文理解词句的能力，但在阅读中揣摩文章表达方法的能力还有所欠缺。大部分学生对一些深层次的感悟难以体会到位，需要在课文学习中加强练习和培养。

【教学重点】

从学生有限的生活经验和自身的阅读体验出发，引导学生紧扣文中描写法布尔迷恋昆虫的重点语句，在读中一步步走进人物内心，感受法布尔对昆虫无比痴迷的情感。

【课时】

两课时。

第一课时

【教学目标】

1. 能正确认读本课生字新词。能认读“莱、栖、蠕、兜、痴”5个生字，正确书写“昆、纺、察、骂、毒、垃、圾、殿”8个生字。联系上下文理解由生字组成的词语，“纵横、鸟栖虫居、痴迷、蠕虫”。

2. 能正确、流利地朗读课文。

3. 学习抓住关键词句揣摩人物特点的阅读方法。发现哪些是值得揣摩的关键词句，知道怎样写批注。

【教学过程】

一、激发兴趣，导入新课

1. 师讲故事，内容为法布尔《昆虫记》中的一个片段，激起学生的兴趣，导入新课。（课件出示）同学们，知道这本书是谁写的吗？法布尔。他是法国著名的昆虫学家，（出示课件）他用一生写成了这本《昆虫记》，这本书曾经被翻译成五十多种文字，多次重印，在生物界和文学界都引起了极大的轰动。今天我们就来学习一个关于法布尔的故事，相信学习了今天这篇课文，你就知道他为什么能写成这本书了。（出示课题，齐读课题）

2. 看到这个课题，你有哪些疑问呢？想知道些什么？

学生质疑。

质疑预设：

①课文为什么要叫《装满昆虫的衣袋》?

②是谁的衣袋里装满昆虫？（你自己找到答案了吗?）

③他的衣袋里为什么要装满昆虫，而不装其他的？

师：下面就让我们一起学习课文，来揭开问题的答案吧。

设计意图：由《昆虫记》中的一片段引出主人公的简介，激起学生阅读文本的欲望，让学生对课文题目进行质疑，培养学生的开放思维，也能进一步了解学情，因学定教。

二、初读课文，整体感知

（一）初读课文

1. 师：自由读课文，读准字音，读通句子，将难读的句子多读几遍。（课件出示）

学生自由朗读课文，教师相机指导。

2. 检查字词。（出示课件）

一类字：昆虫　纺织　观察　责骂　中毒　垃圾　殿堂

（一类字虽说有些是学生已经认识的了，但此环节的认读并不只是为了

让学生认识生字，而是让学生记忆字形的过程。所以检查生字时，也应将一类字放入检查范围）

二类字：圣莱昂　鸟栖虫居　蠕虫　裤兜　痴迷

多音字：着迷　着急　鼓鼓囊囊

（有个别学生对“着”这个多音字的读音掌握不是很准确，有必要检查并纠正）

学生齐读词语。

3. 检查课文朗读

我们把这些有生字的词语放回句子里，看能不能把句子读正确。指名朗读课文长句或难读的句子，其他生评价。（评价时注意先评价优点，再提意见）师相机纠正不对的地方。（课件出示）

（1）村子里小溪纵横，花草丛生，附近丛林中鸟栖虫居，各种可爱的小动物跑来跑去。

（2）他把鸭子赶进池塘以后，就去水边逮蝴蝶，捉甲虫，或是蹲下来静静地观察奇妙的水底世界：漂亮的螺壳、来回穿梭的游鱼、五彩缤纷的蠕虫……

（3）以后每次放鸭，他仍然兴致勃勃地捡那些“没用的玩意儿”，背着大人把衣袋装得鼓鼓的，躲起来偷偷地玩。

解释词语：联系上下文理解“纵横、栖、蠕虫”字，先让学生猜一猜这个字是什么意思，再出示正确答案。

（二）整体感知

1. 快速浏览课文，看看文中的小法布尔给你留下了什么印象？你能从文中找个词来说一说吗？

交流预设：很喜欢昆虫；对昆虫非常着迷；着迷、迷恋、痴迷。

（当学生找不出来时，师可引导：“你能从文中找个词来说一说吗？看，老师也找了一个词。”）（板书：着迷、迷恋、痴迷）

师：法布尔对昆虫的感情在一步步加深，让我们细读文本，看一看法布尔的情感是怎样一步步加深的。

2. 默读课文，概括课文主要内容。

师：法布尔对昆虫的感情从着迷，到迷恋，到最终的痴迷，课文是通过哪两件事来说明的？现在请你默读一下课文，思考：课文主要讲了哪两件事？生思考，指名回答。

师：课文就通过这两件具体的事来写人。

设计意图：此处注意训练学生的概括能力，先找概括不准确的同学回答问题，师纠正其错误所在，给学生以正确引导，将正确的概括写在书上。同时，明确写人可以通过写事来表现。

三、精读课文，学习方法

（一）方法导学

学习课文2、3自然段，体会法布尔对昆虫的着迷。（看第一件事）

过渡：刚才同学们都说法布尔对昆虫很着迷，你是从哪些词句看出来的？你能读读2、3自然段，找出来告诉大家吗？（课件出示）默读课文的2、3自然段，找一找，哪些词句让你感受到法布尔对昆虫的着迷？画一画，简要地写出你的感受。

生默读，老师巡视。

交流。（预设）

生找到第2自然段，从这儿能看出法布尔对昆虫非常着迷。

师：你是怎么看出来的？从这儿你能看出什么？

生：天色已经晚了，法布尔却不知道回家。

师：他干什么去了？

生：找纺织娘去了。

师：把这两句连起来，说一说。

生：天色晚了，法布尔却不知道回家，因为他捉纺织娘忘了回家。

师：是呀，这就是你的感受。把这句话写在旁边，这就是做批注呀。

第3段重点抓住“终于”“三天前”这几个词。（板书：三天前　终于）

生：我勾画的词是“终于”，从这儿能看出他对小虫子非常着迷，因为他不是找了一天两天，而是非得找到这只小虫子不可。他是一个不怕困难、执着的孩子。

师：同学们，看，我将这两个词去掉，你读一读，感觉哪一句更好呀？为什么？（出示课件）

（预设）生：因为第一句更能让我们读出法布尔的坚持的精神和他对昆虫的喜爱。

师：是呀，我们用去掉词语的方法读一读，就会发现这些词语很重要，这样的词就是句子中的关键词呀。找到它，我们就更能揣摩出人物的特点了！同学们，再去读一读这两个关键词吧，看看你从中能感受到什么？

生交流，师相机板书。（坚持不懈、执着）

师引导评价：“终于”一词是什么意思？说明了什么？很费劲才找到。噢，我听出来了，你想象他找纺织娘时遇到了很多困难，所以感觉他很费劲，是吗？这方法不错，发挥想象能够加深我们对人物的理解。那把你的感受写在这个词的旁边，这就叫做批注呀。

师：其他同学还从“终于”这个词中体会到什么？

预设：找了很多天，他不怕困难，是个坚持不懈的孩子……

师：如果你同意他说的，那么就把这些感受写下来，记在“终于”的旁边。

你能将你的理解读出来吗？师评价。（出示课件）

师：当克服了重重困难的法布尔找到了他喜爱的“歌唱家”时，他会怎样对他妈妈说呢？

先自己试着读一读。

课件出示：“妈妈，我在这呢！瞧……”（朗读训练，让学生进行朗读，体会法布尔当时的兴奋，读出那种激动的心情。找学生个别朗读，不到位时师范读，这样不断提高学生的朗读水平。最后，再齐读，师读提示语，让生读法布尔的话。例如：“法布尔兴奋地说……”“法布尔无比激动地说……”用这种朗读的方式让学生在一次又一次的朗读中体会法布尔的激动，从而不断提高学生的朗读能力）

根据学生的语气，教师作出相应的点评：“我听出来了，你是带着欣喜的语气在告诉妈妈。”“我感受到了你的兴奋，真替你开心啊！”“你想让所有的人都来分享你的喜悦！”

同学们，将你自己想象成法布尔，你读得就更有感情了。

师：同学们，你们可真厉害，从 2、3 自然段当中找出了关键词句，揣摩出了人物特点，让我们连起来读一读吧。读出你的体会。（生齐读 2、3 段）

设计意图：此环节先由教师带领学生学习，教给学生感悟课文的方法，借助重点语句体会法布尔对昆虫的着迷。同时，老师根据学生的理解反复指导学生读课文，在读中走近人物法布尔，体会他的内心情感。此环节中重点培养学生抓关键词理解人物特点的能力和换位朗读的能力，以及借助想象理解文本的能力。

（二）学法总结

师：刚才我们用了哪种方法来学习第一件事？（抓关键词句揣摩人物的特点，将揣摩的感受做好批注）

设计意图：此环节重在引导学生总结学习方法，以指导下一环节的自学。

四、写字练习

描红，写生字。（指点“察”中间部分）

师：同学们，我们掌握了一种阅读方法，接下来让我们写写生字吧。同学们，看一看本课的一类字，有哪几个是我们特别需要注意的，或者是平时我们会写错的？

生说。

师重点指导“察、毒”。生描红，写一写。

第二课时

【教学目标】

1. 有感情地朗读课文的第 4、5、9、10 自然段。

2. 能运用抓住关键词句揣摩人物特点的阅读方法，能抓住“静静地观察、欣赏、放进、丝毫没能阻止、仍然……”等词语体会法布尔对昆虫的痴迷。

3. 从法布尔的故事中受到启示，能够热爱自然、热爱科学。

【教学过程】

一、精读课文，运用方法

（一）回顾方法，指导自学

师：同学们，上一节课咱们重点学习了课文的 2、3 自然段，学到了哪种阅读方法？（抓关键词句揣摩人物特点，将揣摩的感受做好批注）

（二）学生自学，学习 4～10 自然段。

1. 学生自学

师：这种方法可是语文学习中的好方法呀，不信你们试一试。下面用这种方法自学课文的 4～10 自然段，找一找，你从哪些词句能看出法布尔对昆虫的着迷？做好批注。

2. 明确要求

（1）反复读文，找出关键词句。

(2) 揣摩关键词句，写上批注。

设计意图：运用前面学过的方法，放手让孩子们读书，找具体的语句，体会法布尔对昆虫的痴迷。联系前文，把课文的2～10自然段的学习分为两个步骤，第一步为教师渗透方法，引导学生学习2、3自然段，第二步让学生根据所学方法学习4～10自然段，这样的学习过程更符合孩子掌握知识的规律。此环节注重培养学生的独立阅读能力、默读能力，以及学以致用的能力。

3. 组内交流

小组内交流一下自己找到的关键词和看法，相互补充一下。

明确要求：同学们，将你找到的词语或句子以及从中得到的感受说一说，如果你觉得有道理的地方，不妨也借鉴同学的写下来，做好批注。每组推荐一名批注写得最好的同学上台来汇报。

设计意图：让学生学会合作与交流，产生思想的碰撞，激起思维的火花，补充自己对文本的感受，将自己的不同看法提出来，同时借鉴别人的优点。此环节要让学生在交流和讨论中敢于提出自己的看法，作出自己的判断。

（三）交流反馈

1. 师：谁来说一说，你从哪些词句能看出法布尔对昆虫的着迷？最好结合关键词来说说自己的看法。(学生上台汇报，实物投影展示)

教师要相机评价批注做得如何。如："体会很深刻，有独到的见解。""批注写下了重点词。""批注可以简单地写出你的感受就可以。"

预设：

(1)"逮、捉、蹲、静静地观察"——专心致志、聚精会神。

(2)"叫、扑、捉"这些词语说明法布尔动作敏捷，由敏捷的动作看得出法布尔肯定捉过很多甲虫，由此说明他对甲虫很着迷。

(3)"放进、包上、装进、欣赏、小宝贝"——这些词语说明法布尔包起这个昆虫非常小心，他的每一个动作都说明他喜欢这只小甲虫。读出你的喜欢之情好吗？学生读后，及时评价。(珍爱)

(4)"放进了垃圾堆"能看出法布尔很不情愿，说明他真的很喜欢这些小宝贝。跟进朗读。

法布尔口袋里装得满满的，心里甜滋滋的。可他的爸爸妈妈呢？(非常的生气）他们是怎样说的？找男女生分别来读爸爸妈妈说的话。

师：是的，法布尔难过极了，眼泪……（齐读此句）

(5)“丝毫没能阻止、仍然、兴致勃勃、躲起”能看出法布尔对昆虫的迷恋。

跟进朗读。

修改批注，没体会到的可以借鉴一下别人的，完善自己的批注。

自由练习朗读自己喜欢的关键句子，指名朗读。

2. 过渡：法布尔为了捉住纺织娘，在田野里整整找了三天；放鸭子时，专心致志地观察，捉到小甲虫，小心翼翼地珍藏。爸爸妈妈都这样强烈地反对他了，他还是要偷着玩，这仅仅是着迷吗？——不，不是的，这可以说是迷恋，是痴迷了。

师：你觉得“着迷”“迷恋”与“痴迷”这三个词顺序能够调换吗？为什么？

生：不能。因为这三个词情感色彩一个比一个强烈。着迷是一般的喜欢，迷恋是特别喜欢，而痴迷是喜欢到了一种痴傻的境界，不理会别人的眼光，只顾自己感兴趣的东西。

3. 师：著名科学家达尔文赞美法布尔是“举世无双”的观察家。正是因为法布尔对小虫子的着迷，到迷恋，再到痴迷，他才一步步进入了科学的殿堂。（板书：进入科学殿堂）齐读课文最后一个自然段。

（生齐读）读到这儿，谁来说一说为什么用《装满昆虫的衣袋》作为题目？（因为这个题目最能体现出法布尔对昆虫的迷恋与珍爱；这个形象最能代表他对昆虫的热爱；最能代表法布尔这种执着追求的精神……）

设计意图：本环节完全放手让学生采用前一环节所学的学习方法来学习，体会人物的思想感情，初步领悟文章基本的表达方法。所有汇报最终都落脚在同一个主题上，那就是法布尔对昆虫的痴迷。本环节重在培养学生的理解与表达能力。“着迷——迷恋——痴迷”是一条线索。把这条线索处理好了，给人层层递进的感觉。

二、课堂练习，情感升华

1. 课堂练习

让我们再来齐读一遍课题吧，读出法布尔对昆虫的喜爱之情，读出法布尔这种执着的精神。（生齐读课文）

大家想一想，在这两个鼓起的衣袋里，装满的仅仅是昆虫吗？还有什么？请写下来吧。

课件：法布尔的高高鼓起的衣袋里，装满的不仅仅是____________，还装满了____________，还装满了________________。

预设：

(1) 法布尔的高高鼓起的衣袋里，装满的不仅仅是昆虫，还装满了石头，还装满了贝壳。

(2) 法布尔的高高鼓起的衣袋里，装满的不仅仅是昆虫，还装满了他对昆虫的痴迷，还装满了他对昆虫的热爱、对科学的执着。(但不应有标准答案)

(讲评时要注意学生的感受会有两个层次：一个是写实的，如贝壳、石头、树叶等；另一个是精神层面的，希望学生能提升到精神层面。但第一种要让他们先展示)

三、总结全文

师：课文我们学完了，不知道经过这节课你都收获了些什么？可以从不同方面说一说，比如说写作方法呀、学习方法、故事对你有什么启发呀。(借助具体事例来突出人物特点，选择事例时要有代表性，能突出人物特点，认真观察、坚持到底……)

设计意图：语文具有人文性的一面，语文教学离不开情感态度与价值观的教学，所以从故事中学生得到了哪些启发，这是非常有必要说一说的，培养学生锲而不舍地探索和钻研的精神。同时，让学生自己总结学习的收获，感受更深刻。

师：说了这么多，同学们上课时的疑问还有吗？看看通过我们的学习，问题是不是已经解决了？是的，看到装满昆虫的衣袋，我们就会想起法布尔对昆虫的热爱、对昆虫的痴迷，想起他执着的精神，想起他专心观察的样子。让我们一起记住这位伟大的昆虫学家。这是他的内心独白（出示课件）：

“兴趣是最好的老师，对某件事情产生了兴趣，我们就会全身心地投入进去，做得那么有滋有味，兴趣盎然，忘记了周围的一切，甚至忘记了自己。”

让我们记住这句话，相信它会对你有所启迪的。

四、布置作业，拓展延伸（自由选择）

1. 把法布尔迷恋昆虫的故事讲给家里人听，注意讲清楚自己感兴趣的部分，说说你的感受。

2. 读法布尔的著作《昆虫记》，抄写自己认为精彩的几个段落。

3. 收集一至两位其他名人“痴迷”的故事，读一读，讲给同学听。

设计意图：作业设计上，考虑学生的个别差异，设计说、听、写、读等不同的作业形式，把主动权交给学生，让学生选择自己喜欢的一种方式去重读人物，激活了学生的参与意识，体现了以生为本的现代教育理念。

五、板书设计

装满昆虫的衣袋

着迷　　三天　　终于（批注示例）

迷恋　　欣赏　　放进

丝毫没有阻止　　仍然

痴迷　　引进了科学的殿堂

四、新授课后的专业观课评课

这次授课，执教教师不仅理念上有了转变，在课堂的呈现上也发生了很大的变化。教后，李蓓蓓老师写出了自己的反思。她这样写道：

今天，课例打磨课录完了，这是按照第三次修改后的教案上的。与以前相比，教学环节更简单了，目标更明确了，整个课的流程也简练了许多。教师上课也轻松了，无需课上受累于一步步的小环节，受累于精彩的过渡语……整堂课大部分时间都给了学生，真正让学生成为课堂的主人。在自主学习上，本堂课的设计不再是老师牵着学生走，而是将自主学习的权利完全交给了学生，老师对学生的学习只起了引导和点拨、提升的作用。

表面上本堂课只从形式上修剪了许多枝枝丫丫，让课的主线更清晰了，其实在两位专家的点拨之后，这堂课的设计使我从思想上、理念上都有了根本性的变化。原来课的设计有方法学习，有方法运用，但这些都是贯穿于对文本的理解、对人物的解读、对情感的升华之中，这是一种偏重于“教课本”的语文教学理念。而此次修改后的教学设计，从设计理念上来说，不再是“教课本”“教教材”，而是“教课程”。

目前，小学语文课程改革中，仍然存在“内容解析式”的语文教学，以深挖文章的人文性为主要目标，通过各种手段甚至不断补充资料来理解人物的思想感情或人物特点，却忽略了要“听、说、读、写”并重。教师在讲读课文的过程中，原本应该并重的“听、说、读、写”，变成了以“读”为主，以“听”“说”“写”为辅的“主从关系”，“听”“说”“写”须依据“读”来取舍。

小学语文重在让学生习得，不仅仅是感悟。导致前面这一现象的根本原因是教师是在“教教材”，而不是在“教课程”。如果一名教师能够将课程放在心上，教学设计时刻以课程为中心，那么，每堂阅读课的学习，学生定会收获更多，因为他们不仅理解了人物，体会了情感，更重要的是掌握了某种语文学习方法，并且会运用这种方法。

本次教学设计的修改重视了学生的学习方法习得及运用，即掌握“抓关键词揣摩人物特点，将揣摩的感受做好批注”这一方法。课上，从指导学生学习此方法，到学生独立运用，再到修改落实这三大环节，使学生能扎实掌握此学习方法，提高学习能力。而对人物特点的揣摩也在此方法的学习和运用中，水到渠成地解决了。

这种“语言学习型”语文课是按照“课程内容”组织教学过程的，因此，教师上完课，学生要掌握的是这堂课所教的语文知识、方法和技能，而不仅仅是有情感体验和对课文内容的深刻印象。

按照课程标准的精神，语文课的人文教育目标应该是在语文学习过程中自然渗透的，应该注重的是熏陶感染、潜移默化。让学生在语文学习的同时接受思想情感教育，感受心灵的震撼和情感的认同，应该是一种“润物细无声”式的教育。现在的语文课仍然是“教师讲得多，学生活动少”，这就需要我们改变思路，遵照语文知识学习或语文能力形成的规律来设计教学过程。文章是需要理解的，但理解文本只能是语文教学过程中的一个环节，而不应该成为构建语文课程教学过程的主线。只有这样，才能让学生在语文课上有更充分的时间学语文，才能实现真正意义上的把语文课堂还给学生。

那么，“教课程”又该“教什么”呢？除了认字、识词等基本知识点，教师对其他语文能力的训练，现在仅仅处于个人经验阶段。经验丰富的教师，对新课程有一定解读的教师，能够凭借自己的经验对学生进行一定方法的指导和语言表达的实践。而缺乏经验的教师就难以区分“教材内容”和

"课程内容"，课堂教学中大量时间花费在文本内容的梳理和思想情感的感悟上。为了方便教师的教学，还希望教材或教学参考书上能够说明本篇课文适合对学生进行哪些语文能力及学习方法的指导，有一个系统的、结构化的课程内容和教程的编排，以方便我们一线教师的教学。我想，这应该由专家明确或给出，而不是仅凭教师的个人经验或自己摸索，基于教师个人经验的训练毕竟是无序的、不系统的，还望教材的编写者在编写教材时考虑此点，明确课程内容的训练点。

再回头说说这堂课吧，一堂课下来，感觉教师没做什么，没有了往日那种情感的渲染，只有学生在默默地读书，写着批注，只有学生间的交流，而我只是对学生的批注作了点评和适当的提升。而这节课的不足之处就在这里，由于教师自己对批注水平分析不够，所以对学生的引导不够，仅仅是从书写、内容的长短、批注的层次上作了引导和评价。

学生批注水平的高低与教师的及时评价和引导有着很大关系。课上教师是轻松了，但课下教师应该多用功，对要训练的每一种学习方法或能力，首先应该有一个明确的等级目标，知道怎样是不好、怎样是好、怎样是更好。教师自己清楚了，学生才能明晰。所以，教师自身素养的高低也决定着学生收益的多少。这是我努力的方向。

一次课例打磨，看似打磨的是课例，实质是打磨了我个人。从课的设计理念，教学目标的确定，课堂教学流程的设计，都有了翻天覆地的变化。我想，今后的我不会再是一个"教教材"的教师，而是一位"教课程"的教师。

群组成员进行了专业分工观课，他们从不同角度用数据来说明这堂课的优点及不足。我们设计了四个课堂观察视角：（1）教学总流程的合理性；（2）教师的活动（提问、指导等）；（3）学生的活动（积极性、频度、类型、覆盖面等）；（4）教学目标的达成度。需要有专人从学生学习的效果角度分析，特别是书面练习的效果，要有具体数据，观课人对观课结果要定出观课分析报告。

潍坊日向友好学校的陈朝祎老师从教学过程这个角度写了观课报告：

教学过程设计的前提是教学目标，教学目标是"预期的学生学习结果或预期的学生学习活动要达到的标准"。有效教学目标的设定应依据课程标准对本年段学生的学习要求、教材所呈现的课程资源以及学生的学习经验和知识水平来设定，因学定教。因此，对于本堂课的教学过程观察，我主要从教学目标确定、教学过程设计、教学效果分析三个方面进行分析。

一、因学定教，确定有效教学目标

通过对李老师教案的阅读与分析，本堂课的教学目标设计李老师充分分析了教材和学情。

（一）教材分析

《装满昆虫的衣袋》是一篇充满童趣的记叙文，主要叙述了著名昆虫学家法布尔从小就对昆虫非常入迷的故事。第一部分，介绍了法布尔小时候的生活环境。第二部分，通过两件事来生动地说明法布尔从小对昆虫的入迷程度。一件事是他独自寻找“纺织娘”，忘记了回家；另一件事是他八九岁时去放鸭子，却花了大量时间观察昆虫并把捉到的虫子装在了衣袋里，父母的责骂也没有改变他对昆虫的迷恋。第三部分写了正是这种对昆虫的着迷，把法布尔引进了科学的殿堂。课文的重点是第二部分，所以引导学生借助课文的具体语句体会法布尔对昆虫的热爱与痴迷就成了本课的教学重点，让学生从中获得有益的启示。在本篇课文中有着丰富的语文课程教学资源，如清晰的叙述内容可以用来培养学生列小标题概括文章主要内容的能力；充满童趣的语言可以用来指导学生有感情地朗读；文章通过重点词句所表达的作者的丰富的内心世界和人物的个性特点可以用来指导学生学习抓住重点词句理解文章内容，体会人物特点，也可以用来培养学生通过语言文字想象故事情境，体会人物的内心世界，培养学生热爱自然、热爱科学的志趣。

（二）学生分析

五年级的学生有着强烈的好奇心，对大自然的各种现象充满着兴趣。文中人物故事贴近学生的生活，是学生喜欢阅读的文本。学生在语文学习中基本具备了联系上下文理解词句的能力，但在阅读中通过重点词句揣摩人物特点的阅读能力还有所欠缺。大部分学生对一些深层次的感悟难以体会到位，需要在课文学习中加强练习和培养。

因此，基于以上教材分析和学情分析，依据小学语文五年级段的课程标准要求，李老师把本课的教学目标定位在以下三个方面：一是能正确认读本课生字词；二是能正确、流利地朗读课文；三是学习抓住关键词句揣摩人物特点的阅读方法，知道怎样写批注。充分体现了因学定教的设计理念。

二、遵循规律，设计教学过程

任何事物只有达到内容与形式的有机结合，才能呈现出完美合理的状态。依据《义务教育语文课程标准》的相关理念，阅读教学应该遵循“整体——部分——整体”的原则组织教学，体现“感悟——积累——运用”的阅读教学三层次。李老师的课堂教学主要由五大环节组成：激发兴趣，导入新课；初读课文，整体感知；精读课文，学习运用方法；课堂练习，情感升华；总结全文，拓展延伸。其教学程序的设计遵循了语文阅读教学的基本规律，符合教学内容特点，并充分考虑了学生的认知水平和已有的学习经验，符合学生实际。五大环节教学思路层次分明，脉络清晰。

1. 激发兴趣，导入新课

在这一环节中，教师首先以《昆虫记》中的一个故事片段引出主人公的简介，将学生引入一个奇妙的昆虫王国，激起学生阅读文本的欲望。接着，教师让学生对课文题目进行质疑，培养学生的开放性思维，进一步了解学情，因学定教。

2. 初读课文，整体感知

教师先让学生自由读课文，读准字音，读通句子。接着检查词句的朗读、理解词语，并引领学生用概括小标题的方法整体感知课文内容，理清课文脉络。

该环节将预习放在课内，做到了预习的扎实有效。从认识生词到对课文内容的初步了解，分层进行，符合学生的认知规律，学生较好地完成了字词认读、课文朗读的教学目标。通过引导学生借助浓缩语句、提炼主要部分的方法概括出小标题，培养了学生概括和提取信息的能力。

3. 精读课文，披文入情

这是突破本课教学重点“学习抓住关键词句揣摩人物特点的阅读方法”的主要教学过程。教师以“默读课文 2、3 自然段，哪些词语让你感受到法布尔对昆虫的‘着迷’？画出来并简要地写出你的感受”这一问题引导学生精读课文 2、3 自然段，并试着找关键词、做批注。接着组织学生进行汇报交流，交流的过程中教师及时总结抓关键词的方法，如反复读、联系上下文、删除关键词等，并指导学生有感情地朗读相关语句，完善自己的批注。在引导点拨的基础上，教师接着放手让学生运用抓住关键词句揣摩人物特点的阅读方法自学课文 4～10 自然段，并出示学习要求：一是反复读课文，找出关键词句；二是揣摩关键词句，写上批注。学生先自读学习、小组交流，最后小组选出代表进行班级交流，展示自学成果，教师对学生的交流进行及时的点拨与提升。

在这一环节中，教师把课文的重点内容2～10自然段的学习分为两个步骤。第一步为教师引导学习2、3自然段，借助重点语句体会法布尔对昆虫的着迷，教给学生抓住关键词句揣摩人物特点的阅读方法。第二步是学生运用前面学过的方法自主学习课文的4～10自然段，教师放手让学生们读书，找具体的语句，体会法布尔对昆虫的痴迷。这样充分发挥了学生的学习积极性，注重了学生情感体验的个体性，培养了学生的独立阅读能力、默读能力，以及学以致用的能力。这样的学习过程更符合学生掌握知识的规律。同时，在自学的基础上通过学生小组交流、班级汇报，让学生学会合作，产生思想的碰撞，激起思维的火花，借鉴别人的优点补充自己对文本的感受，充分利用了学生与学生之间的教学资源。

4. 课堂练习，情感升华

教师通过“法布尔的高高鼓起的衣袋里，装满的不仅仅是__________，还装满了__________，还装满了__________”这一问题，以填空的方式让学生在填写的过程中总结与表达自己的阅读感悟，升华学生的情感体验。

5. 畅谈收获，拓展延伸

教师通过“说说你的收获”让学生对自己本节课的学习进行适当的总结与反思，建构自己的学习经验，并出示法布尔的名言激励学生。最后，依据学生的个别差异，设计了“说、听、写、读”等不同的作业形式，把主动权交给学生，让学生选择自己喜欢的一种方式去重读人物，激活了学生的参与意识，体现了以生为本的教育理念，也完成了开放式课堂的构建，将学生的学习由课内延伸到课外。

同时，课堂结构严谨，环环相扣，过渡自然。课堂上，教师所提出的每一个问题都是从学生的有效学习出发，充分发挥学生的主体地位。如从第三大环节“初读课文，整体感知”向第四环节“精读课文，披文入情”过渡时，教师设计了如下过渡语：“通过刚才的读书，同学们对法布尔有了初步的了解，现在让我们走进课文，相信同学们对法布尔会有更多的认识。”“请同学们以自己喜欢的方式读课文，找一找，文中哪些段落、语句或是词语能表现出法布尔对昆虫的痴迷？边找边在旁边写写你的感受或想法。”很自然地将学生引入了课文的深层学习。整堂课各个环节的时间分配合理、密度适中，课堂提问设计精心，学生思维活跃，气氛热烈。

三、注重生成，学生稳步提升

教学目标的设定、教学过程的设计与实施是否有效，关键是看学生是否都有所提高和发展。在课后对学生的课堂作业、课后测试和学生访谈的统计与分析中我们欣喜地看到了每个学生不同程度的成长。

（一）课上作业分析

1. 作业内容

法布尔的高高鼓起的衣袋里，装满的不仅仅是________________，还装满了________________，还装满了________________。

2. 完成结果

全班共39名学生，收取作业39份，此题从写实层面填写的有2人，占全班人数的5%。如：法布尔的高高鼓起的衣袋里，装满的不仅仅是昆虫，还装满了石头，还装满了贝壳。

从精神层面填写的有37人，占全班人数的95%。其中优秀的有31人，不仅能够从精神层面填写，而且填写内容有递进性。如：法布尔的高高鼓起的衣袋里，装满的不仅仅是昆虫，还装满了他对昆虫的痴迷，还装满了对科学的热爱、他锲而不舍的精神等，占全班人数的79%。有6人虽填写了精神层面的内容，但前后句之间没有递进性，占全班人数的15%。由此作业可看出，学生对课文的内容都能掌握，本课的情感目标达成了。

（二）课后测试分析

测试题有两道：第一题是根据词意写词语；第二题是迁移运用，给一篇文章做批注。

参加课后测试的共有39人，收回试卷39份。

第一题：根据词意写词语，3人出错，都错在第3小题“兴致勃勃”，将答案写了“着迷、迷恋”，占全班人数的7%。其余36人全部正确，占全班人数的92%。

第二题：给一篇文章做批注。回答孔子是个怎样的人？学生都能读出孔子是谦逊有礼、不骄傲自满、不畏艰辛、积极进取、知道学无止境的人。从学生做批注的情况来看，都能抓住文中的关键词句并写好相关的批注。具体数据如下：

做批注找到3处关键词句的有2人，占全班人数的5%。

做批注找到4处关键词句的有10人，占全班人数的26%。

做批注找到5处关键词句的有6人，占全班人数的15%。

做批注找到6处关键词句的有9人，占全班人数的23%。

做批注找到7处关键词句的有8人，占全班人数的21%。

做批注找到8～11处关键词句的有4人，占全班人数的10%。

能找到5处以上关键词句的占全班人数的69%。

可见，学生都掌握了抓住关键词句揣摩人物特点的阅读方法，大部分学生能够熟练运用这一方法进行阅读实践。每个学生都有不同程度的提高。

（三）学生访谈分析

此次学生访谈共提问了五个问题：

学一篇新课文之前，你都做哪些准备工作？

学一篇新课文，应该先做什么，后做什么？

今天学习的这篇课文，你都学会了什么方法？

学习了这篇课文，你最大的进步是什么？

像这节课的学习方法，你喜欢吗？你觉得快乐吗？

从第1、2个问题学生的回答来看，4个学生都较好地掌握了预习的方法和初步的阅读方法。学生的回答基本一致。

从第3个问题的回答来看，学生对“方法”一词的概念理解得还不够透彻，不能够很好地区分方法与情感态度的区别。谈方法的时候4个学生全部都倾向于谈从人物身上学到的优秀品质。3个同学提到了做批注的方法，1个同学提到了抓关键词的方法。在教师进一步追问是否学会了“抓住关键词体会人物特点”的方法时，4个学生都回答“学会了”。

从第4个问题学生的回答来看，学生自己认为自己最大的进步是法布尔的人格魅力对自己的影响，可见孩子对课文和人物品质都有了深刻理解，能够与自己的生活实践相联系，内化提升。

第5个问题的回答，4个学生都异口同声地回答喜欢这种学习方式，并说明快乐的体验来自于自主、互助的学习方式。

可见，通过本课的学习，学生在知识、能力、品行方面都有了一定程度的提高，课堂教学是有效的。

奎文区圣荣小学的李蕾老师从教师分配目光这个角度进行了观课：

爱迪生曾说过："人的眼睛和舌头说的话一样多，不要字典，却能从眼睛的语言中了解一切。"李蓓蓓老师在教授《装满昆虫的衣袋》这篇文章时，目光在教室内不断巡视，遍及了教室里的每一个学生、每一个角落，让每个孩子都感受到了老师的关注与关怀，调动了学生学习的积极性，而李老师也因此了解到了学生的学习情况，及时调整自己的教学方法、内容、进度与策略，从而达到了良好的教学效果，现将本节课的教师目光分配情况总结如下：

一、教师目光分配统计图表

教师目光停留位置	第一课时		第二课时	
	频次	比例	频次	比例
1. 全班学生	25	10.10%	23	10.50%
2. 教室中间前排的学生	23	9.30%	16	7.30%
3. 教室中间后排的学生	24	9.70%	15	6.80%
4. 教室中间的学生	9	3.60%	32	14.60%
5. 回答问题的学生	33	13.40%	22	10%
6. 注意力不集中的学生	1	0.40%	4	1.80%
7. 板演演示的学生	0	0	12	5.50%
8. 黑板、投影屏幕、电脑、学习资料	29	11.10%	40	18.30%
9. 与学习无关的事物（天花板、窗外）	0	0	0	0.00%
10. 教室左侧前排学生	16	6.50%	17	7.80%
11. 教室右侧前排学生	22	8.90%	15	6.80%
12. 教室右侧后排学生	9	3.60%	10	4.60%
13. 教室左侧后排学生	6	2.40%	11	5%
14. 写姿不正确的学生	8	3.20%	0	0.00%
15. 根据老师要求读书及思考的学生	40	16.20%	1	0.46%
16. 看表	2	0.80%	1	0.46%
总　计	247		219	

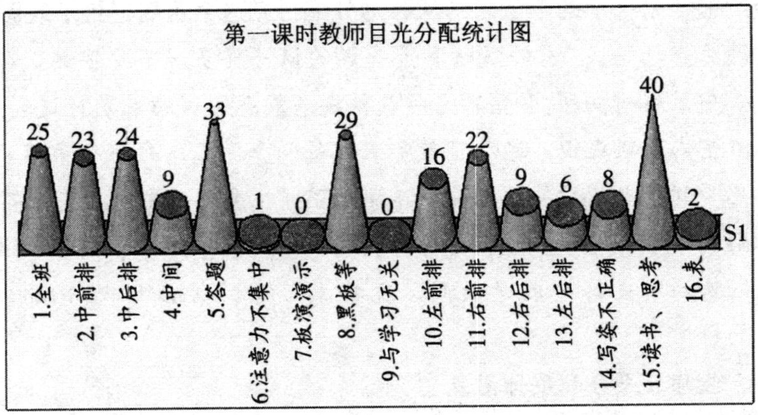

二、概括分析

（一）目光分配总体平衡

在听课过程中，我注意到，李蓓蓓老师在提问学生时，目光主要集中在中间两排及右排学生身上；在指导学生学习的过程中，李老师目光主要集中在中间及左排学生身上，使得中间的学生得到了稍多的关注，教师关注中间学生的目光达到了 119 次，左排 50 次，右排 54 次，总体来说，目光分配比较平衡。

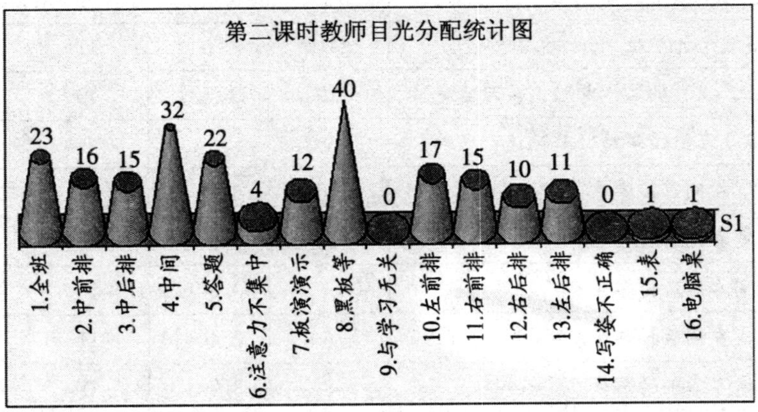

（二）高度关注学生

李老师对回答问题及上台演示、展示的学生表现出了 100%的关注。我观察到，她对每一个起来回答问题或上台展示的学生都能够关注，一直用温和目光注视着学生，这样使得回答问题的学生得到了足够的尊重与重视，也给予了他们鼓励与信心。

对学生读书、讨论、思考的情况，她也给予了高度关注，了解了学生的思考及知识掌握状况。

在课堂教学中，李老师每布置一项任务，在学生读书、思考或讨论的过程中，她总能深入学生当中，或倾听他们阅读，或指导思考，或参与讨论，或了解进度，起到了一个教师应有的作用，很好地履行了教师作为指导者、倾听者、组织者的义务与职责。

李老师的目光从来没有看学习无关的事物，表明她是一个优秀的教师，有着良好的心理素质，无时无刻不在关注课堂、关注学生。

（三）特别注重学生写姿正确

第一课时的最后一个环节是写字，在教完生字的写法之后，李老师布置学生们自己书写，在此期间，李老师在教室内来回巡视，观看学生的写字情况，同时纠正了 8 个同学的写姿，由此可见她特别注重学生的习惯养成教育。

奎文区樱园小学的张廷娟老师从学生参与情况进行了观课：

回答次数	学生人数（共 40 人）	所占比例
4 次	3 人	7.5%
3 次	4 人	10%
2 次	14 人	35%
1 次	12 人	30%
0 次	7 人	17.5%

从以上统计表可以看出，这节课的学生参与情况是比较好的，有 33 名同学主动参与了课堂，占全体同学的 82.5%，这个比例可以看出教师对学生的关注面很广。从学生回答问题次数来看，大部分同学只回答了一次或者两次，只有 3 个同学回答了 4 次。从第二个统计图更可以看出，教师对坐在教室左边、右边、后边的学生没有忽略，反倒是刻意关注这些学生，给这些学生发言的机会很多。

值得一提的是，本节课有 7 名同学没有发言，分别是 A5、B5、D3、D4、G3、G5、H4，经过对老师和同学的询问，这 7 位同学平时性格比较内向，学习成绩也不是很好，自信心不足，对于教师提出的问题并不是不会，只是怕回答错了得到同学们的嘲笑。对于这些同学，建议老师以后采取以下措施：

1. 充分关注这几个学生上课的学习状态，对于他们的听课情况、小组合作情况都要给予充分关注。

2. 多给这些学生回答问题的机会，根据问题的回答情况来判断这几个学生对学习内容的掌握情况，可以提高他们学习的积极性。

3. 多用一些激励性的评价语言来鼓励这些学生积极大胆地举手发言，以此提高这些学生的自信心。

纵观整节课，教师对整个课堂调控得非常好，大部分学生都发挥出了自己应有的水平，希望继续努力！

奎文区幸福街小学的王安存老师从教师提问的角度进行了观课：

课堂提问是引发师生交流的主要途径，是教师引领学生深入学习的策略之一。对课堂提问进行观察，可以了解教师的教学设计是否偏离学习目标，随堂生成的问题是否有效、及时，可以更好地了解教师的教学机智及教育教学理念，可以更好地分析影响学生学习效率的原因。

通过几次对李蓓蓓老师的课堂提问的观察，我们发现教师课堂提问的次数有了变化，课堂提问的有效性一次比一次明显。

我把李老师课堂中所提问的问题进行了分析：两节课中，李老师共提出了 21 个问题，其中属于思考性的问题是 16 个，属于启发、想象性的问题是 3 个，这两项占了所有问题的 90.5%。让学生进行判断的问题没有，属于机智性的问题 2 个，与学生学习无关的课堂提问没有。而前几次的课堂提问中，属于判断性和没有思考价值的问题占了 13.3%。课堂提问的改变所带来的结果是学生学习状态的改变，不管是学生自己读文本，还是在教师引领下思考，学生学习时比以前投入了，思考带有了一定的深度。这与教师的有效提问有着直接的关系。

通过对教师课堂提问的专项观察，我们发现：教师的课堂提问直接决定着学生的学习状态，直接影响着学生学习的深度。要想让学生在课堂上成功、高效地学习，教师就必须关注课堂中的提问，这就需要教师不但要备好课，而且要关注学生学习的起点，这样教师所设计出来的课堂问题才不至于过深或过浅。此外，教师要站在课程的角度把握教材，设计问题。这样的课堂提问才是有效的。

课堂自古以来就称之为学堂，是学生们学习的阵地。不知何时起，教师的讲和问占据了课堂。学生们学习的场所成了老师们的讲堂。特别是一些公开课，也给了许多老师一些误导。老师上课时眉飞色舞、神采飞扬、滔滔不绝，致使多年以来人们认为，会表演的、能展示教师自我功底的课就是好的课，就是优秀的课，听课者很少从学生学习的角度去评价一堂课。是评价的错位导致了学生的学习如此被动。当我们沉下心来对教师的课堂行为进行专项观察时，就会发现：当我们从学生学习的角度进行观察、评价教师时，才会改变老师们的课堂教学行为，才会让课堂成为孩子们真正的学堂。

奎文区幸福街小学孙云霄从课堂呈现方式的进行了观课：

《课堂观察量表》主要是针对教师的部分课堂行为进行观察，所提供的呈现方式有四种：A. 讲述；B. 板书；C. 声像呈示；D. 动作呈示。在《装满昆虫的衣袋》的两个课时中，四种方式能依据课堂需要交替呈现，课堂效果趋向完美，现作分析如下：

在“激发兴趣，导入新课”环节中，呈现的方式和顺序是：板书——讲述——动作呈示。板书课题，提供学习内容；讲述小故事片段，借助例子介绍《昆虫记》，引起学生对这本名著的兴趣；出示《昆虫记》，进一步引起学生对《昆虫记》的兴趣，引起学生读课文的兴趣。其中介绍《昆虫记》总共用时 57 秒，在时间分配上做到了重点突出。

在“初读课文，整体感知”环节中，呈现方式和顺序是：声像呈示——讲述——动作呈示。课件出示词语、句子及“蠕虫”的图片，提供学习内容的要点，同时也为识记、再现学习内容提供线索；讲述课文的内在线索，法布尔对昆虫的感情从着迷，到迷恋，到最终的痴迷，讲述的速度恰当，且步骤清晰，有逻辑性，这条线索的出现对学生下一步的学习有提纲挈领之功；掌声送给概括出小标题的同学，有利于学生下一步积极学习。

在“精读课文，学习方法”环节中，呈现方式和顺序是：声像呈示——讲述。课件呈示课文的 2、3 自然段，为学生提供学习的内容和要点。总结学习 2、3 自然段的方法是找关键词、揣摩、想象、做批注，为下节课的学习作好了铺垫。

在“写字练习”环节中，重点的呈现方式和顺序是：板书——动作呈示。老师重点板书了“察”“殿”，一边板书一边讲解，适合小学生的学习特点，教师板书共用时 1 分 16 秒；动作呈示学生的书写作品，共用时 6 分 2 秒，重点展示了书写有问题的和书写有进步的同学的作品，有画龙点睛之效。

在“精读课文，运用方法”环节中，呈现方式和顺序是：声像呈示——讲述。课件出示 4～10 自然段的自学提纲，为接下来的学习提供线索，用讲述的方式对课文进行总结，语言简洁有力，讲述的速度恰当。此环节共用时 14 分 26 秒。

在“课堂练习，情感升华”“总结全文”“布置作业，拓展延伸”环节中，呈现方式依次是：声像呈示——讲述——声像呈示。课件呈示开放性的课堂练习，既考察、巩固了学生对课文内容的认知和理解程度，又升华了学生的感情。用直白的语言对课堂进行总结，编筐收篓，恰到好处。课件出示具有层次性的作业，简洁明了，且尊重学生的差异。

本课堂观察量表主要从教师四个方面的课堂行为进行了观察，涉及 80 个观察点，比较科学和客观地呈现了教师的教学行为。总体来看，教师的讲述语言精当明了，课件出示的问题关键性强，板书内容紧密配合教学目标，合乎小学生的认知特征。

全国知名的语文专家沈大安教授也听了李蓓蓓老师的这堂课，并给予了点评。他在听后小记中这样写道：

潍坊市中新双语学校李蓓蓓老师执教的苏教版五年级教材《装满昆虫的口袋》，在齐鲁名师李秀伟的指导下，经过自己的反复钻研和琢磨，经过群组成员的互助和磨砺，终于成为一节十分优秀的课。我觉得这节课有几个非常突出的优点：

一是阅读教学过程围绕教学目标，科学、合理。本专题研讨的重点是阅读教学的过程设计，过程设计有两个基本要求：一是围绕教学目标，不旁生枝蔓；二是本身科学、合理。

李蓓蓓老师的这节课目标清晰、简明。根据《义务教育语文课程标准》第三学段的目标和这篇课文的特点，这堂课着重在学习字词、正确流利地朗读课文、学习“抓住关键词句揣摩人物特点”的阅读方法，以及感受法布尔热爱自然、热爱科学的精神。这几个目标中，字词学习和朗读课文是常规，而对人文精神的感悟必须从阅读中获得，所以李老师把目标集中到阅读方法的习得、阅读能力的培养上，她的过程设计突出了让学生学习“抓住关键词句揣摩人物特点”的阅读方法。这节课的教学删削枝蔓，强化主干，简约而不简单，三个维度的目标都体现得比较好。

阅读教学过程要合乎学生的认识过程和阅读心理。从认识过程看，人们认识一个事物，一般要经历“是什么——怎么样——为什么”的过程，阅读是一种特殊的认识过程，但它也遵循这个过程。从阅读心理看，读一篇文章一般要经历“整体（初步感知）——部分（局部细读）——整体（整体把握)”的过程。综观这两节课，李老师是分成三个大的阶段来组织学生学习的：首先，初读课文，学习字词，了解课文主要内容，质疑问难；其次，重点阅读写法布尔对昆虫十分痴迷的两件事，朗读和默读，学习用批注的方法抓住关键词句，揣摩人物特点；最后，回顾总结，包括对法布尔的认识和学到的阅读方法，通过练习深化对课文的理解。李老师的阅读教学流程设计科学、合理。中高年级的阅读课，特别是精读课文，一般都可以这样做。

二是阅读教学过程从“文本解读”转向“能力培养”。李老师打磨这个课例的时间，正是我国小学阅读教学开始转型的时候。2010 年，一些语文教学专家呼吁我国小学阅读教学转型，比较有代表性的观点有：全国小语会理事长崔峦提出《和“内容分析”式的阅读教学说再见》(《小学语文》2010 年第 9 期)，台湾小语会会长赵镜中写了《“教教材”和“教阅读”》(《小学语文教师》2010 年第 5 期)，上海师范大学教授吴忠豪发表的《教课文？教语文？》(《小学语文教学》2010 年第 4 期)。这些专家的共同观点是，小学语文教学要走出教“课文内容”的误区，走向教“课程内容”，对阅读教学来说，要从“文本解读”过程走向“阅读能力培养”过程。

李老师在课例打磨中，逐渐领悟了这一转向的重要意义，在自己的课例中尝试实践。现在我们看到的这两节课，内容分析已经降到了最低点，大量的时间用于学生进行听说读写的实践活动，重点是帮助学生学会“抓住关键词句揣摩人物特点”的阅读方法。在教学过程的设计上，除了初读、总结等常规环节外，主体部分的思路是“教师指导——学生实践——熟练运用”。如果说第一课时阅读课文第 2、3 自然段主要是教给方法、尝试练习，那么第二课时阅读 4～10 自然段主要是运用这种方法，逐步达到熟练的程度。我们看到，由于这节课教学的内容相对集中，学生也学得相对透彻，对怎样

"抓住关键词句揣摩人物特点"印象比较深，教学效果比较明显。李老师的教学，为我们从"教课文"走向"教语文"、从教"课文内容"转变为教"课程内容"起到了示范作用。

三是阅读教学过程是学生语文实践的过程。我国小学语文的阅读教学，长期存在着问答过多，课堂表面热闹而效率低下的问题。《义务教育语文课程标准》指出，语文是实践性很强的课程，应着重培养学生的语言实践能力，而培养这种能力的主要途径也应是语文实践。李老师的这两节课，充分体现了阅读过程是学生自己的实践过程。回顾两节课的教学，尽管课堂上也有全班的讨论和交流，但学生自己进行语文实践活动的时间占的比重很大。这些实践活动包括：朗读、默读课文，认读生字新词，给课文写批注，写字，做书面练习等。阅读课要少一点"老师问学生答"的全班活动，这种活动看似热闹，实际上学生参与的面太小，多数学生只是旁听而已。阅读课的课堂上，应该有相当多的时间让学生细细地读书、静静地思考、慢慢地感悟，有时还要动笔写一写。这样的课看似"风平浪静"，但思维的热流在涌动，学生在认知冲突中建构自己的认知结构。在学生自己充分学习的基础上，适当开展小组学习。这节课的第二课时，由于有了自己学习的基础，学生参加小组讨论都相当投入，合作氛围很好。

李老师十分重视语文基本功的训练。这两节课，认读和理解词语、朗读课文、写字，花的时间比较多，指导得法，要言不烦，再通过每个学生的练习，把基本训练落到了实处。

综观李蓓蓓老师的两节课，可取之处很多，特别是"目标——过程"的一致性、教学过程从"文本解读"走向"能力培养"，把阅读教学过程变成学生语文实践的过程，给了我们很多启示。如果李老师能更加注意课堂实施中反馈、评价、点拨的准确性，让学生的语文实践活动有自我矫正、修改、补充的时机，比如听了同学的批注修改自己的批注，这节课教学的实效会更好。

最后一次讲课结束了，执教者有感而发，写了一篇教后小记，诉说自己的感受。教后小记如下：

昨夜回家已是10点多了，虽未吃晚饭，却丝毫没有饥饿感。今天，两位国家级的语文专家——吴忠豪教授和沈大安教授来潍坊指导我的课，我深感荣幸。我静心聆听着两位专家的点评，他们从教学目标到教学环节，再到教学细节，无一不在用心雕琢着，我由衷地佩服两位专家，不仅仅因为他们的学识，更因为他们那种敬业精神。窗外寒气逼人，而他们除了要指导我，紧接着还要指导枣庄的殷老师，漫长的夜似乎才拉开帷幕。

看着他们专注的眼神，听着他们细细地分析，我的课有了根本的转变。不是因为我的课上呈现，而是我的思想有了根本性的变化。本专题课例打磨是高年级阅读课教学流程的打磨，教学流程的设计取决于教学目标，我的教学目标明确了，教学过程也就可以确定了。

第二天我带着新思想走上了课堂，怀着忐忑之心上完了这堂课，课结束的那一刻，心里轻松了许多，却恍然觉得这两节课下来我好像没做什么，都是学生在活动。吴教授说这就对了，老师上课话少了，上课轻松了，把时间都还给学生了，学生活动的时间就多了。这堂课最大的亮点就是教师是在教课程，而不是教教材。学生在掌握了一种学习方法的同时也理解了人物特点，做到了工具性与人文性的统一，没有只偏重于人文性。同时，方法的习得又落实得比较到位，从开始的学方法到用方法，再到交流成果，再落实修改，这样方法的习得就落到实处了。课上教师的水平体现在对学生批注的提升和评价上，教师的评价应让学生明白哪种批注是好的，哪种批注是一般的，提升到何种程度，这就取决于教师的个人素质。所以，教师个人素质的提升是必需的。我想，这就是我今后努力的方向。(2010 年 12 月 22 日)

五、执教教师的自我改进与发展报告

在经历了三次打磨，多次试讲之后，执教教师形成了自己的自我改进与发展报告，为自己的下一步发展目标作了规划。

执教教师发展报告如下：

参与课例打磨接近半年的时间，借助《装满昆虫的衣袋》这一篇课文，在群组成员的帮助下，在李秀伟老师和沈大安教授、吴忠豪教授的指导下，我教了三个不同的教案，每一次的修改、每一次研讨都促使我个人发生了很大的改变，无论是教学设计，还是课堂教师自身水平的呈现，改变最大的还是我个人对语文阅读教学的认识。

一、教学设计

（一）教学目标的设定

最初我的教学目标设定和语文教学参考书上一样，无非有三个目标：一是学会本课的一类字，认识本课的二类字，理解由生字组成的词语；二是正确、流利、有感情地朗读课文；三是理解人物特点，体会人物对昆虫痴迷的情感，学习人物对科学执着的精神。

这是我第一次的教学目标：

1. 学会本课 9 个生字，其中有 6 个字只识不写。理解由生字组成的词语。

2. 能正确、流利、有感情地朗读课文。

3. 借助课文的具体语句体会法布尔对昆虫的热爱和痴迷的情感。

4. 从法布尔的故事中受到启示，从小养成善于观察、善于发现的好习惯，培养热爱自然、热爱科学的志趣。

经过这几年的语文教学，我总结出每课的语文教学目标大体都是一样的，每次我在写备课时，都从这三个方面入手写教学目标。可是经过此次的课例打磨后，我发现教学目标的确定并不是这么笼统的，并不能像教学参考书上写的一样。参考书给予我们的只是大方向，而小细节还要教师自己根据教学的需要去设定。所以，第二次的教学设计我将目标细化了，明确了。教学目标如下：

第一课时教学目标

1. 能正确认读本课生字新词。能认读"菜、栖、蠕、兜、痴"5 个生字，正确书写"昆、纺、察、骂、毒、垃、圾、殿"8 个生字，读准"着急"的"着"的读音。联系上下文理解由生字组成的词语，比如"鸟栖虫居、痴迷、蠕虫"。

2. 能正确、流利地朗读课文，并有感情地朗读课文的第 2、3 自然段。

3. 学习抓住关键词句揣摩人物特点的读书方法。抓住课文的具体语句，如"终于、三天前"等体会法布尔对昆虫的热爱和着迷的情感。

第二课时教学目标

1. 有感情地朗读课文，尤其是课文的第 4、5、9、10 自然段。

2. 学习抓住关键词句揣摩人物特点的读书方法。能抓住"静静地观察、欣赏、放进、丝毫没能阻止、仍然……”等词语体会法布尔对昆虫的痴迷。

3. 在课文的学习中，培养学生的独立阅读能力、理解与表达能力，能借助关键词正确、流利地表达自己的想法，同时借助名言增加学生语言的积累量。

4. 从法布尔的故事中受到启示，从小养成善于观察、善于发现的好习惯，培养热爱自然、热爱科学的志趣。

这一次的教学目标我写得更具体，认读和书写生字，理解具体的词语，有感情地朗读段落，以及课上的学习方法，能力培养，都写入了教学目标。可是经过上课试讲之后，群组成员及专家还是认为我的教学目标太多，尤其是在能力培养方面。所以，我的教学目标又进行了改动。

第一课时教学目标

1. 能正确认读本课生字新词。能认读“莱、栖、蠕、兜、痴”5个生字，正确书写“昆、纺、察、骂、毒、垃、圾、殿”8个生字。联系上下文理解由生字组成的词语，“纵横、鸟栖虫居、痴迷、蠕虫”。

2. 能正确、流利地朗读课文。

3. 学习抓住关键词句揣摩人物特点的阅读方法。发现哪些是值得揣摩的关键词句，知道怎样写批注。

第二课时教学目标

1. 有感情地朗读课文的第4、5、9、10自然段。

2. 能运用抓住关键词句揣摩人物特点的阅读方法。能抓住“静静地观察、欣赏、放进、丝毫没能阻止、仍然……”等词语体会法布尔对昆虫的痴迷。

3. 从法布尔的故事中受到启示，能够热爱自然、热爱科学。

这一次的教学目标更加明确，而且能力方面简化为两条：一是抓住关键词，二是写批注。这样目标集中，教学环节的设计也就会围绕专一目标进行了。当然，这次教学目标的设定，是从“教课程”的理念出发的，是将阅读教学从“文本解读”式教学向“能力培养”式教学转变的一种表现。

（二）教学流程的设计

基于我个人经验的设计，我的教学流程分为这样六个环节：激发兴趣，导入新课；检查预习，整体感知；精读课文，披文入情；回读全文，理清结构；课堂练习，情感升华；布置作业，拓展延伸。

我想，这六个环节的设计还是遵从了语文教学的规律，服从了“整体——部分——整体”的教学组织原则。第二个环节“检查预习，整体感知”中，之所以是检查预习，是因为我将预习放在了课前，所以课上对于字词仅是检查而已，对学生不会的再进行教学。可是在群组研讨之后，老师们一致认为将预习放在课前，有些学生是做不到的，尤其是学习缺乏自觉性的学生，这种预习对他来说形同虚设，字词的学习和理解还应放在课中。所以第二次备课后的教学流程就变成这样：激发兴趣，导入新课；初读课文，整体感知；精读课文，披文入情；课堂练习，情感升华；总结全文；布置作业，拓展延伸。

专家认为，教学流程的设计应该围绕教学目标来确定，要对前面的教学目标进行简化，所以第三次教学设计，我的教学流程修改成以下七个环节：激发兴趣，导入新课；初读课文，整体感知；精读课文，学习方法；精读课文，运用方法；课堂练习，情感升华；总结全文；布置作业，拓展延伸。

这次教学流程的修改，体现的是教师设计理念的改变，即从“教教材”转化为“教课程”。而且在小组交流汇报时，注重了落实。在前两次上课中，我同样是先指导学生通过第一件事来学习方法，再用此方法自学第二件事，然后汇报学习的成果，可是缺乏对成果的落实，此环节过后，有些学生的批注并没有增加，还是原来自己感悟的一点感受。而第三次教学，我重在方法的实践和落实上，让学生上台来汇报自己的批注，给学生自己补充批注的时间，这样，学生学到的方法不仅得到了运用，也得到了落实。这一点是前两次课堂上不曾有的。

（三）课堂练习的设计

原来设计的课堂练习除了写字之外，还有根据对课文的理解填空。题目是这样设计的：

着迷　痴迷　迷恋

法布尔从小就对小虫子非常________，他经常为了捉小虫子而忘记了回家，可是父母的责骂也没有阻止法布尔对昆虫的________。法布尔对昆虫的喜爱已经到了________的程度。正是这种________，成就了他的一生，使他成为伟大的昆虫学家和文学家。

这个题目的设计完全是为了考查学生对文本的理解是否正确，可是课上只有这样的练习显然是不符合“教课程”的理念的，学生对文本的理解应该只占教学时间的三分之一才对，更多的时间应该是语文实践。所以，第三次教学设计，就去掉了此练习，只保留了一个填空练习：

法布尔的高高鼓起的衣袋里，装满的不仅仅是____________，还装满了____________，还装满了________________。

这个课堂练习既是对法布尔热爱科学的精神的理解，又是递进句式的语言表达练习。从当时学生的发言中，我们可以看到这个练习有一个开放的空间，学生理解的程度不一样，语句的表达也不一样，通过全班交流可以得到提升。可是交流以后，我却没有给学生留一点时间，要求学生听了同学的发言后修改自己的作业。这是我在今后的教学中应该注意的，即纠正了就要反馈。

（四）语文能力训练的选择

从这次的课例打磨中，我发现如何通过一篇课文来“教课程”是一门很大的学问。这篇课文适合培养学生的哪种学习能力，除了认字、识词等基本知识点外，教师又该如何训练学生其他方面的语文能力呢？课堂上，又该以何种学习方法为主来指导学生的语文实践呢？这些都是上课教师应当事前思考并准备好的。

从最初我设计的四种语文能力培养的目标，如抓住关键词来理解人物特点、发挥想象、换位朗读、借助小标题来概括课文内容等方面入手，通过一篇课文的学习，在一课时内让学生掌握这么多种学习方法显然是不合适的。通过教学发现，学生也没有真正掌握这几种方法。所以，经过反复研讨和斟酌，最终只留下了一种学习方法，即“抓住关键词句揣摩人物特点，做好批注”。

课上的教学就是为了让学生通过“学习方法——运用方法——交流批注——修改批注”这四步来落实方法的习得，从而培养学生的语文学习能力。

“教课程”到底通过具体的课文“教什么”，我想这是我今后应该认真研究的内容。

二、课堂提问

通过三次磨课，我从最初的串讲串问，逐步做到了有效提问，并且注意提问的针对性，不再随意发问。根据观课报告显示，我第三次执教共提了21个问题，其中属于思考性的问题有16个，属于启发性、想象性的问题有3个，这两项占了所有问题的90.5%。属于机智性的问题有2个，与学生学习无关的课堂提问没有，让学生进行判断的问题没有，而前几次的课堂提问中属于判断性和没有思考价值的问题就占了13.3%。由此可见，我原来的课堂提问是多么可怕，竟然将这么多的时间浪费在了无效提问上，那么学生的回答也是无效回答了。这又怎能提高课堂教学效率呢?

很高兴大家对我的课堂进行的专业观课。正是这种专业观课，才让我知道自己前后的对比与变化，也让我知道自己原来的课堂是怎样的。教师的课堂提问直接决定着学生的学习状态，直接影响着学生的学习深度。所以，以后的教学中，我不但要备好课，更要关注学生学习的起点，这样所设计出来的课堂提问才不至于过深或过浅，才能有效。

三、教师评价语

初次试讲，我的评价语被组内教师评价为单一，没有针对性，太笼统，太泛泛，有时评价不够及时，没能给予学生正确引导。所以在后面的教学中，我对此特别注意，收集了许多关于课堂评价的语言，并且在备课时，我充分预设学生回答的情况，针对他们的回答给出恰当的点评。我的课堂评价语比以前有了明显进步，不仅给予结果性的评价，更注意给予学生导向性评价。如：

“我听出来了，你是带着欣喜的语气在告诉妈妈!”

“我感受到了你的兴奋，真替你开心啊!”

“你真是个善于学习的孩子，能抓住具体语句体会，将你的喜欢之情读出来。”

“你会抓住关键词谈自己的观点了!”

“咱们用这种去掉关键词语的方法，你就会发现原来这两个词特别的重要，这种词就叫作关键词呀。”

“老师发现你用了想象的方法去揣摩这个词语，想象他遇到了很多麻烦，是不是?这是一种好方法。”

当然，我的评价还是有不到位的地方，比如在学生汇报交流自己的批注时，教师的提升能力显然有所欠缺，教师应该自己先明确哪种批注是好的批注，怎样批注才更有效，虽然课上对学生的批注进行了点评，也进行了引导，但感觉还是缺那么一点。这也正是我下一步努力的方向。

四、关注学生参与度

第三次执教，我对学生的参与情况有了更多的关注。从教师目光分配统计来看，老师在提问学生时，目光集中在中间两排及右排学生身上；在指导学生学习的过程中，老师目光集中在中间及左排学生身上，这使得中间的学生得到了稍多的关注，教师关注中间学生的目光达到了 119 次，左排 50 次，右排 54 次，总体来说，目光分配比较平衡。但我个人感觉对左右两侧的学生关注少了一些，因为当时的课桌排列是四人一排，所以走到左右两侧的机会少一些。

五、学生参与

第三次执教时，学生参与度较高。从观课统计表可以看出，这节课的学生参与情况是比较好的，全班共 40 名学生，有 33 名同学主动参与了课堂，占全体同学的 82.5%，这个比例可以看出教师对学生的关注面很广。从学生回答问题次数来看，大部分同学只回答了一次或者两次，只有 3 个同学回答了 4 次。从座次提问统计图上可以看出，教师对坐在教室左边、右边、后边的学生没有忽略，反倒是刻意地关注这些学生，给这些学生发言的机会很多。

但是，本节课有 7 名同学没有发言，分别是 A5、B5、D3、D4、G3、G5、H4，经过对老师和同学的询问，这 7 位同学平时性格比较内向，学习成绩也不是很好，自信心不足，对教师提出的问题并不是不会，只是怕回答错了受到同学们的嘲笑。而这些同学的位置是课上我所忽略的。我想日后我得多关注这些同学，上课有意提问他们。

从上述情况来看，我个人的教学有了一定的进步，但还有许多有待进一步提高的地方。专业观课为我下一步改进课堂教学指明了方向。今后我要坚持不断地打磨自己，定会有更多的进步。

六、无限拓展的研修成果应用

在经历了多次备课、多次打磨之后，执教者对语文课的教学又有了深刻的认识，时刻将“知识是手段，能力是目标”记在心中，有了前面的收获，在教学其他课文时，就注重了能力的培养。比如，在教学《我和祖父的园子》一课时，执教者将“抓住关键词句，学会做批注”这一能力的训练作为教学目标之一。具体教学设计如下：

《我和祖父的园子》教学设计

【教材分析】

本文是苏教版五年级下册的一篇课文，节选自萧红的回忆性长篇小说《呼兰河传》。课文描写了“我”童年时代跟随祖父在园子里劳动的情景，表现了祖父的园子是“我”童年快乐、自由的家园，表达了对童年生活的眷恋和对亲人的怀念。孩子气十足的腔调，春天的泥土般新鲜的语言，诗意浪漫的景物描述，是本文表达方式上的突出特点。文章文字虽然浅显，但意境很美，寓意不凡。

学习这篇课文，要放手让学生完全自主阅读，读懂课文内容，明白祖父的园子不仅是童年的乐园，更是其精神的家园；学习作者留心观察生活，用心感受生活，感受朴实、充满童趣的语言，体会动中有静、静中有动、境由心生、借景抒情的写作特点。

【学情分析】

学生具有了一定的自学能力，并且能与同学相互交流自己的意见。但有时小组合作的有效性不大，所以在教学中注意引导学生与大家交流、讨论，积极吸取别人的合理见解，提高自己的表达能力和交流能力，鼓励学生在以前学习的基础上，把阅读方法运用于阅读实践，掌握抓住关键词句做批注的方法。教学中，引导学生默读课文，了解课文内容，把握文章重点，体会作者情感，使语文课堂变成学生自主学习的乐园。

【教学目标】

1. 会认读“蝴、帽、瞎、铲、韭、穗、抛”7个生字及“蚂蚱、樱桃、蚌壳、瞎闹、倭瓜、水瓢”等词语，并结合课文理解不懂的词语，如“谎花”。

2. 有感情地朗读课文，摘录文中优美的句子。想象课文描写的“我”在祖父园子里的生活情景，体会“我”在园子里自由自在、快乐无忧的心情，感受童年生活的情趣。

3. 抓住关键词句，学做批注。

4. 学习与揣摩作者鲜活的、独具个性的语言和境由心生，借景抒情的写作方法。

【教学重点】

体会作者从哪些情景表现“我”在园子里自由自在、快乐无忧的心情。学习与揣摩作者鲜活的、独具个性的语言和境由心生、借景抒情的写作方法。

【教学难点】

领悟作者如何表现“我”在园子里的心情的表达方法。

【课时】

一课时。

【课前准备】

1. 让学生了解作家萧红，读一读她的有关文章。

2. 完成预习导学案。

【教学过程】

一、谈话导入，揭示课题

1. 20 世纪 30 年代，鲁迅先生曾称一位女作家是“当今中国最有前途的女作家”，这位女作家就是萧红。谁来简单介绍一下萧红？

指名介绍萧红，师补充《呼兰河传》。

2.《呼兰河传》中萧红用许多文字写了自己的童年，着重写了家里的园子。今天就让我们一起走进这个园子。（板书课题）

生读题。

过渡：她为什么会对祖父的园子念念不忘呢？让我们赶紧打开书，去读一读吧。

设计意图：鲁迅先生的话可以引发学生对作者的关注，即一位作家为何一生对一个普通的园子念念不忘，设置悬念，激起学生的阅读期待。

二、初读课文，整体感知

1. 学生自由读课文，读准生字新词，读通课文，同时体会课文语言有什么特点。

2. 检查字词。

蜂子　蝴蝶　蜻蜓　蚂蚱

韭菜　谷穗　倭瓜　黄瓜

栽花　拔草　下种　铲地　浇水

师：这三组词语有什么规律?

交流预设：

(1) 第一行是动物，第二行是植物，第三行是农活。

(2) 前两行是在园子里有的动物和植物，第三行是“我”和祖父在园子里干什么。

师小结：同学们抓住了文章的两条主线：一条是园子，一条是“我”和祖父干什么。抓住了这两条主线，就可以理清文章的段落了，这是一种很重要的语文学习能力。请同学们试着将课文分为三大段吧。

指名回答。

三、精读课文，披文入情

(一) 学习第 2 和 13 自然段，感受园子景物之自由

请同学们读第 2 和 13 自然段，看看祖父的园子是一个怎样的园子，试着用一两个词语概括并写在书上。

设计意图：通过初读，对文章内容建立“框架结构”的认识，对园子形成初步的整体印象，同时让学生明白这是批注的一种。

指名回答，为什么你会想到这个词呢?

相机评价：对呀，将你的感受概括出来，写在旁边，这是做批注的一种。

交流预设：

体会景物之自由，感悟写作方法（2、13 小节）。

1. 昆虫多、色彩斑斓、充满生机、自由……

师：第 2 自然段中作者描写蜜蜂、蝴蝶、蜻蜓、蚂蚱时重点抓住哪个方面来写?（颜色）

是的，在描写这些活的小昆虫时，却抓住了颜色，就连蜂子也落在一朵花上不动了，这种写作方法就是动中有静。

指导朗读，读出园子五彩缤纷的感觉。

2. 第 13 自然段是围绕哪句话来写的？请画出来。

“一切都活了”，你是怎样理解这个“活”字的？“活”在这儿是什么意思？（指园子里的动物、植物都有了自己的生命，他们充满生机、长势旺盛，运用了拟人的手法）

评价：是呀，这就是你从“活”这个字中体会出来的，写下来，这就是做批注。

师：读文章就要学会抓住关键词句来谈自己的体会。你看，本段文字还有一个关键字，出现的频率最高，找一找，是哪一个？（“就”）圈一圈，共有几个“就”字？读一读，从这几个“就”字中你能体会到什么？（园子里的动物、植物就像人一样，有了自己的思想，想干什么就干什么，自由）

师：是呀，这就是你的感受，将他写下来，做好批注。

读一读吧，试着读出这种一切都活了的感觉，一切都是自由的感觉。

学生练读，指名朗读。

师：作者在描写园子里的植物时，说这些原本是静止的东西却在疯长，上天的、上房的、上架的，这种写作方法就是静中有动呀。（板书）

设计意图：此处由老师引领学生学习，使学生明白什么是做批注，同时渗透写作方法。

（二）学习 3～12 自然段，感受“我”之自由

过渡：为什么在我眼中，园子里的一切都活了，是那样的自由呢？快去读读课文的第 3～12 自然段，就找到答案了。

1. 自由读读课文 3～12 自然段，看看我在园子里做了些什么事？简单的做好批注。（栽花、拔草、种小白菜、铲地、浇菜等）

指名一同学写黑板上。师点评：为了方便自己阅读，这样概括也是一种批注。

你觉得哪件事最有趣呢？画出有关词句，用心读一读，你从中体会到什么？做好批注。

2. 小组交流。

3. 交流汇报。

师：老师发现，好多同学读着读着，脸上就笑了。那么，你觉得哪件事最有趣，使你看着看着就想笑了？

（交流时注意讲评批注的好坏，说、议、读相结合）

(1) 祖父戴一顶大草帽……我就拔草。

我好像是祖父的“影子”“小尾巴”，一老一少，一顶大草帽、一顶小草帽相映成趣。

(2) 种小白菜时瞎闹，踢飞菜种。哪里是在种小白菜，我就是在瞎闹。

(3) 铲地时，爬在地上，用锄头的“头”乱勾一阵，把韭菜当作野草割掉，把狗尾草当谷穗留着。

我是怎样铲地的呢？引导学生抓住“爬在地上”“乱勾一阵”，看似平淡的两个词，用心读一读，想一想，理解“我”铲地有趣的样子，一边往前“爬”，一边“乱勾”。将“爬”换成“蹲”行吗？

设计意图：学生阅读的兴奋点在“把狗尾草当谷穗留着”，“爬在地上”“乱勾一阵”看似平淡，细细琢磨，却活化了人物形象。阅读教学应该培养学生敏锐的语感。

(4) 抢水瓢浇菜。

你有过类似的经历吗？读书联想起了自己的经历，读出了自己。

(5) 第 11 自然段。

我们一起来看看这段文字。数一数，这段话中有几个“又”字，再轻轻地读一读，你体会到了什么？

(我想做什么，就做什么，非常自由)

读出“有趣”的同时你还读出了“自由”，真会思考！把这样的感受放进去，读一读。

(此处交流要注重点评，抓住学生的批注，让学生上台来展示自己的批注)

师：“我”在院子里做的所有的事情都向我们传递着一个信息，那就是“我”在园子里是怎样的。(快乐的，自由的) 我要做什么，就做什么，想怎么做，就怎么做，所以“我”在园子里是自由的。现在谁来说一说为什么在“我”眼中园子里的一切都是自由的？(因为“我”是自由的、快乐的，所以在“我”看来，“我”眼中的一切事物都变得自由、快乐了)

师：是的，情乎景乎，境由心生，借景抒情呀！(板书：境由心生、借景抒情)

读一读自己喜欢的段落，读出快乐和自由之情。

生自由练读。

让我们再次来重温“我”在园中的快乐吧！老师读前半句，你们接下半句。

师：祖父栽花。生接：我就栽花……

祖父拔草，我就……

祖父种菜，我就……

祖父铲地，我就……

祖父摘黄瓜，我就……

祖父挖坑，我就……

祖父浇水，我就……

师：这种反复的句式在文中很多，从这种句子中你能感受到什么？（语言特别天真、儿童化，没有华丽的词语，却能感受到孩子的快乐与天真）

（师板书：反复句式）

（三）再读3～12段，悟祖父之爱

1. 过渡：是什么原因让“我”在园子里是那样的快乐、自由呢？请同学们再去静心读3～12自然段，相信你会找到答案的。

指名回答。（是祖父对“我”的爱，师板书）

是的，从哪些语句你能看出祖父对“我”的爱呢？请用波浪线画出来。从这句话中你体会到什么？可以在旁边简单地写一写。

交流预设：

（1）我拿不动锄头杆，祖父就把锄头杆拔下来，让我单拿着那个锄头的头来铲，祖父很宠爱我。

（2）祖父慢慢地把我叫过去，讲给我听，很耐心，很形象。

（3）祖父笑了。

师：这批注写得好，体会更深了一层。

祖父大笑起来，笑得够了，还在笑，笑声中，他仿佛在说什么呢？（课件呈现课文插图）他仿佛在说：____________。

请你看看图上祖父的笑容，联系上下文，联系自己的生活体验，说一说。

你们理解了祖父的笑，祖父的笑是疼爱、是呵护、是宽容，当“我”把狗尾草当谷穗留着时，祖父是慈爱的笑；当“我”把水扬向天空，祖父还是那样慈爱的笑，祖父的笑永远留在我的心底。许多年以后，萧红这样深情地回忆："祖父的眼睛笑盈盈的，祖父的笑，常常笑得跟孩子似的。"

设计意图：祖父的"笑"是耐人寻味的，祖父"笑"的含义在文中是一处空白，引导学生想象，唤起学生的生活体验，使祖父的爱鲜活、具体起来，使学生真正体会到"因为有祖父的爱，才有我的自由"。

正因为有祖父的疼爱和呵护，"我"才能在园子里自由自在，要做什么，就做什么，要怎么样，就怎么样。（学生齐读）

2. 当"我"在园子里玩累了，"我"就找个阴凉处睡着了。同学们齐读最后一段。她会做一个怎样的梦呢？在梦中她会做些什么呢？

四、情感升华，渗透园子的精神意义

1. 师：其实，萧红是个苦孩子，在她很小的时候母亲就去逝了，父亲因她是女孩而不喜欢她，后来有了继母，继母也不喜欢她。她的祖母是个爱清洁的人，不喜欢小孩子闹腾，唯独她的祖父喜欢她，将自己所有的爱都倾注在了她的身上，小时候也唯有在祖父的园子里，她才是开心、快乐、无拘无束的。所以，祖父的园子对她来说不仅是她童年时的乐园，更是她精神的家园。（板书：童年的乐园、精神的家园）因此，等她长大成人之后，她仍然念念不忘她的祖父和祖父的园子，于是写成了《呼兰河传》这本书。著名文学家茅盾曾称这本书是"一篇叙事诗，一幅多彩的风土画，一串凄婉的歌谣"，感兴趣的同学课下去读读这本书吧，你还会发现很多有趣的事情。

2. 可惜的是这位北方才女在 1942 年 1 月 22 日一个凄凉的冬日去世了，年仅 31 岁。让我们一起轻轻地读这首诗给她听，就当是对她的一种纪念吧！（出示诗歌，齐读）

祖父一天都在园子里边，
我也跟着祖父在园子里边。
祖父戴一顶大草帽，
我戴一顶小草帽。
祖父栽花，我就栽花；
祖父铲地，我就铲地；
祖父种菜，我就溜平；
祖父浇水，我就"下雨"。
要做什么，就做什么；
想怎么样，就怎么样。

园子里的一切都是活的。

花醒了，鸟飞了。

虫子说话，倭瓜上架；

玉米上天，黄瓜开花。

玩累了，

我找个阴凉地，

就睡着了，

不用枕头不用席。

……

五、布置作业，课外延伸（自选作业）

1. 背一背自己喜欢的段落，摘抄课文中体现童真童趣的句段。

2. 读一读《呼兰河传》。

3. 回想自己的童年趣事，写一写。

【板书设计】

我和祖父的园子	动中有静
爱	静中有动
自由	借景抒情
童年的乐园　精神的家园	反复句式

从这一课例的设计可以看出，李老师已经开始了异课同构的教学研究过程。所谓异课同构，是指通过不同的教学内容，即所谓“课”，来实现同一课程目标，即所谓“同”。李老师借助她所实践与研究的“抓住关键词做批注”来理解文章、体会文章思想与内涵的方法，在《装满昆虫的衣袋》一课中实现了对学生学科能力的培养，通过《我和祖父的园子》，将进一步巩固学生学科能力培养目标，并且在这一系列循环过程中，实现了自己和群组成员的共同发展。

第五章

改变在这里发生

本章主要阐述了在校本研修下，学校中的一切是如何发生改变的。通过校本研修，学校发展成了名校，教师发展成为名师，学生在教师日益提高的教育教学技能下也获得了更好的发展，如此，一个良好的学习共同体就产生了。

校本研修改变了课堂，好课产生了，学生的成长因而得到了保证。然而，我们深深地意识到，用这么多时间打磨出一节好课并没有多少意义，最重要的是让改变发生，让教师、学校能够不断呈现最理想的教育。在这样的价值判断上，我们有更多积极的发现。

一、名校是这样产生的

潍坊市育华学校是由潍坊市奎文区重点投资建设、打造的一所九年一贯制品牌学校。然而，居于城乡结合部的新建校面临着教师年龄老化、结构性缺编等各种发展问题，为此，育华学校以校本研修为突破口，提升教师队伍的专业素质，逐步实现了学校的跨越式发展。

（一）自主教研：改变传统校本教研的第一步

学校教研组之所以需要变革和转型，在于其现状非常不乐观。教研组的重要性与功能没有得到很好的开发和利用：教研组主要做一些制订计划、填写表格、学期总结等事务性工作，研究、讨论、交流等活动根本无法开展，真正有实效性的工作基本没有涉及；开展的活动基本流于形式，教师的公开课或其他活动都带有很强的功利色彩，不是真正从自身的成长与发展需要出发，实际效果大打折扣，教研活动对教师个体成长的帮助不大，教师认为“流于形式，浪费时间，表面文章，毫无收获”。教研活动出现了工作布置多，问题探讨少；讨论“教”的问题多，“学”的问题少；对教学问题的现象描述多，实质分析少；教学经验总结多，课题研究成果少等“四多四少”的现象。这样的教研活动存在以下弊端：

1. 年级组、教研组、备课组职能混淆，导致教师认同感不强

年级组主要协助学校做好管理工作，管理、协调年级内各班级的事务，保证教学能正常进行。教研组则负责同一学科教师的学习、研究、培训等，提高教师的专业发展水平。年级组的出现缓解了学校行政机构的管理压力，但却给教师的沟通带来了制度上与环境上的阻碍，不利于同一学科教师的交流与合作。

教研组是教师学习、研究、交流的教学组织，也是学校对教学进行领导的管理组织，负责对学科教学的总体理解、对课程标准的解读、对学科发展趋向的把握等工作等，研究、解决教学和教师发展中的共性问题。教研组长虽然肩负组织教师业务活动、提高教师业务素质的重任，但无任何行政权力，他们对教师的影响更多地要依靠自身的专业经验和能力，而非权力。

备课组作为教研组管理与年级组管理的折中，承担了教研组的部分职责，引领与指导年级教学。备课组更加重视课堂教学研究，兼顾学校长期利益和短期利益，主要关注教材或教学中的个性问题。

只有正确把握三者的功能定位，处理好各组织之间的互助与合作，才能使教师的认同感增强，而育华学校的实际却相反。

2. 教研组长只是组织者、沟通者及执行者，成为名副其实的“传声筒”

作为某一学科的教学业务骨干，教研组长理应对学校的教学工作提出自己的见解和建议，从专业的角度为学校教学提供决策咨询。但传统的教研组长主要是组织者和沟通者，每次教研活动，都是学校统一安排活动内容以及活动形式，或者理论学习，或者传达上级的计划，好一点的可能组织一些课例研讨。这样，教研活动只是教导处安排者一个人的智慧，教研组长根本没有机会参与设计，没有机会把教学中遇到的问题提到研究的高度，组织教师一起研究，只是学校与教师之间的传声筒，根本没有发挥自己应有的价值，认真一点的教研组长会把学校安排的活动有板有眼地做好，不认真的教研组长则可能领着教师走走过场，在谈谈笑笑中度过教研时间。

3. 教研活动与教师的教学实践有一定距离，活动效果不明显

在“自上而下”的集权式课程管理模式下，教师更多地集中精力完成上级布置的各项教学任务，而发挥自己智慧和创意的空间十分有限。因为教研活动的内容由学校拟定，统一安排，安排的内容可能是上级传达的文件，可能是学校的某项决定等。安排者不可能每次都深入每一个学科、每一位教

师，去了解教师在教学过程中遇到的问题，也不可能掌握每一位教师教学中的需要，因此，学校安排的教研活动，就不可能满足每一学科、更不能满足每一位教师的需要。正因为教研活动与教师的教学实践有一定的距离，所以，教研活动不可能解决教师教学中的实际问题，教师参与的积极性不高，教学活动的效果就大打折扣。

4. *教研活动时间无法保证连贯性和充足性，形不成真正的研究平台*

正因为学校教研活动的时效性不强，所以，当学校的其他活动与教研活动发生冲突时，牺牲的往往就是教研活动。另外，学校的教研活动一般安排在下午三四节课，时间基本固定，而上级部门安排的活动则是分学科进行，教师们要提前调课参加，所以当周的教研活动就会受到冲击，根本无法进行。不能保证时间充足，“知识共享”、以学习为中心的教研组文化就不会形成。

正是基于以上问题，育华学校尝试进行自主教研活动的改革。自主教研活动的构建过程包括以下几步：

（1）完善教研组的构成

开学初，教研室领导到学校调研时提出这样的建议：把原来大的教研组分解成学科教研组，所有学科都安排上教研组长。学校原来有语文、数学、英语、政史地、理化生、艺体、信息技术七个大的教研组，安排了七个教研组长。政史地、理化生六个学科在活动时是按照两个组统一安排，“隔行如隔山”，很多时候，一个学科的教师活动时，其他学科的教师只能听着，根本插不上嘴，也不知道说什么，活动效果不明显。根据教研室的建议，学校立刻完善了教研组的构成，设立了十一个教研组长。这些教研组平时都是根据自己的学科特点组织教研活动，参与上级部门组织的各种活动。

（2）保障教研活动时间

由于以前的教研活动经常与学校或上级部门安排的活动发生冲突，学校改变思路，在学期初安排课程表的时候，充分考虑区教研室安排的各学科教研活动的时间，在区里安排学科活动的时间，本学科所有教师都不安排课。同时，把这个时间定为学校的教研活动时间，如果教研室安排活动，则教师们参加区教研活动，如果区里没有统一时间，这个时间本学科的教师就到固定的教学研究室进行集体备课和教研活动，时间是半天。有了充足的时间，教师打发时间的念头打消了，挂念其他事务的理由没有了，剩下的只有如何使教研活动更加有效。

这是2012年10月潍坊市育华学校中学部教研活动的时间安排：

组　别	活动时间	活动地点	具体负责人	检查指导
政治组	周二上午	教学研究室（西）	张友梅	范增国
生物组	周二上午	教学研究室（东）	秦志英	李华强
语文组	周二下午	教学研究室（西）	王玉红	姜美玲
数学组	周三下午	教学研究室（西）	杨海龙	孙兆忠
化学组	周三下午	教学研究室（东）	吕春伟	秦志英
历史组	周四上午	教学研究室（西）	李玉良	李华强
物理组	周四上午	教学研究室（东）	吴敬贤	孙国庆
信息技术	周四上午	数控中心	方刚	乔录昌
英语组	周四下午	教学研究室（西）	刘福荣	鞠克东
地理组	周五上午	教学研究室（西）	徐雪莉	李玉良
艺体组	周五上午	体育组	李树清	李华强

（3）教研活动自主权下放

鉴于学校统一安排活动的弊端，为充分发挥各学科组长的主动性与能动性，让教研活动真正成为教师研究的舞台，成为教师解决教学实际问题的平台，从2009年9月开始，学校只是根据上级部门的安排和学校发展的需要，明确学期活动大的主题，而具体的活动安排与活动形式，全部由学科组长根据学科特点和教师人数来安排。这样的安排针对性强，实效性好，使教研组不仅是教学常规的落实者、日常活动的组织者，而且是开展教学研究的重要阵地，是教学创新的“孵化器”。

这是2009年9月潍坊市育华学校（数学）学科组活动安排表：

周　次	活 动 内 容	主讲人	活动地点
1	学习区教研计划，制订校教研计划	杨海龙	活动室
2	学习“三四五”模式	孙涛	活动室
3	集体备课	刘吉斌	活动室
4	集体备课	刘吉斌	活动室
5	校运会		

续表

周　次	活 动 内 容	主讲人	活动地点
6	国庆节放假		
7	听课（裴志星）、评课、集体备课	裴志星	活动室
8	听课（孙涛）、评课、集体备课	孙涛	活动室
9	听课（孙兆忠　贾爱玲）、评课、集体备课	孙兆忠 贾爱玲	活动室
10	学习“三四五”模式	孙涛	活动室
11	学习“三四五”模式	孙兆忠	活动室
12	期中考试		
13	听课（毕洪良）、评课、集体备课	毕洪良	活动室
14	元旦		
15	学习“三四五”模式	贾爱玲	活动室
16	听课（王金萍）、评课、集体备课	王金萍	活动室
17	听课（徐雪艳）、评课、集体备课	徐雪艳	活动室
18	听课（王玉贞）、评课、集体备课	王玉贞	活动室
19	听课（裴志星的汇报课）、评课、集体备课	裴志星	活动室
20	讲座《如何上好复习课》	魏广忠	活动室
21	讲座《如何上好复习课》	杨海龙	活动室
22	期末考试		

（4）出台教研组评价办法

为激发教研组长的积极性，增加教研组间的竞争，学校结合区教研室评选优秀教研组的具体办法，出台了学校的《优秀教研组评选办法》，并及时公布给每一位教师、每一位教研组长，让所有教师都清楚自己该做的事情，让每一位教研组长都明确自己的职责，明白如何准备过程材料参加学校、区里的评选。

这是潍坊市育华学校优秀教研组的评选办法：

为进一步推动我校“以校为本”的教学研究机制，活跃学校教学研讨氛围，促进教师专业化成长，提高教研组长的业务水平，充分发挥教研组的作用，特制订潍坊市育华学校优秀教研组评选办法如下：

1. 教研组每学期有教研组工作计划、总结，并及时上交。

2. 教研组长能够根据学校安排的主题，积极主动地开展活动，每次活动做到五定：定时间、定地点、定主题、定主讲人、保证全组教师参加，保证教研活动落实。

3. 每次教研活动都有记录，且记录详细、真实有效。

4. 教研组长能够有目的有计划地指导教师学习提高，教研组的教师能够按时保质保量地完成学校组织的理论学习，并在学期末按时上交理论学习笔记。组织教师积极踊跃地参加市、区级教研活动。教研组长参加上级会议，回学校后要做好上传下达工作，按时完成上级和业务部门交给的工作。

5. 教研组积极参加网上研讨活动，并按要求评论，及时上交规定的材料，并能够保证质量。

6. 组织教研组成员积极参与各级各类课题的研究，并认真完成计划、总结，整理好过程材料。

7. 关注教研组教师的专业成长，制订以教师发展为本的教研工作计划，鼓励、指导教师总结、反思教学工作。组内教师教学业绩突出。

8. 教研组内的整体教学成绩在区里较为突出。

评估指标	评分内容	分值
一、教研活动常规管理	1. 学期初有计划，学期末有教学工作总结	5 分
	2. 有完整规范的教研活动记录	5 分
	3. 积极参加教研室以及学校组织的教研活动	10 分
二、教育科研课题研究	4. 组内有科研课题（国家、省、市、区、学校级科研课题）	10、8、6、4、2 分
	5. 有完整规范的科研过程记录	5 分
	6. 有完整规范的科研总结	5 分
三、教研组常规管理	7. 本组教师团结协作精神强；有完整规范的备课教案	5 分
	8. 组内教师每学期参加 16 次以上的听评课活动	5 分

续表

评估指标	评分内容	分值
四、业绩评分	9. 综合荣誉（教学能手、学科带头人）（市级每人次 10 分，区级每人次 6 分，累计平均）	10 分、6 分
	10. 组内有教师提供教学展示（国家、省、市、区、校级每人次分别对应 10 分、8 分、6 分、4 分、2 分，累计平均）	10 分、8 分、6 分、4 分、2 分
	11. 组内教学成绩按 A 率、B 率、C 率累计总分，分为三档：20 分、15 分、10 分	20 分、15 分、10 分
五、网上研讨活动	每学期积极撰写评论意见、积极上传规定的材料	10 分

（5）制度保障，为教研组建设助力

①实施领导包学科制度

为保证教研活动的实效性，学校实行领导包学科制度。每个教研组既有学科组长具体安排活动，又有学校领导负责。对每次教研活动，学校领导要跟进指导，督促教师认真活动，以增强活动的实效性。

②听评课制度

定期组织公开课、观摩课。每学期每人举行公开课、观摩课不少于 1 次。青年教师每学期提供 1 节检查课、1 节汇报课，骨干教师每学期提供 1 节示范课；每学期每学科安排 1～2 人举行研究课。

教师坚持听课评课。每位教师每周听课不少于 2 节，教龄不满 3 年的青年教师每周听课不少于 3 节，业务领导每周不少于 4 节。

要做好记录和简评，并积极参加评课活动，每学期书面综合评课不少于 2 节。

教研组和备课组组织的公开课、观摩课，听后都要进行即时评课。评课时，要从教学目标、教学重难点、学生活动、教法选择、教学效果等方面予以评价。

教师听评课实行个人申报制度。

将听、评课数量与质量纳入个人考核档案。

（二）课例研修：校本教研的深入与细化

自主教研改革一段时间之后，育华学校的领导在参与的过程中发现自主教研中还存在一些问题。

一是教研活动缺乏“研”的成分，尚未形成合作研究教学课题的兴趣和习惯；活动内容、形式不够与时俱进，教研组造血功能不强，大部分教研活动仍停留在教材分析、教法指导和教学观摩上。教研组开展的活动如何由事务型向研究型、由统一型向校本型、由输血型向造血型转变，是值得继续思考的。

二是教研组建设逐渐被提到学习型组织建设的高度，随之而来的是教研组作用的提升，教研组长角色功能的回归和拓展。教研组长如何由教学能手和教学骨干转变为教学领导者等问题值得研究。

三是如何通过变革和转型，逐渐形成合作、共享、学习、研究、反思的教研文化，慢慢褪去教研组行政性、事务性、管理组织的性质，回归到学术性、专业性、研究型组织的角色和功能，以及如何完成从合作与竞争到合作与共享的过渡等。

于是，育华学校在自主教研的基础上再一次进行了校本教研的改革。2011年，在齐鲁名师李秀伟的指导下，育华学校明确了新的研究方向：以中小学各学科课程标准为依据，以学生学科能力的表现与培养为核心目标，以学科教师自组织的校本教研为基本模型，致力于以教学改进与师生双向发展为价值取向的行动研究。本项研究将“基于组织学习”“立足课例打磨”“走向专业视角”“引领校本教研”“建构笔墨文化”“实现师生双赢”。

根据教学研究的实际需要，育华学校根据学科成立了17个研究团队。每一个团队的人数各异，大的团队有十二三名教师，小的团队只有四五名教师。每个团队的情况也不相同，有的团队成员全部是本校的普通一线教师，有的团队中既有一线教师，也有学校领导，有的团队还邀请上级研究部门的领导做专业指导。各团队的研究既相对独立，又可以相互学习，取长补短。正是这种灵活多样的研究团队，才使得育华学校的校本教研多姿多彩。

各研究团队成立后，或采用头脑风暴的形式，或采用座谈的形式确定本组的研究主题。如初中语文小组研究的是“在文本解读中如何挖掘文章内涵”“语文教学资源如何整合”等，初中数学小组研究的是“数学教学中如何培养学生的问题意识”，小学英语小组研究的是“小学英语单词课文新授课模式流程”。这些问题都来源于一线教师的课堂，是教学中急需解决的问题，因而针对性强，教师的参与积极性很高。

根据共同确定的研究主题，各研究团队的主讲教师认真备课，其他成员分工观课。课后，观课教师集体评课，主讲教师进行自我反思，在梳理观课报告的基础上做第二次修改备课，然后再讲课评课反思。如此反复，多次备课，多次观课，多次反思。在整个课例打磨的过程中，教师们研究的主题明确，奋斗的目标一致，大家集思广益，查资料，读理论书，教学问题在研讨的过程中逐渐被解决，教师一些教学思想也逐渐被梳理清晰，实现了在研究中学习，在学习中提升的目的。

经过反复琢磨，不断调整实践，育华学校的校本教研基本形成了“四次设计、三次授课”的研究形式。这种研究形式的基本思路是：明确研究主题——第一次教学设计——授课观课评课——第二次修改设计——第二次授课观课评课——第三次修改设计——第三次授课观课评课——邀请专家指导——第四次修改设计。当然，这只是一种最基本的流程，可以根据实际需要，增减教学设计的次数。

在此基础上，学校各学科主动运用校本研修模型开展多种多样的校本研修活动，经过全体师生的共同努力，学校现已被确立为国家手球奥林匹克后备人才训练基地、中国教育学会“十一五”规划课题研究先进单位、山东省中小学教师远程研修组织工作先进单位、潍坊市教学创新50强学校等。伴随着教师的成长，一所名校正在崛起。

二、名师是这样成长的

赵楠是潍坊市育华学校的一位年轻的英语教师，在参与课例研修的过程中，她有着这样的成长体验：

以前，我们的教研活动主要局限于教师校内、校际之间的听课、评课及主题研讨。由于缺少高层次的专业引领和自身深刻的过程反思，教师之间的横向互助常常是同等水平的反复。因此学校的教研状况和学科教学水平并没有得到明显改善。如果教师只满足于现有授课水平，只做一名“经验型教师”而不想成为“反思型”甚至“研究型”教师，那么我们的教育事业、我们的教师素质、我们的学生能力又谈何发展？

正当我们陷入困惑和思索之时，李秀伟老师为我们指明了研究和实践的方向，那就是以“课例研究”为模式，进行学科教学的不断改进。学习了课例研究的方法及李蓓蓓老师“语文阅读课教学流程”课例研究的案例后，我受到了深深的震撼。当教师们以课例为载体，分享课程实施中的困惑与成功、教学中的疑难问题及解决问题的策略和方法等时，借此引发更多的教师相互学习、分享经验，反思、探讨与教育教学实践有关的问题，提升教师的专业判断和教学实践智慧，这该是一个多美妙的过程啊！我想这也是课例研究真正所要追求的境界。

我了解的课例打磨也称磨课，是指教师在先进教学理念的指导下，梳理教材，设计方案，共同探讨，反复推敲，最终生成好课的过程。磨课以教师为主体，以教学要素为内容，以体验过程和生成好课为目的，它是开展教学研究的有效途径。

2012 年 11 月初，我参加了潍坊市优质课的评选，又一次体会到了磨课、磨人的滋味。忘不了一次次的试教、一次次的反思、一次次的更新、一次次的收获，这其中的困苦与彷徨、欣喜与希望，没有磨过课的人是不会体会到的。在磨课的这些日子里，教研室孙宝玲主任、奎文区各位名师以及我校的领导和老师们对我倾力相助，煞费苦心。每一次的试教，她们总会认真地听，听完后为我献计献策，帮助我不断完善教学设计、理清教学思路。我根据大家提出的意见整理、修改、完善自己的教案和课件，经过透彻的分析与理解，再进行第二次教学设计及第二次试讲，不断改进、不断提高。可以说，整个过程是痛并快乐着的。在整节课趋于成熟之时，那种欣喜与收获是用语言无法形容的，而我也实现了破茧成蝶般的蜕变与成长。

她的课例研究经历是这样开始的：

新课程改革的推进，对教师提出了新的更高的要求，使教师面临着新的问题，产生了新的困惑。课例研究，正是以教师在教育教学中经常遇到或亟待解决的实际教育教学问题为研究重点的。在确立了以学校年轻上进的英语教师和教研主任为群组成员后，我们展开了以“英语学科能力”为中心的研究主题的大讨论。小学英语教学旨在激发小学生学习英语的兴趣，让他们了解英语国家的文化习俗，获得初步的听说读写能力和英语交际能力等。这一切都离不开教师和学生的主阵地——课堂。只有通过课例研究，深入研究课堂教学，新的教学模式才能形成并运用于实践，切实提高课堂教学的有效性，并从根本上提高学生英语学科的各种能力，真正实现英语教学的目的。目前来看，在全区“三四五”和“自主互助学习型”课堂模式的引领下，我和大多数教师一样，形成了雷同的教学模式，学生们也渐渐熟悉了这种模式。然而，这种模式缺少生动性、多样性、特色性，学生们看似热情很高，实际上兴趣并不浓厚。教师们走进了模式，却走不出模式，不能形成具有自己风格的教学特色。基于上述原因，我们把“小学英语单词课文新授课模式流程研究”作为研究主题，从最基础的课堂入手，通过不断实践，研究出了教学环节新颖、学生兴趣浓厚的单词课文课教学新模式。

确立了以“小学英语单词课文新授课模式流程研究”为课例研究主题后，我有幸被选为这次课例打磨的执教人，其他年轻好学的教师为观课和评课人。按照李秀伟老师提出的“课例研究”的要求，在李秀伟名师工作室专家和区其他名师工作室及教研室领导的指导下，我们制订了课例打磨的计划。作为一名教学经验有限的年轻教师，我心中忐忑不安：自己设计的课堂能得到专家和老师们的肯定吗？能通过课例打磨解决我们提出的研究主题吗？我不确定，但有一点我知道：这是一次机会，一次挑战，我一定要认真对待，全力以赴，既要享受整个课例打磨的过程，又要实现自我的成长与蜕变！

（一）研修计划的制订

研修专题的名称是“小学英语单词课文新授课的教学流程研究”，希望达到的目标有：（1）掌握小学英语单词课文新授课教学的一般流程，透视英语课的基本性质，能够根据英语课程标准规定的年段目标科学地设计教学过程，完整地把握一节英语新授课的基本要素和模式流程；（2）根据设计好的教学流程组织实施教学，将课程目标落实到教学的整体过程中，形成英语单词课文新授课的教学范例；（3）实现学生在课堂上的角色转变，让他们真正成为学习的主人，在一节英语课中人人有所展示，有看得见的提高和进步；（4）通过这次课例打磨活动，为育华学校英语教师提供关于“英语单词课文新授课教学流程”的研修材料，并使群组教师尽快成长；（5）呈现一个完整的教学研究的案例，引领育华学校小学英语校本研修的进行，为校本研究提供一个新的实施空间。

研修的课例确定为：《新标准英语》第十册第六模块第一单元“We'll see lots of stones”。

群组成员包括李秀伟老师以及潍坊市育华学校的赵楠老师、田金芳主任、张桂英主任、徐佳老师、唐莉平老师、王瑞芹老师。

课例研修活动包括五个方面：

一是在潍坊市育华学校组建课例研修与打磨的教师团队，进行教育理念、英语教学思想以及网络技术等的集中培训，统一思想，明确认识，为课例打磨做好先期准备。

二是遵循山东省教师培训中心提出的“三次备课两次打磨”的要求，接受李秀伟名师工作室专家和区其他名师工作室及教研室领导的指导，做实打磨过程，完成各项打磨任务，做好数据统计和分析，及时上网展示并实施研讨。

三是项目主持人要积极争取课程指导专家的帮助，组织开展教学研讨、专业培训、课题调度会等专题活动，通过活动提高认识，集中解决教学与技术等问题，促进打磨计划的顺利实施。

四是执教教师认真完成若干次备课的教案（基于个人经验、基于同伴互助、基于教学反思）；针对工作室成员的两次打磨情况，整理出个人反思；两次打磨后，进行试教，并整理出教学实录。

五是团队成员认真参与研课打磨、观课评课等活动，针对执教人的3次备课，要完成2篇教案修改、4次（下限）发帖（有内容、有理据）、1～3篇反思或总结；部分成员撰写1篇同课异案，并进行试教，整理出试教反思；根据分工进行观课评课，整理出评课材料。

确立了打磨计划和研究主题后，我们把《新标准英语》第十册第六模块第一单元作为研究课题，进行了基于个人经验和以往模式的第一次备课。首先由赵楠老师进行教材分析、学情分析，确立了本课的教学目标和教学重难点，并完成了详细的教学流程和设计意图。这次设计是在我区小学英语“自主互助学习型”课堂模式和赵楠老师在教学实践中摸索出的适合育华学校校情、学情的教学模式的基础上进行的。教学流程分为“激趣热身，初学单词，听读课文，唱歌休息，拓展延伸，练习反馈，布置作业”7个部分。

（二）一次设计一次反思

2011 年 3 月 6 日，赵楠老师结合 We'll see lots of stones 进行了第一次教学设计，这也可以看作赵楠老师基于个人经验的教学设计。

关于教材分析：在《新标准英语》第十册中，我们将继续跟着主人公 Lingling 和 Amy 一家人在英国访问，一起了解英国的饮食、购物等文化习俗。在本课中，我们将一起去参观英国著名的历史遗迹——巨石阵，并学习用英语互相询问旅行计划。

关于学情分析：五年级的大部分学生已具备了基本的英语听说读写能力，学习兴趣浓厚，适应和熟悉了“自主互助学习型”课堂模式，能积极参与小组合作学习。也有个别待优生英语基础较差，有待加强辅导。

关于教学目标：（1）知识目标：掌握 Stonehenge，place，stone，circle，build，mystery，solve，hope，amazing 等单词，掌握“We'll see lots of stones. How will we get there?”等一般将来时的肯定句和特殊疑问句的用法，熟读课文，理解课文内容；（2）能力目标：培养学生自主互助合作学习的能力，能用英语对著名景点进行描述，能相互询问旅行计划；（3）情感目标：培养学生热爱大自然、勇于探索世界的优秀品质。显然，从目标的设计到陈述还存在着诸多的问题。

教学流程是这样设计的：

1. 激趣热身

（1）Sing a song.

（激发兴趣，将学生带入学英语的氛围中）

（2）T：Who's on duty today?

S1：I am.

S1：Let's do some warming-up：stand up，read books，watch TV...

S1：Boys and girls，ask and answer in pairs：This summer I will go to ________，I'll see ________ . Where will you go this summer? And what will you see?

Ss：I'll go to ________，I'll see ________ .

（热身和问答为复习旧知识做好准备）

2. 视频导课

Watch the videos of Stonehenge.

T：Today，our good friends Lingling and Amy are talking about a very famous place in England. Do you want to go there?

（播放巨石阵视频，拓宽学生知识面，激发学生的求知欲望）

3. 初学单词

（1）Listen and watch the CD-ROM of the text. Try to find the new words. Then learn new words in groups.

（学生自己找单词，小组自学单词体现了自主学习、以学定教的原则）

（2）LT teach and check the new words.

（小老师教读单词和检测学生的掌握情况，学生乐于接受，兴趣盎然）

（3）Then some groups have a show（reading，translation and making up sentences）.

（通过小组展示，教师对学生学习单词的情况有了大致了解）

4. 听读课文

（1）Listen and watch the CD-ROM of the text. Then answer some questions about the text.（①How old is the Stonehenge? ②What will they see there? ③How will they get there?）

（带着问题听课文，锻炼学生的听力）

（2）Read after the CD-ROM. Then learn the text in groups. Try to finish 2 tasks.（①Read the text loudly，fluently and emotionally. ②Know the Chinese meaning of the text）

（小组合作学习课文，能有效实现“一帮一”，避免课堂死角的产生）

（3）Some groups have a show. Other Ss give their opinions.

（实现生生互评）

（4）Read the text in roles.

5. 唱歌休息

Sing a song.（Make up this song with the sentences of this Unit. Try to sing it with the music of *Two tigers*）

（用所学句型编成歌曲，朗朗上口，既巩固了所学句型，又起到了课中休息的目的）

6. 拓展延伸

Make up a dialogue in groups. Try to use the important sentences of this text：What will we see there? /How will we get there?

（将所学句型运用到生活口语中，起到学以致用的目的）

7. 练习反馈

Do exercises about the text. Check the answers in groups.

（对所学知识当堂检测，做到“堂堂清”，教师对教学目标的达成度有了大致了解）

8. 布置作业

（1）Listen and read the text.

（2）Talk about your travel plan in English with your classmates. Try to use the sentences：What will we see there? /How will we get there?

接下来，群组成员共同进行教材分析和集体备课，并对赵楠老师的第一次教学设计进行修改。基于集体备课，赵老师进行了第一次反思。

下面是2011年3月8日赵楠老师写出来的教学反思。

3月初，全体群组成员经过商讨，确立了课例研究主题“小学英语单词课文新授课模式流程研究”和研究课题，之后我进行了第一次教学设计。这次设计是根据我区小学英语“自主互助学习型”课堂模式和我在教学实践中逐步摸索出的适合我校校情、学情的教学模式基础上进行的。

基于个人经验的第一次教学设计完成后，我校的徐佳老师、唐莉平老师和王瑞芹老师分别对其中的部分环节进行了修改。

我的教材分析过于笼统，唐老师对本课的语言功能和重点句型进行了补充和细化。如在知识目标环节，对我笼统要求学生掌握的单词，唐老师提出“听、说、读、写”和“听、说、认读”两种要求，这既对教学目标进行了简化，又进一步明确了教学任务。

徐佳老师建议添加观看英国风光片的环节，这可以让学生对英国的风土人情和建筑特色有所了解。在观看巨石阵视频前，让学生说说自己找到的巨石阵的资料，实现资源共享的同时，可以大大激发学生的学习兴趣和求知欲望。

王瑞芹老师则从拓展延伸和布置作业两方面对教学设计进行了修改。她建议拓展延伸环节，提供超市、公园、动物园、图书馆等不同场景，以利于学生运用句型自由编写对话。布置作业环节添加了“从网上收集更多关于巨石阵的知识，让自己了解更多的英语国家的文化”，这样的作业有更多的自主性和分层性，学生非常乐于接受。

总之，在各位老师的帮助下，通过对第一次教学设计的修改，我学到了很多，受益匪浅，我看到了集体智慧的强大，也认识到了自己的不足。我对教学目标和教学环节进行了修改，将目标主体确定为学生，并细化教学目标的制订和教学环节的设计，让各种学习任务更加明了、更具有可操作性，让学生的活动更有目的性。这是提高课堂教学效率的基本保证。当然，并不是所有的修改意见我全盘接收，对课堂改进效果不大的建议，我也会斟酌删减。

（三）一次授课一次反思

2011年3月10日，赵楠老师基于各位老师的意见以及自己的反思形成了第二次教学设计，并进行了第一次授课，团队教师进行了观课，并形成了专业的观课报告。下面是2011年3月12日第一次授课的实录。

1. 激趣热身

T：Class begins! Boys and girls，let's clap hands and sing a song.

（1）Sing a song：*London Bridge is falling down*.

T：Who's on duty today?

S1：I am.

S1：Let's do some warming-up：stand up，read books，watch TV...

Ask and answer in pairs：This summer I will go to ________ . I'll see ________ . Where will you go this summer? And what will you see?

Ss：I'll go to ________，I'll see ________ .

2. 视频导课

（1）T：Boys and girls，as we all know，the Olimpic Games of 2012 will open in England. Do you want to go to England?

（观看关于英国的一个视频）

（2）T：Today，our good friends Lingling and Amy are talking about a very famous place in England. Do you want to go there?

（观看关于巨石阵的视频）

(3) T：Boys and girls，can you say something about Stonehenge?

（教师挑三名学生起来展示自己收集的巨石阵的资料）

3. 初学单词

(1) T：Boys and girls，I know you reviewed the new words yesterday. I've got some new words for you. Let's learn them，OK?

(2) T：Who wants to be a little teacher?

Two LTs teach and check the new words.

(3) Then some groups have a show（reading，translation and making up sentences）.

4. 学习课文

(1) Listen and watch the CD-ROM of the text. Then answer some questions about the text.（①How old is the Stonehenge? ②What will they see there? ③How will they get there?）

T：OK，Let's read the questions together. Who can answer?

（两名学生回答问题）

(2) Read after the CD-ROM. Then learn the text in groups. Try to finish 2 tasks.（①Read the text loudly，fluently and emotionally. ②Know the Chinese meaning of the text）

(3) Some groups have a show. Other Ss give their opinions.

(4) Read the text in roles.

5. 唱歌休息

Ss clap hands and sing a song.（Make up this song with the sentences of this Unit. Try to sing it with the music of *Two tigers*）

6. 拓展延伸

T：Our May Day is coming. Are you happy?

T：Now let's make up a dialogue in groups. Try to use the important sentences of this text：What will we see there? /How will we get there?

（学生用所学句型编对话，两个小组进行展示）

7. 练习反馈

T：Let's do exercises about the text. Write the answers on your paper.

（学生在导学案上做“轻松小测验”题目，然后老师对答案，学生纠正

错误）

8. 布置作业

(1) Listen and read the text.

(2) Talk about your travel plan in English with your classmates. Try to use the sentences: What will we see there? /How will we get there?

(3) 从网上搜集更多关于巨石阵的资料，让自己了解更多的英语国家的文化。

之后，群组的各位教师分别从“小组合作学习的有效性”“教师活动（评价、提问等）统计”和“学生小组活动（参与面、回答问题次数等）统计”等方面进行了专业的评课。

这是唐莉平老师的观课报告：

学生的有效学习来自于教师的有效引导。赵老师的表情和蔼，师生互动较为和谐。赵老师让孩子们收集关于巨石阵的资料，在课堂上与同学们共同分享，共同了解巨石阵，达到了资源共享的目的。建议赵老师在孩子们分享资料后做一个简单的总结。在这节课的拓展部分，建议让学生结合所收集的资料和所学课文，用简单的英文再谈巨石阵。另外，建议赵老师在讲课时注意语言的亲切、语调的抑扬顿挫。再就是评价的多样化，并不仅仅要让回答问题的学生或者小组，更要让全班学生感受到合作的乐趣和成功的喜悦。

这是王瑞芹老师的观课报告：

赵楠老师设计的课堂小组合作次数较多，在一定程度上流于形式，走入误区。主要表现为：对于任务本身，由于个体因素及其他因素，学生对任务的理解不清晰明了；对于组内成员，由于个体分工模糊，权责不明，导致小组成员的机会不均；对于活动输出，由于实践对象不明，学生对于目标语掌握的反馈难以尽如人意。这使得小组合作学习的课堂为了任务而任务，学生只是做出合作学习和讨论的样子，削弱了合作学习的优势。小组合作学习的操作因此就显得尤为重要。其次，小组合作形式较单一，活动任务比较简单，无效活动较多，且大都是课文朗读，可以适当增加任务的层次性，让学生有所选择。另外，与课文内容关系不大的无效合作，比如单词学习和展示用时太多，可以改为在语境中学习单词，这更符合英语学习的规律和特点。

这是徐佳老师的观课报告：

在这堂英语课中，赵楠老师努力倡导学生积极参与，让学生在学习过程中不仅能建构知识、提高语言能力，而且能通过感知、体验、实践、参与和合作探究等活动方式完成任务和实现目标。教学要面向全体学生，让每个学生成为活动的主体。建议赵老师在教学活动中多采取、措施促进班级中待优学生参与回答问题，多设一些简单的任务给他们。另外，评价多样化一些，以增加待优学生回答问题的积极性。

这是英语分管主任张桂英老师的观课报告：

赵楠老师对许多环节的设计还有待商榷，现简要小结如下：(1) 整节课的容量偏大，教学环节设计得较多，热身——导课——学习新课——练习——拓展，面面俱到，每一个环节都设计了不少内容，一节课只有40分钟，致使时间不够用，学生学习、教师指导都深不下去，学习效果可想而知。(2) 以学生为主体流于形式，教师设计的初衷是利用“小老师”导学，可是“小老师”自己学得还不是很精，怎么导呢？课堂上“小老师”出现尴尬的局面也是情理中的事了。(3) 对学生的常规训练还要加强，整节课学生在回答问题、领读、小组展示等时都缩头缩脑，不够大方。提出的建议是：重新设计课堂的容量。根据学生情况设计两三个环节，重点深化一个环节，让学生切切实实得到训练，学到知识。加强学生训练。特别是要坚持不懈地指导培养“小老师”，指导他们怎么说每一句话，怎么和其他学生互动，这样才能有效提高课堂效果，在公开课时也能展露身手。

2011年3月14日，赵楠老师写成了自己的第一次授课反思报告：

第一次授课没能达到预想的目标，整堂课老师灌得多，学生动得少，自己感觉很沮丧。通过分析老师们的分工观课报告和孙宝玲老师的点评，我认识到了自己的不足，重新理清了授课思路，及时进行了第一次授课反思，并将课型各流程做了相应的修改，增加了学生展示的环节，加强了对“小老师”导学的培训，让学生各方面的能力都能得到发展。力求教师的评价语言更多样化，语言更多激情，这样，课堂效果可能会更好。

教学过程中，首先，值日班长带领学生做热身 Say and do，进行 Free talk，复习以前学过的句型“I'll…”，让同伴进行问答练习，谈论自己的周末计划。这既锻炼了学生的口语，又复习了旧知，为学习本课做好了准备。此处所用时间较多。孙宝玲老师和其他老师建议去掉与本课无关的热身 Say and do，后面拍手唱英文歌 *London bridge is falling down*，以起到激趣热身和进入英语氛围的目的。另外，前面的同伴问答练习可以改为 Free talk 的形式，让学生自己说出周末计划，这样课堂环节看起来不会太满。我觉得各位老师的建议非常好，热身环节不能占用课堂太多的时间，要不整节课会显得头重脚轻。

接着，我说要带领学生去英国一个非常著名的地方——巨石阵，播放巨石阵视频的同时，让学生自己说说收集到的关于巨石阵的资料，这样学生能够对本课的文化背景有个大致了解。但很多学生没有对自己收集的材料进行整理、归纳，占用时间较多，其他学生也没得到较好的共享。另外，孙老师建议增加一个导课环节，使课堂显得更自然，也使学生兴趣更浓厚。

学生在课前已经预习了本课的生词，并写在了导学案上。接下来我出示本课生词，找小老师导学、领读本课生词，并进行轻松小检测。关于导学的方式方法，我在学期初就已对“小老师”做过培训，大部分学生都乐于并且能够到黑板前来当小老师。但是，因为本课生词较多较难读，“小老师”显得不够自信，没有达到预期的课堂效果，看来对“小老师”的导学培训还需下更多功夫。如果像本课这样单词过多过难，还需要教师进行一遍单词领学，这样学生才能更好地掌握单词读音。王端芹老师认为单词学习和展示比较浪费时间，可以改为在语境中学习单词，这更符合英语学习的规律和特点。接下来我带领学生做了一个“单词快闪”游戏，学生注意力集中，巩固单词的同时又活跃了课堂气氛。

在学习课文的环节，首先让学生带着问题听录音并回答问题，然后给出三个小组任务，让小组成员共同完成。教师在课堂中巡视，随时为学生解疑答惑。这里采用的任务教学法是小学英语教学近年来兴起的高效而实用的教学方法之一，能够让学生在完成任务的同时将所学知识学以致用，并培养学生合作学习的能力和积极参与的责任感。在此阶段，学生参与性高并积极展示，享受到了成功的喜悦。“小老师”主持展示并让学生自己评价和加分，体现了新课程所倡导的评价的多样化。但孙老师指出，此环节学生展示形式较单一，可以在课下制订一个规范，确定各个小组展示的形式要不同，这样课堂会显得更加灵活多样。

接着，我用本课重点句型编了一首朗朗上口的歌曲，用“两只老虎”的曲调唱出来，既使学生的大脑得到了放松，又巩固了本课的重点句型，课堂效果较好。

在本课的拓展运用环节，我又给出小组任务，让各小组用本课的重点句型编一个对话，谈论“五一”假期的出行计划。这既锻炼了学生的口语，又让学生养成了乐于交际、团结协作的精神。群组老师建议我再加入巨石阵的图片，让学生在本环节再次回顾课文知识，起到一个总结提升的作用。

最后，让学生做导学案中的“轻松小测验”，我与学生一起对答案，进行反馈纠正。我对教学目标的达成度也有了初步的估算。

布置作业时，我尽量布置开放性分层次作业，以适合不同学习程度的学生。

后面两轮的打磨也是按照上述步骤进行的。先是通过反思和再次备课形成教学设计的第三稿（基于专家指导的改进设计）和第四稿（个性教学改进设计），然后进行授课并形成课堂教学实录。各位群组老师分别从不同角度和方面进行专业观课和评课，形成观课报告。赵楠老师也通过再次反思，发现优点，弥补不足，使课堂进一步优化，使学生的各种学科能力得到充分发展。简单说来，就是学习、设计、教学、反思——再学习、再设计、再教学、再反思——继续学习、继续设计、继续教学、继续反思，在此过程中不断总结、提炼、升华。

这个打磨过程不是循环反复的，而是循环上升的。它是通过分析整合，将他人的经验吸收为自己经验的过程，是将外部教育理论与学科知识内化为自己的教育知识的过程，是教师把对教育、教学的深入思考自觉地转化为课堂上的教育实践智慧的过程。整个打磨过程虽然艰辛，但赵楠老师逐渐享受到了“被打磨”的快乐，感受着被别人帮助的幸福。当一节好课趋于成熟之时，那种“苦尽甘来”的成就感真的无法用语言来形容。

（四）成长在一次次反思中

这是赵楠老师2011年3月20日第二次授课后的反思报告：

通过仔细研究群组成员的第一次观课报告和专家意见，我对自己的教学设计做了相应修改并进行了第二次授课。

反思一：授课环节应简练、细化而有成效。

首先我对第一次教学设计中的一些无效或低效环节进行了删减，确保了每个环节的高质高效。如将热身环节中的同伴问答改为了 Free talk，以自由谈论的形式说出周末计划，既进行了口语热身，又复习了以前的句型，这样热身环节也不会占用太多时间，要不整节课会显得头重脚轻。

在导课环节，我删去了看英国风光片的环节，改为用 2012 年的奥运会在英国召开引出英国的图片，让学生说出自己知道的英国著名景点和名胜古迹，这样既拓宽了学生的知识面，又很自然地引出了巨石阵这一景点。

在学生分享资料的环节，因为提前告诉学生要对资料进行归纳总结，并用自己的话说出来，所以学生这次没有长篇大论，而是用最简练的语言说出了最有价值的东西。

教授单词时，用学生自己板书单词替代了我用课件给出单词，这更有针对性，体现了自主预习和以学定教的教学原则。因为在看巨石阵图片时，对一些单词已进行了全班领读，所以“小老师”在导学巩固时表现得更加自信，这也归功于课下对“小老师”的培训更加到位。学完单词后，我觉得一定要加入一个单词游戏环节，既调节课堂气氛，又巩固所学单词。

初学课文环节，学生参与性高并积极展示，享受到了成功的喜悦。“小老师”主持展示并让学生自己评价和加分，体现了新课程所倡导的评价的多样化。学生的展示形式由以前单一的齐读课文变得更加灵活多样。

在小测验后，我感觉应该加入一个情感升华的环节，呼吁学生要有探索世界奥秘的信心和决心，这也可以解决英语教学中难以进行情感价值观教育的难题。

反思二：教师更亲切，学生更自信，课堂才会更高效。

群组成员说，这节课我的语言比以前更有感染力，神态、语气更富有激情，评价语言也更多样化，我不再是课堂教学的旁观者，而是引领者、指导者。这一点我也深有体会，“自主互助学习型”课堂模式虽然强调学生是课堂的主体，倡导自主合作学习，但也不能忽视教师的点拨指导、答疑解惑。小老师这节课看起来训练有素，学生也变得自信、有激情。

反思三：小组合作不能为了合作而合作，任务要为了达成教学目标而设计，要有深度，有实效。

王瑞芹老师说我这节课的小组活动情况明显改善。小组活动任务有了一定难度，更加贴近现实生活，活动目标更加广泛，小组合作形式多样化，有利于培养学生的创造性思维。没有无效的课堂讨论。

但是，这节课仍存在诸多不足之处。这次课例打磨的主题是教学流程的研究，我总是想把各个环节都融入课堂，使学生的各种能力都得到发展，如通过学习单词课文培养学生的自主合作学习能力和阅读能力，通过拓展环节联系生活实际，培养学生的口语交际能力和在实际生活中运用英语的能力等。这样课堂就显得特别满，给人的感觉是每一个环节都没有深入进去，学生的活动也不够充分。接下来，我们会继续研究其他课型的模式流程，看能否把这节课的一些环节迁入其他课型中，以使学生各方面的能力都得到发展。

下面是赵楠老师2011年3月26日第三次授课后，经专业观课、专业评课，特别是在团队成员进行了同课异构、异课同构后的反思报告。

经过两次授课、评课和反思，这节课基本的教学流程已经形成。其他老师异课同构的教学设计和教学反思，说明这种教学流程设计还比较实用，几乎适合所有内容的英语单词课文新授课。

但是，在各环节具体的时间安排、学生各方面的能力是否在上课过程中得到了发展方面，我们还没有一个明确的认识。所以，第三次授课我和群组成员着重观察学生是否对所学内容有浓厚的兴趣，是否有不参与课堂活动的学生，学生的各种能力能否在老师的授课中得到发展。

群组老师认为，这节课各环节衔接自然，学生参与性高，基本上没有课堂死角。但是因为本课单词较多较难读，个别学生学习时有些困难，所以课后的老师辅导和组员互助还是很重要的。

评价语言的多样性也得到了老师们的肯定。如 Wonderful! Great! You're so active! You did a very good job! 等等，极大地鼓舞了学生的自信心和表现欲望。在今后的教学中，我会不断提高各方面的素质，既对自己负责，也对学生负责。

另外，从学生的能力发展来看，每个环节学生都能积极参与，各种能力均得到了不同程度的发展。比如在 Free talk 和学生编对话环节，学生锻炼了口语交际能力，在小组共同完成学课文任务的过程中，学生学会了自主学习和合作学习，英语阅读能力也得到了提高，小老师导学则使优等生的口语更棒，也更加自信。

所以，这些环节看似是教学过程的设计，实际上是将学生的能力发展摆在首位。这样的打磨，既提高了课堂效率，又使学生的能力得到了发展，一举两得。

几个月来的课例打磨活动即将结束，那种忙碌过后轻松愉悦的感觉真的无法用语言形容。磨课过程中收获的不仅是课堂环节的渐趋完美，还有群组老师们积极参与、倾囊相助的友谊与感动。谢谢你们的付出，希望你们也能从这次的课例打磨活动中有所收获。

经过这三次打磨，最终形成了较为完善的教学设计，我们的研究主题最终确立了以下流程：课前交流，预习新知——激趣热身，导入新课——初学单词，强化巩固——听读课文，整体感知——句型串编，课中小憩——拓展延伸，实际运用——练习反馈，自我检测——情感升华，总结深化——布置作业，课后延伸。可以根据课文内容和教学时间对这些环节做相应的删减，同时应注意课堂设计的艺术性，可以适当增加一些游戏环节，以提高学生学英语的兴趣。

总之，几个月来的课例打磨活动，使我们对课例打磨这一新理念的认识逐渐清晰，也使我们一步步告别课文内容分析，走向课程内容学习，更使我们一步步走向学生，走向真正的英语，走向充满生命活力的课堂。在这个过程中，我见证了研究主题的完善，也亲历了自己的成长。最后一次上课，我们找到了“东船西舫悄无言，唯见江心秋月白”的感觉。群组成员聚到一起，在网上观课发帖，大家都激动不已。王瑞芹老师在回帖中写道：“学生在课堂上就像在蓝天中飞翔的鸟儿，充满了生机和活力，师生都体验到一种生命共振的幸福。”其实，我们每一位群组老师都体验到了一种生命成长的幸福！

通过这次课例打磨活动，我认识到课例研究的目的是使教师在课堂教学实践中不断完善、提高自己的教育教学能力，提高课堂时效性，使学生最终受益。再好的课堂教学也会有遗憾，教师只有不断发现自己在课堂上的不足、问题，并反思、研究和改进，才能使问题越来越少，课堂效果越来越好。具体来说，课例打磨活动的作用有：一是可以发现课堂教学中存在的问题，剖析这些问题的原因，提高解决问题与研究课堂的能力；二是可以就关键教学事件展开教学研讨，分析教学行为所体现的教育教学理念，提高处理人际关系与沟通表达的能力；三是可以就教学问题研究、制订整改措施，改进教学策略、方法和组织形式，提高创新思维与完善实践的能力；四是通过观课、议课，既反思教学预设与实际教学的差距，又可以取他人之长补自己之短，提高判断反思与不断学习的能力。

我们可以形象地把磨课称为“琢玉”——琢课堂设计自然之美，琢课堂教学细节之美，琢师生活动灵巧之美。磨课是教师集体反思的过程，是教师集体成长的过程，也是每一个教师破茧成蝶的过程。它是痛苦的，但痛苦的历程会促进教师专业的发展和能力的提升。集体磨课能让成熟的教育智慧集体共享，能让每位教师从教学风格、专业积淀、个性气质出发往前走，磨课最终磨的是个性，是特色，是自我。

课例研修带给我太多太多珍贵的第一次，远不是我这一篇浅白的文字所能承载的。感谢课例打磨，让我慢慢具有了一些研究型教师的专业素养：悉心观察，善于学习，勇于实践，勤于反思。过程尽管结束，但对我的专业成长来说，这次课例打磨却催生了一个专业研究的灿烂春天。尽管现在做起来在时间和精力方面要付出的多一些，但长远来看，正是这样的打磨，才可以让我们在教师专业化发展的路上越走越远，越走越宽。这里，将明代思想家李贽的一句名言送与大家共勉：“动人以言者，其感不深；动人以行者，其应必速。”让我们不再做理论的聆听者，而成为教育的实践者，真正走进课例研究，让我们的课堂教学在不断的打磨中散发迷人的光彩，我们自己也实现破茧成蝶般的蜕变与成长。

就在这样的专业历练中，赵楠老师迅速成长起来，在全国、全省的教学舞台上展示着自己的教育思想和实践智慧，成为小学英语团队中的一名后起之秀。

三、学习共同体是这样合作的①

参加李秀伟工作室以来，我一直认真地跟着李老师学做课堂教学研究。2011 年，李老师提出了校本研究的新方式——四次设计三次打磨、四轮课例

---

① 案例由山东省潍坊市育华学校的姜美玲老师主笔，团队成员包括潍坊市奎文区教研室的于宏老师，潍坊市育华学校的关洪钢老师等。

打磨。这种新的校本研究模式，仅靠一个人单打独斗是无法完成的，而需要一个团队的精心协作、共同合作。

（一）组建团队

在李秀伟老师这种校本研究新思想的指导下，考虑到学科与教师教学的特点，课例研修主持人、初二语文备课组的三位教师和学校业务校长关洪钢、奎文区教研室语文教研员刘磊、区科研中心的于宏等专家，组成了一个研究团队。团队的成员有来自教学一线的，也有常年从事教学研究指导的，这样既有实践基础，更有高层次的理论指导。团队认真实践，利用各种机会，多次进行基于课程标准教学研究的课例打磨。2011 年，我们在 4 月份对我执教的《云南的歌会》、5 月份对王宗芹老师执教的《春酒》、6 月份对丁茜老师执教的《端午的鸭蛋》进行了课例打磨。在这个过程中，我们逐渐理清了课例打磨的基本流程，对课例打磨的指导也有了新的认识。课例打磨不仅仅磨出了一节节好课，更主要的是，我们的教学理念在磨课中得到蜕变，得到提升。在改进自己教学的同时，我们也逐渐出总结出了科学设计和实施初中语文课程的有效策略，形成了自己的教学思想。

李老师指导我们进行的新的校本研究形式，讲究的是团队的合作，达成的不是一个人的进步，而是一个团队的共同提高与进步。仅 2011 年上半年，我们这个团队中，我在潍坊市首届课堂大赛中获得一等奖，丁茜老师获奎文区优质课二等奖，王宗芹老师在奎文区“双整谐动”展示课中获得二等奖。成绩的取得，是李老师、研究团队和区教研室指导专家共同努力的结果。下面我就以对《云南的歌会》一文的打磨为例，说一下我们团队是如何进行合作研究的。

（二）选择主题

2011 年 4 月，我被选中代表奎文区参加潍坊市组织的首届课堂大赛活动。这次大赛不仅评出个人奖，更重要的是个人成绩要和其他两名选手的成绩累计起来，算出奎文区的总成绩。换句话说，比赛不是个人的事情，而是代表奎文区与其他各区比赛，因此我的压力相当大。

抽到课题《云南的歌会》后，研究团队开始研究教材，准备教学设计。

在时间紧、任务重的情况下，我们采用了李老师主张的四次课例打磨的研究方式。为了能从众多选手中脱颖而出，我们的课必须要有自己的特色，必须找到一个创新点，这个创新点就是我们这次研究的主题。

最初，我们依照以前的习惯，把品味文章语言作为创新点。但在讨论教学设计的过程中，我们发现，品味语言确实能体现出语文学科的特点，有了语文的味道，但是课堂上只品味语言，似乎显得有点单薄，有点零散，缺少一个支撑的框架，缺少系统性和内在的逻辑性，让人觉得文章没有读深读透，没有把作者想表达的东西挖掘出来。经过团队成员的碰撞研讨，我们一致决定把这次课的创新点放在文章内涵的挖掘上。因此，我们研究的主题就确定为“在文本解读中如何挖掘文章的思想内涵”。

（三）三次教学设计的思想蜕变

在明确研究主题之后，研究团队围绕主题，在不同的教学思想的指导下，进行了三次不同的教学设计和授课。为了保证授课效果，我一直作为执教教师，团队的其他成员则在课前进行分工，带着不同的观课视角走进课堂，跟进听课。授课结束后，每位成员都从自己的视角进行科学评课，并提出自己的合理化建议。我的每次设计都是在积极听取团队成员建议的基础上进行改动的。每次教学设计的改动，都体现着整个团队的智慧，彰显着团队成员教学思想的不断蜕变与成熟。

1. 第一次设计的指导思想

（1）内涵定位。《云南的歌会》一文在八年级下册第四单元。第四单元主要是介绍各种民俗风情的。考虑到编者的设计意图和单元主题的需要，我把文章的内涵定位在让学生了解云南的民俗风情，因此这篇文章的教学目标为：①分析本文结构，理解散文特点；②了解云南少数民族的歌会习俗。

（2）教学设计。为了完成教学目标，我设计了整体感知、段落研读、语言评析等环节。首先，我从听西南地区的民歌导入，让学生对西南地区有一种直观而形象的认识。第二步是在引导学生完成整体感知、处理生字词的基础上，设计“文章主要描写了哪三种歌会形式？各有什么特点?”这一问题，引导学生在读文章的过程中理清作者的写作思路，即作者分三种形式介绍了云南的歌会。同时，明白作者对三种歌会的介绍是各有侧重的，突出了三种歌会的不同特点，即：“山野对歌”的比赛是年轻人比才智、互相交流的一种方式，场面非常活泼，而且作者用工笔刻画的手法描写了对山歌的妇女的年轻漂亮的形象；“山路漫歌”描绘了在风景秀丽的山路上，赶马女孩子悠闲自在的歌唱，突出了一种自由自在的氛围；“山寨传歌”则突出了传歌场面的宏大、参加人数的多，是老一代把山歌传递下去的一种方式。通过分析三种歌会的特点，学生应该可以比较全面地认识云南的歌会，从而了解云南的民俗风情。最后布置的作业是让学生搜集一些民歌，并有针对性地分类，加深对民歌的了解。

基于以上思考，我设计了第一个教案。

《云南的歌会》教案（一）

执教人：姜美玲

教学目标：

1. 识记并理解、积累文中的生字生词。
2. 分析本文结构，理解散文特点。
3. 了解云南少数民族的歌会习俗。

教学过程：

1. 作者简介
2. 整体感知

（1）读课文，给生字注音。

（2）速读全文，并用一句话说说你对云南歌会的印象。（提示：可以从歌唱的人、地点、内容、环境气氛等方面进行比较）

（3）你认为作者为什么会对云南的歌会感兴趣？

3. 研读文章

文章主要描写了哪三种歌会形式？各有什么特点？

4. 语言品析

请同学们跳读课文，说说最喜欢哪一种歌会形式，并根据文中的具体词语或语句说出你喜欢的理由。

5. 课堂小结
6. 作业

课外收集一些民歌、民谣，分小组进行交流，看看哪些属于“见景生情，即物起兴”，哪些属于“用提问题方法，等待对方答解”，哪些属于“唱其他故事，贯穿古今，引经据典”。有兴趣的同学可以选择一两首学着唱一唱。

教学反思：

优点：教学设计能够实现教学目标。为了让学生了解云南的民俗风情，设计的主问题“三种歌会的形式各有什么特点”能够很好地引导学生梳理文章内容，区分三种歌会形式的不同。在辨析的过程中，学生能够从字里行间读出云南的民俗，开阔学生的视野。

不足：对文章的内涵挖掘得不够深刻。在给文章内涵定位的时候，我主要考虑了单元主题的需要和编者的意图，没有考虑到学生的认知水平和作者的写作意图，手中掌握的资料太少，所以定位过于肤浅。课堂上虽然比较热闹，学生能够依照要求找到三种歌会的特点，但一堂课下来，似乎缺少了一点语文的味道，引导学生感悟品味文章语言的机会少，时间也不足，因此，对文章内涵的挖掘也就停留在表面上。

丁茜老师的观课报告：

姜老师侧重研究的主题是了解云南的民俗风情。我观课的角度是课堂教学设计的有效性。

课堂设计：我带着明确的目标走进了姜老师的课堂。姜老师为了达成了解云南民俗风情的目标，在整体感知环节采用了速读全文的方法，让学生用一句话说说对云南歌会的印象，并提示学生可以从歌唱的人、地点、内容、环境气氛等方面进行比较。

学生表现：此环节学生表现得较为踊跃，因为姜老师的提示明确，学生能够迅速把握歌会的内容及自己对歌会的印象。

课堂设计：“文章主要描写了哪三种歌会形式？有什么特点？”定格云南的三种歌会，这样可以让学生对歌会了解得更深入，更细致。

学生表现：这是考察学生的概括能力，以及让他们对云南风俗有更深一层的了解。学生对山野对歌把握得到位，但在概括后两种时不够凝练，姜老师适时点拨，让学生总结出了歌会的地点、角色，自然引出歌会的特点。

课堂设计：姜老师借势进行语言赏析，重点把握两段人物描写在写法上的不同，并对呈贡进城时的景色描写进行赏析。

学生表现：学生积极发言，回答到位，对一些看似平常的语句，学生能平中见奇，得到自己独特的理解，可见其投入程度，如抓住“坐”品小鸟的姿态悠闲、一本正经，抓住“歌库”品老吹鼓手的存歌量之大等，这些都十分精彩。

建议：教师课堂处理自然，让学生了解云南的民俗风情这个目标基本可以达成。但整体感觉层次感不是很强，有待于进一步挖掘内涵。

王宗芹老师的观课报告：

我观课的角度是教学环节的设计和文本内涵的挖掘。

这节课紧扣单元主题。《云南的歌会》选自第四单元，本单元都是围绕民俗主题编排的，所以了解云南歌会的民俗风情是本次设计的重点。教师在导入环节通过播放两首民歌，让学生初步了解我国传统文化中丰富多彩的民歌，为以下的授课奠定了基调。然后从歌唱者、地点、内容、环境气氛等方面与我们平时听的演唱会进行比较，让学生了解云南歌会的特点，再仔细研读三种形式的歌会，揣摩文本的写作特点，最后赏析文本优美而又蕴含丰富的语言。通过以上环节让学生对云南歌会的风情有了全面和较为深刻的认识。教学目标达成度高。

文本内涵挖掘不深是教学设计的一点不足。从基础知识中的字词、作者介绍到云南歌会的形式和文本的写作特点，本节课无一不有，这也导致教学设计缺乏深度。我们在欣赏一篇文章的时候既要通过语言深入挖掘文章的内涵，又要通过语言深入体会其携带的情感。沈从文的散文既朴实、清新、自然，又意蕴深厚，如果在授课时只是局限于内容上的民风和形式上的写作特点，显然没有触及文本的内核。

高爱臻老师的观课报告：

教材上指出本单元的学习重点有两个：(1) 关注民俗，了解民生和民间文化；(2) 体会多种表达方式综合运用产生的艺术效果。

本堂课对第一个目标完成得很好，但用时较多，导致完成第二个目标时时间太短，很仓促，教师只匆匆完成了自己设计的几个题目，没有给学生充足的赏析思考的时间，没有让学生自由发挥，挖出其他好词佳句和写作技巧。

其实，学生利用预习基本能够了解文中展现的三种歌会形式，课堂中，教师可以适当缩短这一环节的用时，把时间留给目标二。

文中的对歌描写、个人描写、场面描写分别从不同的角度，用不同的技巧、不同的词语来进行，讲课时应有所侧重，让学生找出自己喜爱的语句或精彩的片段来引导学生赏析品味，从而让他们了解西南少数民族浓郁的民间文化气息。

2. 第二次设计的指导思想

（1）广泛搜寻资料，加深对文本的理解

在第一次教学设计的基础上，考虑到团队成员的指导意见，我又利用网络搜寻了很多成功的教学设计，认真学习研究。印象比较深刻有温州实验中学的杨聪老师的设计和江苏省语文优质课竞赛一等奖获得者吕莉的教学设计。杨聪老师侧重从挖掘的“有意思”和“没意思”两个角度来设计，引导学生深刻感受作者对文中“活生生的”“鲜活的”“充满活力”的生命状态的描绘；吕老师则从沈从文到云南去有哪些发现的角度，引导学生挖掘“云南人民每天都生活在美妙的歌声中，发现了这块美丽的土地上每一个生命都是那样的鲜活”。两位老师都不约而同地的把文章的内涵定位到云南大地上鲜活的生命。

（2）从作者写作意图的角度重新定位内涵

在研究别人教案的基础上，我认真阅读了沈从文的《记忆中的云南跑马节》。我认为作者写《云南的歌会》，一方面是为了让更多的人了解云南的民俗风情，另一方面，字里行间更渗透出作者的一种渴望。在当时，作者有很多话想说不敢说，很多事想做不敢做，只好去研究历史，去研究那些不会说话的物品。他当时的心境是何等的压抑！当他到云南去看跑马节，研究马背上花纹的演变历史时，一下子发现了云南歌会的活泼、热闹，发现云南这块远离尘世的闭塞的土地，依旧保留着那种比较原始的生活方式、民俗风情。那里的风景优美，人们安居乐业，生活得有滋有味，让作者处处感受到生活的美好，感受到云南人生命的活力。这种自由自在的生活正是作者内心最深处的渴望，作者没有办法直接表达出来，就只能渗透到自己的文字里。

作为老师应该挖掘出这更深层次的内涵，引导学生读懂作者的写作意图，架起与作者心灵对话的桥梁，去读懂作者的心。

基于以上的思考，我重新定位了文章内涵：歌颂云南人原始的生命活力。这就有了第二次教学设计。

《云南的歌会》教学设计（二）

执教人：姜美玲

教学目标：

1. 记住文章出现的生字词。

2. 理清文章结构。

3. 在品味文章语言的基础上理解云南人生命的活力。

教学过程：

1. 整体感知

（1）阅读文章，给生字词注音、解释。

（2）速读全文，并用一句话说说云南歌会的三种歌唱形式。

2. 研读文章

导语：在描绘云南歌会的过程中，作者刻画了很多人物，你比较喜欢哪一个？为什么？从书中找找理由。

3. 挖掘主旨

作者在《记忆中的云南的跑马节》一文中说道："从马背上研究老问题，不免近于卖呆，远不如从活人中听听生命的颂歌为有意思了。"那么，作者讴歌了哪些生命形态呢？请大家再次静静地默读课文，说说"这是__________的生命"，可以填文中的词语，也可自己概括，可以是一两个字，也可以是几个字。

4. 布置作业

阅读沈从文的《记忆中的云南的跑马节》。

教学反思：

第二次教学设计的思路比第一次更加清晰，目的性加强了。为了很好地体现文章的内涵，我在教学重点的设计方面做了大的改动。第一次设计的目标是让学生了解云南的民俗风情，所以教学设计的中心是分析三种歌会的形式，从而认清它们的不同特点，设计的主问题是"三种歌会的形式及特点"。第二次教学设计侧重于挖掘云南人那种原生态的生命状态，所以在处理过程中，就淡化了三种歌会的形式及不同特点，主要引导学生分析文中出现的各种人物，在此基础上认识他们身上体现出的那种生命的活力。

学生曾经在地理、历史等学科中接触过有关云南的资料，再加上电视等媒体，学生对云南的山歌应该不是很陌生。所以，他们很容易就能够理清文章的写作思路。之后，让他们在仔细阅读文本的基础上品味文章的语言，找到自己喜欢的人物。在小组交流和全班交流的过程中，教师通过引导点拨，很容易就让学生认识到云南人身上体现出来的生命活力。此时出示作者的生活背景，学生就可以理解作者写作此文时的心境，领悟到作者对这种生命状态的渴望与向往。

这次设计比第一次深刻了许多，主要得益于自己对众多相关资料的掌握，得益于于宏老师高屋建瓴的指导。是别人的思路给了我启示，让我开始去深入地思考应该从哪些角度考虑对一篇文章的内涵的解读，怎样寻找到自己的个性化的解读。我还在思索着、阅读着。

奎文区教研室于宏老师的观课报告：

在课堂上欣喜地看到执教教师已具有了课程意识。教师的教学走出了浅层次的就文本解读文本的桎梏，能从“语文是人类文化的重要组成部分”的角度展开教学，注重语文教学中工具性与人文性的统一，在解读文本时重视引领学生对文中精神文化内涵的探索。下面从教学设计和实施方面审视教师对课程的理解。

首先，从课程目标的确定上看，教师将本课的教学目标定位在“记住文章出现的生字词；理清文章结构；在品味文章语言的基础上理解云南人生命的活力”三个层次，指向课程标准中的“在通读课文的基础上，理清思路，理解主要内容，体味和推敲重要词句在语言环境中的意义和作用”，以及“欣赏文学作品，能有自己的情感体验，初步领悟作品的内涵，从中获得对自然、社会、人生的有益启示。对作品的思想感情倾向，能联系文化背景作出自己的评价；对作品中感人的情境和形象，能说出自己的体验；品味作品中富于表现力的语言”。但在课堂教学实践中，仅靠课堂上的注音和说出解释并不能说明“记住文章出现的生字词”，此目标的设定流于形式，且课堂上浅层次的记忆再现式应答挤占了学生与文本进行深层对话的时间，冲淡了核心课程目标的教学。建议对课堂教学目标进行调整，将其定位在阅读目标上，使课堂教学更有效地服务于学生对文本内容的把握和对精神内涵的探索。另外，还需进一步思考教学目标的内容和学习程度要求，并在目标叙写时仔细推敲，做到定位准，指向明。

从课程内容选择和教学实施上看，姜老师基于自身对文本的研读和对其他课程资源的搜集，将阅读教学分成三个层次：基于对课文的默读，引导学生整体感知文章的结构，初步概括文章内容；基于自主的对喜欢文段的研读，引导学生个性化地品味作者表现人物的写作手法；用“这是________的生命”，引导学生挖掘文本的精神内涵，升华主题。在课程资源的选用上，教师引导学生关注文本的同时，还能引入作者的背景资料辅助学生深层次体会文章内涵，有整合课程资源的意识。在课程实施上，教师能以主问题引导学生自主解读文本，在个性化解读的分享交流对话中引领学生认识的提升和情感的共鸣。这样的设计基本符合学生语文学习的认知规律，既引导学生正确把握了教学内容的价值取向，又尊重了学生在学习过程中的独特体验，符合“在语文实践中培养学生语文实践能力”的理念，有助于学生语文素养的提升。

需要提醒的是，在课程设计上，教师还应注重对引导语和主问题的设计，以求迅速吸引学生，激发他们的探究愿望，让他们迅速捕捉文本中有价值的信息，用恰当的方式表达自己的认识和感受；注重对学生的可能认识的预测并做好引导和应答的准备，有准备地基于学生的认识促进他们与文本、与作者对话；丰富课程资源，更好地支持学生感受文本中的表现方法和深化主题。在教学实施过程中，教师应注意对组织学生交流展示的策略的思考和探索，促进学生间的对话，做好对学生展示的点拨和激发，使交流的过程中能产生更深刻的认识碰撞。

丁茜老师的观课报告：

经过认真的思考，姜老师对《云南的歌会》的教学目标又进行了重新定位——赞美云南人生命的活力。

环节设计：本次姜老师采用了一般式板块设计。为了让学生挖掘“云南人民每天都生活在美妙的歌声中，发现了这块美丽的土地上每一个生命都是那样的鲜活”，姜老师直接把问题定格在“在描绘云南歌会的过程中，作者刻画出了很多人，你比较喜欢哪一个？为什么？从书中找找理由”，引导学生自主探究，合作交流，教师适当进行精讲点拨，逐渐把学生的思路引向深入，让他们对文章的理解由浅层次的“赏歌会”到深层次的“探内涵”，从而真正明白了文字背后沈从文的思想感情。为了达成“理解云南人生命的活力”这个目标，姜老师采用了“这是________的生命”这一填空的方式，让学生感受云南人对生活的热爱。

学生表现：随着环节的层层递进，学生的表现也是逐层提升。课堂上充满灵动，学生对语言的赏析就像云南的会歌一样纯朴、自然、富有灵性。如赏析“年轻妇女”时，学生如此作答：“年轻妇女胜利结束，从荆条丛中站起身子，理理发，拍拍绣花围裙上的灰土，向大家笑笑，显得轻松快乐，拉着同行女伴，走过江米酒担子边解口渴去了。她虽然歌技超群，洋洋得意，但她委婉，内敛，她具有东方女性的含蓄美。”学生的回答令人赞叹不已。

姜老师在“探内涵”这一环节设计了一个主问题，在教读课文的过程中，她提出了“这是________的生命”这样一个问题，使学生不得不从思想上将自己置身于文章所描绘的场景中。这个开放性的题目可易可难，可多答可少答，每个学生都会有话说。但学生的回答较为简单，过于表面化，可能是因为在探索生命这一环节上的用时有点少、渲染不够多。

建议：教师在探索生命的环节上用时再多一些，语言的铺垫再丰富一些，尽可能调动学生的情感体验，用文本中的文字以及学生的多次品读来带动气氛。

王宗芹老师的观课报告：

在设计环节的合理性和文本内涵的挖掘方面，这次的教学设计显然比上一次出色。

首先，姜老师的教学设计是板块式的，讲究环节的层次清晰和文本赏析的步步递进，需要在深入研究文本、把握教学大纲的基础上才能使设计既不偏离文本又符合学情。本节课分为走进云南看歌会、走进歌会赏魅力、走出歌会探内涵三个板块，师生既探寻了云南歌会的多彩形式，欣赏了云南歌会的魅力，又感受了云南歌会所蕴藏的云南人的那种活泼泼的自由自在、热爱生活的生命形态。教师脱离了只是从文本本身解读文本的窠臼，而是从作者这个角度比较深入地挖掘了文本背后的“生命”主题。

其次，对文本内涵的挖掘更加深入，紧扣生命主题。无论是小说还是散文，沈从文的作品都倡导一种自在、自由的生命形态。就《云南的歌会》的写作背景来说，作者在其中歌颂的生命形态应该比解放以前的作品更加与众不同。桎梏的环境更体现出作者对自由生命形态的向往。所以生命主题不但是沈从文作品一以贯之的主题，更是在特殊的政治环境下写就的这篇作品的更深刻的主题。本节课通过品读语言，让学生感受到了云南的人美、景美、情更美。这些美无一不是作者对云南歌会所体现的自由活泼的生命形式的赞美。

高爱臻老师的观课报告：

我感觉本堂课比上堂课在授课内容上舒展了，时间上从容了。

更可贵的是姜老师在指导学生赏析语言的同时，挖掘了生命这一深意，引导学生领悟到了生命的快乐、生活的乐趣。这是西南人民对生活的热爱，对自由快乐的向往，更体现了沈从文对生命的态度，对生活的热情。由此顺势链接作者资料，思路拓宽了，主题深化了，学生的积极性也高了，课堂气氛活跃了许多。是比较成功的一课。

建议：给学生充分的思考和交流的时间。尤其是挖掘“自由的生命”这一主题时，需要教师的引导，更需要学生的自主思考和相互讨论。这样更能激发学生的积极性，活跃学生的思维。

3. 第三次设计的指导思想

第二次教学设计之后，在学科教研员刘磊老师的指导下，我开始试着从一定的理论高度解读《云南的歌会》，试着提炼出解读文章思想内涵的具体思路。我努力寻找相关的资料来支撑自己的想法。

于是，我读到了《教师课程实施能力的研究》一文，里面提到，课程分为国家课程、地方课程、学校课程和教师课程。前面三类课程我很早就知道，“教师课程”让我眼前一亮。对，就是教师课程，每个人都应该有自己的课程。面对同样一篇文章，每位教师因为自己的经历、解读文本的能力、掌握的资料不同，会出现许多不同的教学设计，而每一种教学设计，都是教师的个性化的课程，因此才出现了“教师即课程”的说法。有了此种认识，我又一次深入地阅读文本，查阅相关的资料，想形成自己对文本的个性化理解。

后来我读到了西安工业大学人文学院张琼老师的《〈云南的歌会〉生态意蕴解读》一文，读到了《语文教学研究》中的一个教案，读到了邹平县明集中学的李波老师的教学设计。在阅读了很多资料后，我有了自己的解读：文章主要是通过云南歌会这种民俗形式来描绘云南丰富的文化内涵。每一种民俗的形成，都是当地地理环境、文化积淀的结果。歌会之所以出现在云南，是与云南特殊的地域环境、长期的文化积淀分不开的。教师要引导学生在了解民俗的基础上，发现民俗背后丰富的文化背景，在这种文化背景下，理解云南人的生命状态，应该会更全面，更深刻，更真实。

我的第三次教学设计，就是引导学生以读者、欣赏者、探究者三种身份，一步一步地探究云南歌会背后的文化内涵。在这种思路的引导下，学生对文本的理解就会更加深刻，更主要的是，通过学习《云南的歌会》一文，让学生看问题的视野更加开阔，考虑问题更加全面，形成一种良好的思维方式。

《云南的歌会》教案（三）

执教人：姜美玲

教学目标：

1. 在阅读文章的基础上，能理清文章的结构，学习文章的写作手法。

2. 能够体会歌会的精神内涵。

教学过程：

导入：（出示图片）同学们，你们知道这些画面是哪里的吗？（云南）云南是一个美丽的地方，那里有四季温暖如春的昆明，古老静谧的丽江，多姿多彩的西双版纳，令人向往的大理……这些都让人流连忘返；而更让我们难以忘怀的是云南丰富多彩的民风风情。今天，就让我们跟随作家沈从文，一起走进美丽而神秘的云南，去领略云南歌会的无穷魅力。

1. 走进云南看歌会

请同学们朗读课文。

注意：

（1）给各段标好序号。

（2）查字典给不认识的生字注音。

（3）思考：请用小标题的形式概括出作者介绍的三种歌会（温馨提示：何人，何地方，何种形式），并从书中找找理由。

教师小结：云南的歌会，男女老幼都可以参与，山野、山路、村寨到处都能唱。一句话，天地就是云南歌会的大舞台，人人都会唱，时时都可唱，处处都能唱。就在这多姿多彩的歌声中，展示了一幅幅云南歌会的民俗风情画卷。

2. 走进歌会赏魅力

所谓秘密，就是想趁机会在那些来自四乡装备不同的马背上，再仔细些探索一下究竟。结果明白不仅有犀皮漆云斑，还有五色相杂牛皮纹……但过不多久，更新的发现，就把我引诱过去。

——《记忆中的云南跑马节》

作者沈从文去云南本来是想研究马鞍上的花纹，可是到了那里，就被丰富多彩的歌会给深深吸引住了，云南的歌会到底有什么魅力呢？就让我们打开智慧的双眼，用欣赏者的眼光，再次走进云南的歌会。请同学们跳读描写歌会的段落，边读边做批注，用“我喜欢……因为……”来说说自己的想法。

教师小结：三种歌会形式各有特色。山野对歌，让我们感受到了云南女子的内敛与含蓄；山路漫歌，让我们感受到云南人与自然的和谐融合；山寨传歌，我们感受到云南老人对下一代的浓浓的情谊：这真是人美、景美、情更美。

3. 走出歌会探内涵

从马背上研究老问题，不免近于卖呆，远不如从活人中听听生命的颂歌为有意思了。

——《记忆中的云南跑马节》

从这句话中你能读出沈从文认为这些歌会有意思在哪里吗？沈从文讴歌了哪些生命形态呢？请大家再次默读课文，说说“这是________的生命”，可以填文中的词语，也可以自己概括，可以是一两个字，也可以是几个字。

教师小结：这是活的生命。活，就是鲜活生动，就是未经世俗目光浸染过的淳朴自然，未被现代快节奏生活扭曲的自由的天性，就是热爱生活、歌唱生活、创造生活的热情和活力。

4. 走出云南读民俗

发生这种山歌实有原因。如没有一种特殊环境作为土壤，这些歌不会真挚而美妙感人。

——沈从文《湘西民族的艺术》

云南的山水孕育了这充满活力的歌会，56个民族各地有各地的民俗风情，你还知道各地有哪些民俗吗?

教师小结：有人说，民俗是民族心底的声音，它无时无刻不在我们身边，滋养着我们的生命。就让我们怀着一颗敬重的心，慢慢阅读中国民俗这本厚重的文化大书。让我们灿烂地微笑，大声地放歌，在天地间，找回那个生动鲜活的真我。

教学反思：

在教学设计方面，有两方面自己认为很用心。

(1) 教学结构层层深入、环环相扣

在教学设计中，努力遵循由易到难的认知规律，采用板块式设计。本节课共设计了“走进云南看歌会”“走进歌会赏魅力”“走出歌会探内涵”“走出云南读民俗”四个大环节，通过“看”“赏”“探”三个不同的要求，引导学生分别以读者、欣赏者和探究者的身份阅读文章，从而一步一步地读出云南歌会的魅力和精神内涵。最后一个环节是引导学生走出文章，走向生活，学会欣赏其他的民俗文化。

(2) 文本解读的重点清晰

文章主要选取了云南歌会的三个不同场景，从不同角度展示了歌会的魅力。在解读文本时，教师抓住这些不同的点，引导学生去体会。对“山野对歌”，主要通过分析衣着、动作描写等，引导学生发现云南妇女的漂亮、活泼开朗、淳朴健康，并由此引申到走在云南街头的所有妇女，也就说，文章刻画的不是一个人，而是一个群体；对“山路漫歌”，侧重于引导学生发现“漫歌”环境的优美、纯净、自由，养育了云南人自由奔放的性格，孕育出了歌会这种民俗形式；对“村寨传歌”，侧重引导学生发现云南人对歌会的热爱和对传歌的热情，感受云南人对生活、对生命的热爱，这个环节主要是通过对老鼓手传歌时神情的想象和对人们的参与、打扮的分析，感受云南人的热情与热爱。

在课堂授课过程中，出现了冷场、学生不够活跃、教师对课堂的调控不够灵活等现象。主要表现在：

(1) 对学生的认知水平了解得不够。因为是借班上课，虽然学生提前进行了预习，但教师对学生的具体认知水平和语文素养还是很不了解，因此，在教学设计时对各种情况的考虑不是很周全，导致了课堂上第一个问题学生就“卡住”的现象，影响了整堂课中学生的参与情绪。

（2）课堂上对学生主体地位的突出不够。教师没有调动起学生学习的热情，因此学生的思维不够活跃。为了能够完成教学任务，教师有些地方只能采用讲述法。这样的课堂，教师的讲解过多，学生的主体地位没有得到充分发挥，学习效果也受到影响。

（3）课堂调控不够灵活。教师不能够灵活地处理课堂上出现的突发事件。当学生不能回答第一个问题的时候，教师自己变得有些慌张，之后又没有及时采取有效的措施调整教学节奏，而是继续按照自己的设计进行，这就显示出教师的课堂调控能力还有待于提高和锤炼。

学无止境，这句话，此刻我体会深刻。

奎文区教研室刘磊老师的观课报告：

个人感觉姜老师《云南的歌会》的课堂还是值得品味的。回味整个课堂，没有喧嚣热闹的表演，没有教师喋喋不休的宣讲，也没有刻意表演的痕迹，而是一种实实在在的教师细细引导下的学生静思的有着韵致的课堂。这与教师在整个课堂中不温不火的把握是分不开的，也与教师在课堂教学中实实在在地对文本进行体验分不开。

如果对课堂进行客观点的评价，我感觉主要问题是教师对课堂节奏的把握不稳定，特别是到中间的冷场部分。备课前我们就已经讨论过，对这篇文章描写的内容，学生没有切实的生活体验，这导致学生对问题摸不着头脑，加之作者的行文风格平淡，在这个时候，应该在问题的引导设计上有所变化，但很遗憾教师没有做到这一点，这在一定程度上也说明教师对学情把握的不足以及课堂教学预设的粗放；其次，教师在学生出现冷场的情况下显得有些心急，略失冷静，所以在问题引导上出现了问题，引导语有些啰嗦，课堂教学节奏开始紊乱，预设进度开始拖沓；其三，最大的失误是因为前半部分的拖沓，导致课堂升华部分的处理仓促，这个仓促主要表现在教学节奏在此处已经彻底被打乱，教师急于完成教学任务匆匆作结，看得出来，最后的部分如果从容地处理，会成为本课的最大亮点；其四，学生活动的设计缺乏有效的、吸引眼球的亮点。拿到常态课堂中，可以说这是一堂如醇酒般令人回味的充满韵味的课堂，但是放到大型的比赛课中，临场的不冷静和充满着不温不火的鉴赏却是一个硬伤，对此，我深有感触，如果姜老师仔细品读历届省公开课和优质课、能手评选的课堂实录的话，应该可以感受得到。

从文本分析上来看，教师选取的点精当，都是学生应该仔细品味的，且选取的各点之间都有较为严密的逻辑关系，这些点都是为课堂教学的重难点服务的。但在课堂呈现上却显得有些不清晰，这个不清晰不是授课逻辑上的不清晰，而是一种作为第三者或者听课者感受到的教师对于各个“点”的或者说课堂推进的思路呈现的不清晰。如果对各个环节的用力再足一些，转呈上再自然一点，可能效果会更好，这也导致了教师在课堂上让学生跟着自己的思路走的痕迹比较明显，从这一点来说，课堂教学的不自然就显现出来了，或者说有些不和谐。说得更清楚一些就是：课堂流畅度、课堂的生成的度应该是自然的，结论的得出或者生成是自然的，而不是前松后紧或者是前紧后松。

丁茜老师的观课报告：

第三次走进姜老师的课堂，我被她的探索精神所打动，她对课堂的要求以及对内涵的挖掘令人佩服。这次课堂设定的目标是云南民俗文化的内涵。

教师设计：姜老师采取的是板块式设计，“走进云南看歌会”“走进歌会赏魅力”“走出歌会探内涵”“走出云南读民俗”，环节层层深入，令人赞赏，特别是最后一个环节，这个主题一般人挖掘不到，因为它需要大量材料的支撑。为了让学生有深入的理解，姜老师搜集了许多文献，她引入了西安工业大学人文学院张琼老师的作品，作品从“人与自然的和谐”“人性的和谐”两个方面进行阐述，让学生对我国民俗文化的内涵有了更深刻的认识。

学生表现：学生为沈从文描述的“乡下风韵多姿、恬淡和谐的自然图景”折服；被沈从文笔下“云南独特的自然风光使人们渐染了如此美好的自然情趣，赶马女孩触目是烂漫的山花，侧耳是悠悠鸟鸣，在这样的环境里耳濡目染，当然会发乎性情，自然成趣；对调子比赛中得胜的年轻妇女‘或见景生情，展现其过人的才情智力’；年纪已过七十的吹鼓手‘牙齿早脱光了，却能十分热情整本整套地唱下去’”所彰显的生命深层的活力所打动。学生们富有深度的回答“只有这样淳朴而具有灵性的水土才能养育出如此纯真质朴的人，而也只有这样纯真质朴的人才能唱出这样甜美动听的歌”令所有的教师感动。当教师适时导入“现代文明的入侵使得湘西和谐的社会生态、文化生态以及精神生态不断恶化，发生了触目惊心的改变”时学生的愤慨，使这堂课达到了高潮。

方刚老师的观课报告：

我观课的角度是课程资源的调适。

为了更好地完成教学目标，姜老师在备课的过程中能够合理地进行教学资源的调适，引进了大量的相关图片和文字，以加深学生对文章的理解。

在导入环节，教师出示了很多具有云南地方特色的图片。生动的图片，配上教师优美的解说，一下子就把学生带进了一种神秘而美丽的氛围之中，让学生对云南有了很直观的印象。

在学生整体感知文章之后，教师又引用了沈从文的《记忆中的云南跑马节》中的段落，很巧妙地过渡到对三种歌会形式的具体分析。教师引导学生扣住具体词语，进行咀嚼品析，让学生感受到了云南歌会的无穷魅力。接着，教师再次引用《记忆中的云南跑马节》——“从马背上研究老问题，不免近于卖呆，远不如从活人中听听生命的颂歌为有意思了”，引导学生理解这篇文章的真正内涵，就是歌颂云南人那种自由自在、富有活力的生命的状态。

最后，教师引用沈从文《湘西民族的艺术》中的语句——“发生这种山歌实有原因。如没有一种特殊环境作为土壤，这些歌不会真挚而美妙感人”，引导学生走出文章，走出云南，站在中华民族的角度，看中国博大精深的文化所孕育出的各种民俗，从而把文章的内涵深刻挖掘出来了。

总之，本节课教师所进行的资源调适都能够紧扣教学目标，为达到目标而服务，是合适有效的。

王宗芹老师的观课报告：

本节课的教学设计和课堂效果都是比较理想的。

选点精当，环节清晰。设计仍然是板块式的，不过在原来的“走进云南看歌会”“走进歌会赏魅力”“走出歌会探内涵”的基础上增加了“走出云南读民俗”这一环节，通过“看”“赏”“探”三个不同要求，由易到难，引导学生步步深入地欣赏云南歌会的魅力和探寻文本的精神内涵。在四个环节中，品读的侧重点不同，如“山野对歌”中通过分析云南歌手的衣着、外貌、个性等发现云南人的美，而“山路漫歌”则是着重分析美丽的自然环境，让学生明白优美的歌会形式是由美的环境孕育的，“村寨传歌”则通过想象老鼓手的神情等让学生感受云南人的热情与热爱。

文本内涵既紧扣单元重点又有所拓展。教师在文本细读的基础上，带领学生欣赏了云南歌会的魅力，探寻了歌会所体现出的生命形式，然后让学生在深入解读文本的基础上了解更多的民俗风情和其后的民族心理。这种回归不是第一次教学设计的重复，而是它的进一步的深化和升华。

虽然整个教学设计是深刻和新颖的，但是由于这篇文章描写的内容与学生的生活环境是有一定距离的，而且沈从文作品的内蕴性又让学生难以理解或者产生兴趣，课堂上产生了一定的冷场。我想这就是这节课需要解决的一个矛盾：如何让学生在兴致盎然的情况下有智慧的碰撞，又能使教师顺利完成授课。我想这就是这一类文章的授课所给我们的一个思考。

高爱臻老师的观课报告：

再次走进课堂，有一种摸到了灵光的感觉。

本节课对教学目标的定位恰到好处。

从分析文章的结构和赏析语言来把握文章的写作手法，正是大语文教学“读写”目标的体现。语文教学重在读，最终落实到说和写。本节课遵循了这个规律。师生的赏读很精彩：从人物的服饰、动作赏析人物的性格，把握这个民族的风情美；从歌会的形式多样展现西南民族的人情美；从清新的风景描写发现西南的环境美。姜老师在引导学生赏析这些的同时，把文中的写人、绘景的手法传递给了学生。赏析过程中涉及的问题很典型，可操作性强，便于激发学生的思维，学生参与度高，课堂气氛活跃而有序。

赏析歌会的魅力的同时，引导学生挖掘歌会的精神内涵，衔接自然，对生命这一主题的挖掘水到渠成，学生很容易就理解了，并且很快从文中找到了精彩语句，有的学生组织的语言也有了生命的痕迹。

坐在课堂里，感觉师生都洋溢着生命的快乐，抛洒着生活的激情。

（四）理清思路，提炼策略

通过这次校本研修，我们团队收获了潍坊市课堂大赛一等奖的证书，而更重要的收获是我们教学思想内涵的提升。我们理清了这种研修形式的基本思路，提炼出了“挖掘文本内涵”的基本策略，为以后的教学设计提供了参考和帮助。

1. 理清了校本研究的基本思路

经过反复琢磨，不断调整，我们团队对李老师的这种“四次设计三次授课”的校本研究形式有了更深刻的认识，我们也理清了这种研究形式的基本思路，即明确研究主题——第一次教学设计——授课观课评课——第二次修改设计——第二次授课观课评课——第三次修改设计——第三次授课观课评课——邀请专家指导——第四次修改设计。当然，这只是一种最基本的流程，可以根据实际需要增加修改教学设计的次数。教学永远都是一门带有遗憾的艺术，没有最好，只有更好。

2. 提炼出了“挖掘文本内涵”的策略

对于如何在文本解读过程中挖掘文章的内涵，我们逐渐形成了自己的一些认识和做法：

首先，要考虑单元主题需要和编者意图。因为教材编者选一篇课文肯定是费了心思的，是为实现某个单元的某个主题服务的。作为教师，首先要了解这个主题，为完成单元教学主题设计自己的教学。

其次，要考虑作者的写作意图。每篇文章都或多或少地渗透着作者写作时的情绪、情感，甚至是当时的生活状态。我们在阅读文章时，要试着把文章还原到历史中，在当时特定的背景下解读文章，这样才有可能真正理解作者的心绪，实现与作者的对话。

最后，在广泛阅读资料的基础上，找到自己的个性化解读。“一千个读者就有一千个哈姆雷特”。面对一篇文章，除了考虑前面两条之外，我们还要阅读大量资料，结合自己的经验、经历，形成自己的个性化解读，这样才会形成自己的课程。

（五）学习共同体的合作在继续

在校本研究的过程中，我们对问题的认识，从最初的单一认识到了多元思考，从最初的肤浅理解到了现在的深刻挖掘，从最初的单薄认识到了现在的丰厚理解，从最初的模糊到了现在的清晰，从读别人到了读自己。可以说，研究的过程就是思想蜕变的过程、教育思想提升的过程。现在我们继续用这种方式打磨我们的教学思想，并且不断根据学校的实际情况灵活地改变，进行研究，以求获得更大的效益。

1. 把研修延伸到学校范围

在校本研究取得一定成绩之后，作为学校的科研主任，我积极向学校领导汇报这种新的研究方式。学校领导非常支持，并要求在全校所有教研组推广。现在，我校所有教研组都采用这种全新的形式进行着教学研究，它也成为了促进我校教师专业成长的有效途径。

2. 研修的形式灵活而多样

随着时间的推进，我们的研究逐渐深入，更加贴近教学的实际、贴近教师的需要，研究的方式也逐渐灵活而多样。比如 2012 年四五月份，学校的整个语文组作为一个研究团队，利用《罗布泊，消逝的仙湖》一文，对“同一文章承载不同教学目标”的主题进行了研究。我校的夏瑞英和谭晓娟两位老师作为执教教师，采用“同课异构”的方式进行探索，整个语文组全部参与其中。5 月，我校整个语文组在奎文区“双整谐动”课题组进行了具体的研究展示，获得了区领导的好评。

研究没有止境。我们的团队研究还在继续，我们也将收获更多。我们一直努力着……

四、课程也可以研修[①]

为了提高学生对日常生活现象的观察能力，更好地促进他们学习物理课，我校开设了校本课程——生活观察课。围绕这一校本课程，我们从“观察鸡蛋”这一课开始，多次组织骨干力量进行深入研讨，历经三次上课，三次研讨，三次反思，成功打造了一个个比较系统、圆满、成熟的课例，校本课程也从课程目标、备课思路、课堂实施、课后拓展等方面有了全新的发展。本文将重点介绍针对专一课例进行研讨在实际教学中的巨大作用以及对我们的启示。

① 本案例由山东省潍坊市奎文区德润国际双语学校的孙晓燕老师提供。

（一）校本课程建设的构想与困难

在初中物理教学中，我发现很多学生花费了大量时间，投入了大量精力，却无法使自己的物理成绩达到令人满意的程度，即便部分学习成绩比较好的学生也认为物理是最难学的一个科目。经过访谈和调查，我发现学生的课余时间多被各类辅导、电视剧、网络游戏占用，导致他们对生活现象缺乏基本的观察，甚至视而不见，造成了感性认识的缺失。正因为大多数学生没有把物理和生活现象关联起来，其学习方法也就以单一的记忆为主了。面对越来越灵活的考试评价，学生往往无法在脑海里形成清晰的图像或者生活联想，因而大感头疼。于是，我产生了做一套“引桥”课程的想法，采取课本与生活实践相结合的措施来引导学生进行生活观察，与课本内容形成互补，产生互动。在潍坊市教科院崔秀梅院长的指点下，在区教育局的领导下，我和区内热衷于实验和改革的8位同仁组建了研究团队，开始了集体探究之旅，从2010年9月起在德润国际双语学校试着开设校本课程——生活观察课。我们的研究得到了校领导的大力支持。

带着美好的愿望出发，途中却困难重重。在边设计边实施的过程中，一个个现实的问题摆在面前：（1）前无成例，备课无定法。学生对生活现象的观察应该细致到什么程度，对现象的解释应掌握到什么程度，应该采取什么形式帮助学生提高观察能力和分析能力等，这些都不明确，我们在备课时常常有无从下手的感觉。（2）情况多变，课堂驾驭难。由于教师与学生都是“新手”，配合起来常有不顺。课程实施前期学生观察到的现象比较少，课堂上往往有“巧妇难为无米之炊”的感觉；学生观察的角度与教师期望的角度不同的情况时有发生。（3）课堂交流，学生能力发展不明显。学生对现象的理解千差万别，课堂上出现大量的生成性问题，面对这些问题，教师应该如何引领学生进行深入的观察和实验，让问题成为学生能力的成长点？

正当我纠结于各种问题时，李秀伟老师带领我们一起学习了李蓓蓓老师的课例研讨过程，我深受启发。我们决定借鉴课例研讨的策略，重点研讨我们的校本课程——生活观察课。

（二）以校本研修解决校本课程问题

我们的团队立即动手，将课例研讨的模式应用到校本课程研究的过程中。我们在实践中不断地思考，在思考中不断地改进，一个个问题逐渐明朗起来。实践证明，将课例研讨的方式应用于校本课程建设，可以帮助我们理清课程目标，找到更合适的课程设计思路和课堂实施策略。下面通过《观察鸡蛋》这个案例，详细介绍课例研讨过程对校本课程建设的助推作用。

1. 第一次研讨

第一次研讨，是主备教师独自备课、上课和反思的过程。

【备课】

课前观察作业

（1）从冰箱里拿出一个鸡蛋放在室内，观察鸡蛋的表面有什么变化，并思考这种现象的成因。

（2）按照一定的顺序观察鸡蛋的结构。

（3）在碗中搅匀鸡蛋，观察搅的过程中会有哪些现象。

（4）将鸡蛋煎熟，观察煎鸡蛋的过程中有哪些现象。

预期目标

（1）观察液化现象，了解液化现象形成的原因。

（2）了解观察的顺序，培养细致观察的能力，并让学生了解有多种记录观察现象的方法。

（3）观察流速越快压强越小的一个基本现象，不作过多解释。

（4）初步了解油的沸点高的特点，并了解蛋白质的受热变性。

【上课】

课堂流程

组内交流
- 小组内部所有成员交流观察作业
- 对小组内观察到的现象进行整合

课堂交流
- 小组汇报对每一个问题的观察结果
- 小组间对观察现象进行补充
- 教师对学生观察的现象进行点评，并补充学生没有发现的现象

【反思】

课堂中出现的问题

(1) 初一的学生对观察课程的重视程度不够，一部分学生的作业基本属于应付，在课堂上他们是看热闹的，没有什么收获。

(2) 此前上物理课都是从初二开始的，教师对初一的学生了解不够，没有把握好课堂的脉搏。一节课下来，勉强进行完对第二个观察的交流。第三四个问题没有进行讨论。

(3) 初中学生的观察能力不强，液化现象基本没有观察到，对鸡蛋的结构也观察得不细致，最终教师告诉学生出现的现象，完全背离了让学生经历观察过程、形成感性认识的初衷。

总的来说这节课非常失败。

改进的打算

(1) 让学生了解这个课程的目的，使学生的观察动机更强烈。在进行正式的观察课程之前，教师介绍开发这套课程的原因以及这套课程能为学生解决哪些具体问题。

(2) 对学生进行必要的观察方法的指导。虽然学生已经有 6 年的学习经历，但是由于现有课程中没有专门指导学生进行观察的方法，所以直接抛给学生一个观察作业会让学生无从下手。

(3) 改进课程设计，让问题更具体，可操作性更强，以引起学生的兴趣和观察欲望。在第一次课程设计中，问题太笼统，学生看到之后只能模模糊糊地知道做什么，但不知道要重点观察什么现象。所以要把问题具体化，让学生在知道做什么的同时，还知道在做的过程中重点观察什么并且记录下来。

(4) 改进课堂交流环节，让学生在课堂上有所发展。对学生来说，没有新意的课堂缺乏吸引力，所以在课堂交流过程中应该设计与观察现象相关的问题，引领学生对自己的观察有新的思考，以此促进学生思维能力的发展。

在第一次的课堂失败之后，我都在不断地反思，也在不断地学习。在读李秀伟老师的《教育言无言》这本书的时候，我对学生的学习能力和学科能力进行了思考。在初中学习两年的物理，只是中考的一个相对比较重要的科目，而如果将来学生不从事与物理相关的职业，初中的物理还能给他留下什么呢？虽然我们一直在强调培养学生的能力，但是真正落实到学生身上的是解题的能力，而当解题能力没有用的时候，两年的物理学习也就只能给人留下难学的印象了。物理学科真正要给人留下什么呢？我的理解就是让学生形成一种主动参与，主动发现，主动成就自我的意识，培养学生乐于观察，善于归纳总结，勇于创新的科学品质。于是，生活观察课的课程目标发生了第一次变化，从仅仅给学生补充初中物理学习需要的感性认识，变成了引导学生观察生活中的物理现象，培养学生的观察能力、归纳总结能力，通过最生活化的课程，让学生有主动观察、主动思考的意识。

2. 第二次研讨

我和团队教师一起进行了认真的集体备课，课题准备得比较成熟之后，我们进行了第二次研讨活动，并邀请奎文区教研室的科研和教研方面的专家以及团队教师进行观课。观课结束后，各位专家和教师都对生活观察课和观察鸡蛋这个课例提出了个人意见和建议，在此基础上我又进行了个人反思。

【备课】

(1) 准备工作。首先用一节课的时间给学生作课程介绍和观察方法介绍，并试着完成一个简单的观察作业：观察三角尺。在学生完成自己的观察和观察作业之后，我给学生作一个示范，让学生对比老师的和自己的观察过程及结果，发现自己观察中的不足。

(2) 课前作业的重新设计。对第一次上课时的作业作了比较大的改动，文字描述更直接，观察过程更细致、更明确。

(3) 准备了课堂讨论问题。针对课前观察作业中的观察记录，设计了有梯度的问题，有意识地在课堂上引领学生的思维向纵深发展。

课前观察作业：观察鸡蛋

鸡蛋一般是存放在冰箱里的，那么我们就从冰箱里的鸡蛋开始观察吧。从冰箱里拿出 3 个鸡蛋。

(1) 将其中一个煮熟，观察煮鸡蛋过程中的现象，并记录煮熟鸡蛋用的时间。

(2) 将其中一个煎熟，观察煎鸡蛋过程中的现象，并记录煎熟鸡蛋用的时间。

(3) 将其中一个放在温暖的室内，每隔 1 分钟观察一次鸡蛋的表面出现的现象并记录下来。

(4) 取出煮熟的鸡蛋和生鸡蛋比较，你有哪些区分方法？

(5) 将熟鸡蛋握在手里，用力握，看能否将它握破。你有哪些比较容易的打破这个熟鸡蛋的方法？

课堂交流

(1) 首先独立思考下列问题

①煮鸡蛋和煎鸡蛋用的时间是否一样，哪个用时更长一些？你认为可能是什么原因？

②从冰箱里拿出来的鸡蛋放在温暖的室内，鸡蛋的表面会出现什么现象？在哪些地方还见过类似的现象？你认为出现这种现象的原因是什么？

③如何区分煮熟的鸡蛋和生鸡蛋？你有多少种方法？为什么用这些方法可以区分呢？

④用力握鸡蛋可以轻松地将鸡蛋握破吗？你有哪些方法可以让鸡蛋破开？想想这些方法与握鸡蛋的区别是什么。

(2) 小组讨论交流以上问题

(3) 课堂汇报以上问题

以小组为单位，分别汇报对以上问题的看法，教师对学生做适当的指导。

(4) 课后作业

①针对课堂上没有解决的问题，同学们选取几个自己喜欢的进行实验，或再次观察。

②观察高压锅。(内容略)

【上课】

课堂流程

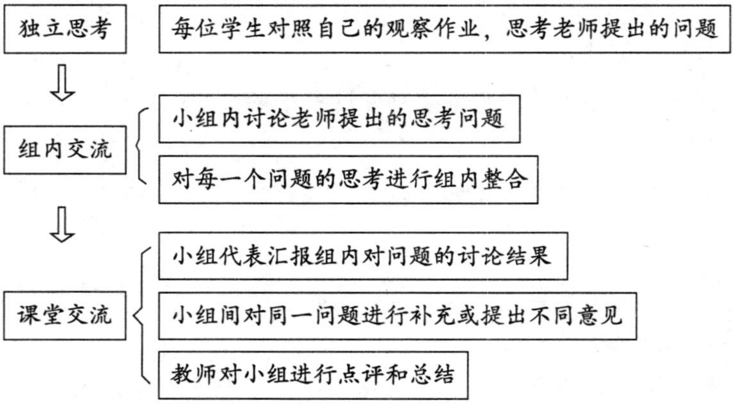

课堂上出现的各种问题

学生对课前作业完成得较好，课堂气氛积极活跃。教师在处理课堂环节上没有出现大的疏漏。课堂上的问题集中在学生在推测现象的原因时出乎教师的预料。

(1) 在讨论从冰箱冷藏室里拿出来的鸡蛋的表面为何会出现水珠时，有的学生提出这些水珠是从鸡蛋内部渗透出来的，也有的学生提出这些水珠是空气中的水蒸气液化形成的。在思考生活中还有哪些类似的现象时，学生想到的比较少，但是都能提出煮鸡蛋的锅盖上有很多小水珠，这一点还是很让人高兴的。

(2) 在讨论生鸡蛋与熟鸡蛋的区别时，有的学生提出熟鸡蛋会比生鸡蛋重一些，有的学生提出熟鸡蛋的颜色比生鸡蛋的颜色浅一些，有的学生提出生鸡蛋转动时速度慢一些，熟鸡蛋转动时速度要快一些，还有的学生的观点恰恰相反。

(3) 在讨论煮鸡蛋和煎鸡蛋时，学生提出煮鸡蛋和煎鸡蛋用时不同的原因有：水和油的温度不同；多少不同；鸡蛋的受热面积不同等。

(4) 在是不是很容易握破熟鸡蛋的问题讨论中，出现了很容易握破和很不容易握破两种结论。有的学生提出“为什么老师不让握生鸡蛋呢?”这样的问题。在鉴别生鸡蛋和熟鸡蛋的方法上，则集中在了看颜色、比较转速、迎着阳光看等，但是没有想到打开看看、刚煮好的鸡蛋和生鸡蛋的温度不同等简单的方法。

【评课】

第一次观课后，老师们对这节课的意见和建议集中在以下几个方面。

(1) 在上课的过程中要留下关键问题的痕迹。例如，要板书继续进行研究的问题，适当板书学生对同一现象的原因的不同分析，板书一些专业术语。

(2) 课的重点在观察和思考，不要过于关注概念，但是也不必刻意回避专业术语，像“热量”“液化”等可以出现在语言的描述中，只不过没有必要解释。

(3) 教师的指导作用要体现得更明确，让学生知道自己对观察到的现象的理解是否正确。

(4) 学生的观察记录用笔记本比较好保存，对后面的学习有帮助，也有利于留下课程资料。

(5) 对各种资源进行整合，对一些模糊的现象可以进行现场的二次观察，并且涉及的内容可以再丰富一些，例如生物或化学方面的内容可以作为观察的一部分，具体到这节课中，可以让学生观察鸡蛋的结构、鸡蛋内是否有小黑点，并讨论小黑点出现的原因，还可以出示一个无壳鸡蛋，介绍它的形成原因，并引导学生在课下做实验，初步了解化学知识。

(6) 学生作业的呈现形式比较单一，基本上是用文字描述的形式记录，可以引导学生利用照相机、摄像机等先进的工具将自己观察到的现象记录下来。如果学生没有采用这种方法，老师最好将自己采取的各种记录观察结果的方式进行展示，对学生进行引导。

(7) 课后作业不明确，而且关于高压锅的作业体现不出与这节课的联系。

【反思】

今天这节课比第一次上课有了明显的进步。从课前准备到课堂讨论，学生都非常投入。原因之一是学生对观察课有了初步的了解，知道这门课是做什么的，为什么要做这些；原因之二是作业的针对性和可操作性比上节课更强了，学生对具体要观察什么、从哪些方面进行观察有了了解，所以作业完成得较好；原因之三是课堂上的发展性问题调动了学生思维的积极性；原因之四是有教师听课，学生的精神状态非常好。

这节课也存在着不足。一是课程设计方面，回避了观察鸡蛋的结构这一部分。为了避免这个观察占用太多的时间，在设计作业的时候将这个观察去掉了，导致学生少了对物体进行观察的训练。对于这一点，专家和老师们指出有些单纯为了物理课而设计观察课的意思，有悖于课程的标题“生活观察”。作为一个开发校本课程的教师，既然以培养学生的观察能力、思维能力和创新能力为目标，就应该树立大科学教学观，不仅仅要在自己的专业学科上下功夫，也要兼顾像生物学、化学等这些同样与生活息息相关的自然学科。同时，这也对教师提出了更高的要求：对生活中的自然科学都要进行深入的了解和学习。二是作业设计中依然存在没有预料到的问题，所以作业描述还是给学生的理解造成了障碍。例如，“从冰箱里拿出 3 个鸡蛋”，这给一些学生带来了理解上的麻烦：如果原本鸡蛋没有放在冰箱里，那么为了完成这次观察，鸡蛋放在冰箱的冷藏室还是冷冻室呢？

这次课例研讨中，专家和老师们都对课程的设计和课堂中的实施策略提出了具体的意见和建议，对我的影响非常大。一是让我再次更新了对生活观察课的认识，那就是要以尊重生活现象、尊重自然科学的态度来设计课程，不能将一个整体的自然科学割裂开来。这样我们的课程目标发生了第二次变化——研究范围的变化，从物理学科的“引桥”走向自然学科的“引桥”。二是专家和老师们对课堂上出现的具体问题的分析让我在课堂教学策略上一直有所犹豫的地方有了落脚点。例如，对观察到的现象的原因分析应该到什么程度；一些专业术语是否应该出现；如何处理课堂上学生没有观察到的现象；如何处理课堂上生成性的又无法现场观察和实验的问题等。对这些具体问题的解决，让我对生活观察课的课程设计思路更清晰，课堂实施策略更具体。我总结了生活观察课的基本设计思路和课堂教学策略，老师们也写出了个人的观课体会，为第三次课堂研讨和后续的异课同构做了充分的准备。

3. 第三次研讨

第三次课例研讨是在李秀伟老师对课例研讨过程进行了指导之后进行的。我们的团队进行了集体备课、分工观课、整理课堂实录、评课和反思。

【备课】

课前观察作业：观察鸡蛋

说起鸡蛋你一定非常熟悉了，现在我们回忆一下，你印象当中的鸡蛋在结构方面有什么特点呢？蛋壳、蛋清、蛋黄……嗯，其实鸡蛋还有很多我们没有观察到的结构和现象呢。我们一起来仔细观察一番吧！

（1）从冰箱的冷藏室里拿出三个鸡蛋（鸡蛋在冷藏室里放置的时间超过2个小时）。

（2）将其中一个煮熟，观察煮鸡蛋的过程中有什么现象，记录煮鸡蛋用的时间。

（3）将其中一个煎熟，观察煎鸡蛋的过程中有什么现象，记录煎鸡蛋用的时间。

（4）将其中一个放在暖和的室内，每隔1分钟观察鸡蛋的外壳上有什么变化。

（5）如果煮熟的鸡蛋上没有裂痕，那么你能用哪些方法区分熟鸡蛋和生鸡蛋？

（6）将没有裂痕的熟鸡蛋放在手里用力握，看能否轻易将鸡蛋握破。你有哪些让鸡蛋破开的方法？想想这些方法和握鸡蛋有什么区别。

(7) 按照一定顺序分别观察生鸡蛋和熟鸡蛋的结构并详细地记录下来。分析它们有哪些相同之处和不同之处。

注：可以用照片和视频等途径帮你更明确地说明问题。

课上思考交流

在课前观察的基础上，思考并回答下列问题：

(1) 煮鸡蛋和煎鸡蛋的过程中有哪些相同之处和不同之处？请你分析出现这些现象的可能原因。

(2) 将从冰箱冷藏室里拿出来的鸡蛋放在暖和的室内，你会发现什么现象，想一想在哪些情况下还出现过类似现象？分析出现这种现象的原因是什么。

(3) 没有裂痕的鸡蛋能否轻易握破？你让鸡蛋破开的方法还有哪些？这些办法和握鸡蛋的区别是什么？由此你可以得到什么结论？

(4) 鸡蛋由哪些部分构成？生鸡蛋和熟鸡蛋有什么不同？为什么会有这样的不同呢？我们如何区分生鸡蛋和煮熟的鸡蛋呢？

课堂拓展及分析

拓展点1：油和水的沸点不同，简单解释沸点。油和水的多少不同，加热的面积不同，相同时间吸收的热量的多少不同。煎鸡蛋是不带壳的，热量可以直接吸收。

分析：这部分主要针对初中物理中关于沸点的知识设计，通过鸡蛋放入热油锅和热水锅的不同反应，可以得出油的沸点高的结论，同时培养学生对现象的基本分析能力。

拓展点2：鸡蛋的表面会出现水珠，在冬季的玻璃窗上会出现，在煮鸡蛋用的锅盖上会出现，洗澡时，浴室的镜子上会出现。这种现象出现的原因是高温的水蒸气遇到冷的物体就会变成水滴。这也是雨的形成原因。这些小水滴的位置都是在冷的物体的表面。

分析：这部分针对初中物理中有关于液化的知识设计，学生往往不能清楚地说出液化现象、液化的原因和液化的位置。让学生经历这个观察过程，加深印象，提高感性认识；同时也涉及雨的形成这一地理知识，让学生加深对这一部分知识的理解。

拓展点3：没有裂痕的鸡蛋不容易握破。可以将鸡蛋弄破的方法有：两个鸡蛋对碰；将鸡蛋在硬物上碰。这些方法和握的不同之处在于接触面积不一样。接触的面积小了，压力的效果就明显；接触的面积大了，压力的效果就不明显。载重汽车为什么有很多车轮？为什么磨刀不误砍柴工？

分析：这个问题针对初中物理中关于压强的知识设计，在生活中有很广泛的应用。

拓展点 4：（1）鸡蛋的结构如图所示。（2）不同之处在于生鸡蛋内部是液态的，煮熟的鸡蛋内部是固态的。熟鸡蛋和生鸡蛋的不同就在于熟鸡蛋被加热了，所以熟鸡蛋变固态就跟高温加热有关。鸡蛋内部的各种成分以蛋白质居多，蛋白质被加热到一定程度的时候就会变性，由液态变成固态。（3）转动鸡蛋可以区分生鸡蛋和熟鸡蛋，或者打开看看。

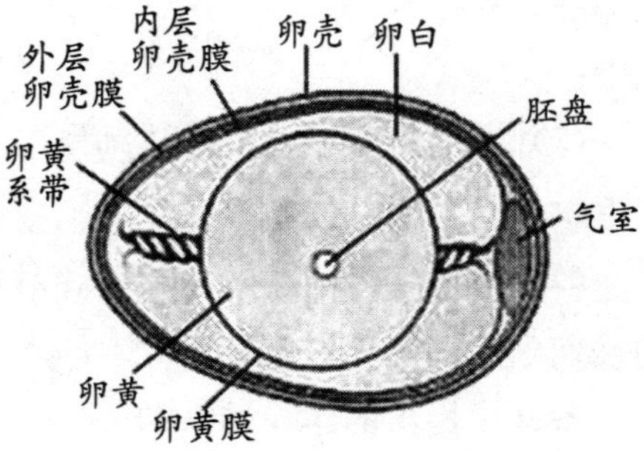

分析：这一部分针对初中生物关于卵的知识设计。学生通过自主观察完全可以看到鸡蛋的每一部分结构，而学习过程也就不是死记硬背了；同时，学生在观察的时候会发现有的鸡蛋蛋黄边缘有个小黑点，学生在学习这部分的时候就容易理解有小黑点的鸡蛋是一枚受精卵，可以孵化出小鸡，而没有小黑点的鸡蛋是没有受精的卵，不能孵化出小鸡。第二个现象让学生了解到了蛋白质在加热后会变性这一化学方面的知识，第三个现象可以让学生初步了解了物体运动中的惯性现象。

课后拓展

根据学生在课堂讨论中提出的问题，分组探究以下问题：

（1）生鸡蛋煮熟后质量会不会有变化？

（2）展示无壳生鸡蛋。无壳生鸡蛋是将一个生鸡蛋放在醋里浸泡一段时间而成的，如果你感兴趣就自己动手试试看，注意观察鸡蛋放入醋中后会出现什么现象。

（3）通过上网查询，了解松花蛋的制作方法，尝试自制松花蛋，想一想鸡蛋为什么会有这样的变化。

布置作业：请同学们根据课堂上我们遗留下来的问题和老师提出的问题，选择一个写在自己的作业本上，作为下一次的观察作业。

第三次备课和前两次备课又有了明显不同。我们在集体备课的基础上形成了生活观察课备课的基本思路：

（1）集体备课，从生活的角度选择合适的研究载体，从自然科学的角度在载体上找观察点和拓展点；与生物和化学老师一起集体备课，更多地兼容生物和化学现象；找出鸡蛋在生物和化学方面的知识和内容，筛选适合初一学生观察和实验的内容，有的设计在课前观察作业中，有的穿插在课堂讨论中。

（2）课前作业的语言描述细致准确。从语言上来看细腻了很多，也更能接近学生；对问题的叙述也更清晰，更明确。

（3）增加每个问题的拓展点和对其的分析，这个环节让教师对课堂问题的预期更加明确。这有赖于对前两次课堂上学生提出的问题的整合和对老师们在备课中提出的建议的采纳。

（4）课后作业成为课堂的延伸。去掉了与这节课联系不太大的对高压锅的观察，取而代之的是对课堂生成性问题的进一步研究，让学生利用在课堂上学到的一些方法解决相似的问题，学生也能进一步熟悉观察的方法和技巧。

【课堂实录】

观察鸡蛋

师：大家好，前些时候我们已经见过，相信大家对我不是很陌生了。课前老师布置的作业大家都完成了吗？

生：完成了。

师：今天我们要以前面的讨论为基础，进一步地思考。这就是我们今天的主题：观察鸡蛋（板书）。

师：鸡蛋是生活中非常普通的东西，但在清明节就变得不普通了。在清明节我们都是怎样吃鸡蛋的？

生：吃或者顶。

师：我小时候也是这样，主要不在吃上，而在玩上。现在请同学们回忆一下对鸡蛋的观察，并对照自己的作业，看自己是否从这几个方面进行了观察，并在观察的基础上进行了思考。

＊1. 煮鸡蛋和煎鸡蛋的过程中有哪些相同之处和不同之处？请你分析出现这些现象的可能原因。

＊2. 将从冰箱冷藏室里拿出来的鸡蛋放在暖和的室内，你会发现什么现象？想一想在哪些情况下还出现过类似的现象。分析出现这种现象的原因是什么。

＊3. 没有裂痕的鸡蛋能否轻易握破？你让鸡蛋破开的方法还有哪些？这些办法和握鸡蛋的区别是什么？由此你可以得到什么结论？

＊4. 鸡蛋由哪些部分构成？生鸡蛋和熟鸡蛋有什么不同？为什么会有这样的不同呢？我们如何区分生鸡蛋和煮熟的鸡蛋呢？

师：好，下面给大家 5 分钟的时间，先独立思考，并做一个简单的记录。

（学生独立思考，教师巡回指导）

师：我看到有的同学已经把自己的想法写下来了，这非常好。如果对这些问题都思考过了，就以小组为单位进行交流，看别的同学还有什么其他的观点。讨论时我们可以借助手中的鸡蛋，但最好不要打破。

（学生交流，教师巡回）

师：大部分小组已经完成了讨论，下面我们一起来交流一下，说一说你们小组对这些问题的认识。首先我们讨论问题 1。我发现有些小组刚才被这个问题难住了，哪个小组先说说？

生：相同之处是鸡蛋都凝固了，不是液体了，变成固体了。不同之处是煎鸡蛋清、黄成为一体了，而且煎比煮快。

师：能不能简单分析一下可能的原因是什么？

生：煎受热均匀，煮先外面熟后里面熟。

生：煮有壳，熟得慢。

生：煎的由下往上熟，煮的由外向内。

生：煮的清和黄能分开，煎的不能分开。

生：油的温度高，水的温度低。

师：你为什么这么说呢？

生：油受热快，水受热慢。

生：油有很多物质，能保持高温。

生：水遇到热会蒸发。

师：下面我们一起讨论一下第 2 个问题。

生：会有一些小水珠。

生：有一些粉末会渐渐地脱落。

师：你认为这些小水珠是怎么产生的？

生：冰箱中的冷气留在鸡蛋里没有散去，拿出后温度高了，就出来了。

生：鸡蛋凉，空气中的水蒸气在上面变成水珠了。

师：生活中有没有类似的现象呢？

生：冬天玻璃上屋里的部分会出现，眼镜上呵气也能出现。

师：锅盖上呢？

生：锅盖上的水珠也是。

师：鸡蛋壳上的水会不会是从里面冒出来的呢？

生：不可能，有膜阻挡。

生：可能，鸡蛋壳有小点，水从里面冒出来的。

师：有什么证据可以支持我们的不同观点吗？

生：一个鸡蛋先用纸巾擦，再放到冰箱中。

师：这个办法行不行，为什么行或不行？这个作为留下的问题。下面我们一起来看问题3。你刚才把鸡蛋握破了没有？

生：没有。

师：用什么方法可以让它破？

生：两个鸡蛋碰。

生：把鸡蛋往桌子上磕。

师：怎样区分生熟鸡蛋？

生：看外皮着色，生的深，熟的浅，生的有光泽，熟的没有。

生：我的意见跟她相反，生的浅，有光泽，生的转得慢，熟的快。

生：生的能转起来，但摇摇晃晃的，转得慢。

生：生的转的时间短。

生：生的晃动有声音。

生：生的敲皮的时候声音脆。

生：熟的摸起来滑。

师：大家有没有注意过同样是熟鸡蛋，它们的颜色一样吗？

生：不一样。

师：只凭着看颜色就说生熟不合适，不科学，到底生的时候和熟的时候颜色有没有变化，如何验证呢？

生：用同一个鸡蛋，比较生的时候和熟的时候颜色有什么不同。

师：怎样比才行？要比同一个鸡蛋，怎么记录下来呢？

生：拍照。

师：先不说这种方法合不合适，先回去做，如果又出现矛盾了再讨论。

（留问题：转不转，停不停；怎样让它破，有什么不同）

师（出示用醋泡过的鸡蛋）：大家看，我这里有个鸡蛋，它没有外壳。

生：用醋泡过啦！

师：你们是怎么知道的？

生：有很大的醋味。

师：对了，观察不仅是指用眼睛看，而且可以是嗅觉、触觉甚至味觉等各种感觉的集合。大家做得非常好。这个鸡蛋确实是用醋泡过的，大家如果感兴趣的话，可以回家做一下。在制作的过程中大家需要注意：(1) 尽量用白醋，比较好观察；(2) 这个实验可能进行的时间比较长，请大家每半天记录一次实验现象，想一想为什么会出现这样的现象。

【课后评课】

这一次，老师们的观课也发生了一些变化。在李秀伟老师的指导下，我们设计了一个简单的分工观课记录，工作室的老师针对课堂中我们比较关心的几个方面进行分头观课，并详细记录，在观课后，形成了针对性更强的观课报告以及课程的评价策略和研究策略。

针对课堂设计的观课要求

1. 在课堂教学的实施过程中，教师预设的问题能否提高学生的思维能力？
2. 语言描述是否清晰明确？
3. 学生对问题的理解与教师的预设是否一致？
4. 你认为造成这些现象的原因是什么？如何进行改进？

针对课堂设计的观课记录

潍坊市奎文区德润国际学校　许彦霞

在整个学习过程中，师生的配合很默契，在课下实践观察的基础上，通过本节课的思考学习，学生的表现情况反映出我们开设本课程的目的已经达到了。

由于我们的教学是观察生活中的现象，比较分散，有时是不具代表性的，甚至是错误的，且没有明确的知识点。就本节课来说，如比较生熟鸡蛋的颜色时，学生的答案便出现了分歧。孙老师通过和学生思考，设计了一个新的实验，用到了控制变量的方法，培养了学生的科学素养。我觉得我们要继续注意采用本课程中处理这些事件的好方法。

学生表达困难的原因，我认为，一是缺乏相关理论知识，如本节课涉及的沸点知识；二是生活知识不够，缺少实践，如学生认为油是水的混合物，这是任何一个有生活经验的家庭主妇都不会犯的错误；三是缺乏表达能力方面的培养。

学生对教师的提问不能回答，有时可能是因为教师提问的语言描述中缺少肯定和提示，如提问你为什么认为油温高，就不如问你是怎么知道油温比水温高的？通过哪些现象看出来的呢？

对本节课学生不能首先想到煎炒的区别是一个用油，一个用水，对比上次听课，我觉得可能与观察作业没做好有关。

在课堂教学实施的过程中，教师预设的问题能提高学生的思维能力，可以帮助学生养成善于观察和思考的良好习惯，如从冰箱中拿出的饮料，尤其是夏天，过一会儿，其包装上会有水，可能有些学生观察到过，却从没问过为什么。可能有些学生根本就没注意到过。通过开设这门课，学生开始留意这些现象，也开始问为什么。我们很欣喜地看到我们的目的达到了。

针对教师语言能力的观课要求

1. 教师在课堂教学中有哪些鼓励性语言？有哪些讲授性语言？有哪些启发性语言？各有多少次？

2. 教师在课堂教学过程中有哪些口头语，出现的次数各是多少？在何处出现了哪些废话？

3. 对教师课堂上的语言特点进行分析并提出您的建议。

针对教师语言能力的观课记录

潍坊第十中学　谭健宏

教师在课堂教学中有非常多的鼓励性语言，只要是学生阐述自己的观点，教师都能及时表扬鼓励。例如，“坚持自己的观点，不是人云亦云，非常好”。

由于课堂知识性内容不多，所以讲授性语言很少。

启发性语言特别多，特别到位，始终贯彻在引导学生的思维方向上，例如，“油比水有哪些方面的优势？”等等。

教师在课堂教学过程中也有一些口头语，如“是吧”“啊”“就是”，其中“是吧”出现的频率最高。在学生回答问题时，教师有时有一些不必要的重复。

我认为孙老师在课堂上的语言特点有主要：

(1) 教师在提出问题时能突出问题的重点、要点，如“破开的方式”“握”，能引领学生很快找到思维方向。

(2) 教师点拨到位，语言准确，能引领学生的思维方向，并能开拓学生的思路，将知识点进行拓展和迁移。

(3) 教师的语言句句都能保护学生的求知积极性，无论学生说的是否有道理，是否语言混乱，教师都是采用先肯定后加以引导的方式，这值得学习和借鉴。

建议：减少口头语，语言更简练些。

【教学反思】

这节课是在育华学校上的一节公开课。听课的老师分别从课堂实录、课堂生成性问题、教师的语言和学生的课堂表现等方面进行了分工观课，并写出了详细的观课分析报告。看了老师们的观课报告，反思自己的课堂，我有一些感受。

1. 孩子们对生活观察课的兴趣非常浓厚，但是语言和文字表达能力比较弱。无论是德润的学生还是育华的学生，在做这种看起来特殊的作业的时候，往往表现出比做其他作业更浓厚的兴趣。他们在课堂上的表现也很令人吃惊，他们非常积极地讨论，踊跃地表达，可以确定，孩子们根据观察作业的要求对鸡蛋做了详细的观察。但是孩子们的书面观察作业做得并不是很好，每一个问题只有零星的几句话，甚至几个字，在回答问题时也不能用精炼的语言清晰地表达自己的想法。这与孩子们平时缺少相关的语言训练有关。

2. 课堂的容量大，不确定因素多。由于课程的特点之一就是开放性，孩子们的思维是发散的，所以对每一个问题，在不同的学校、不同的班级就会有不同的答案，此外，每一次上课都会有教师没有预计到的问题出现。课堂的容量因此就非常大，涉及的知识面也比较广，这样的课堂对任课教师是一个比较大的挑战，主要集中在三个方面：一是教师的知识面需要比较宽，要对课堂做好充分的预设，所以在备课时，应该由几个老师一起，把一个问题中可能出现的回答都列出来。二是教师要设计适度的问题，包括问题的多少和难度。这节课的问题难度比较适合初一的孩子，4 个问题看起来并不多，但每一个问题中涉及的知识点比较多，下一步备课时应该将大问题分解成小问题，并且缩减大问题的量。三是教师要在课堂上发挥适度的调控作用。如果放的时间太短，学生可能不会完全打开思维，放的时间太长，学生的讨论容易跑题，课堂集中讨论的效果就不好。这节课的问题是前半段的时间过长，导致有一个问题没有处理，使这一节课打了折扣。有的老师提出了建议：将学生一开始就能根据生活经验达成共识的问题提前处理，然后主要讨论个别有分歧的问题，也就是说后面主要交流有分歧和有深度的问题。我觉得在以后的课堂中可以尝试。

3. 作业的生成。课堂上出现了很多生成性问题，这些生成性问题可以作为课后的观察作业，这是我们前几次上课时采取的做法。在这节课中，我采用了课堂生成性问题和教师预设问题相结合的作业形式。例如，这节课的无壳鸡蛋就是一个预设的问题，用老师做的无壳鸡蛋引出观察作业，这种做法主要是针对那些老师不预设学生可能不会意识到的问题。这样学生课余研究的问题就更宽泛。

4. 教师课堂语言的组织。课堂上的不确定因素决定了教师的大多数语言不能提前推敲，所以教师的语言功底就显得格外重要，特别是在以引导和启发学生观察为目的的课堂上，教师要随着学生的表现及时组织提示性、鼓励性评价语言来做出回应。同时要注意在课堂上尽量减少口头语。

第六章

与教学一起成长的可能

校本研修，说到底，就是教师与教学一起成长。教师只有在教学中、在反思中才能成长。本章为读者提供了具体的研修反思课例，以供读者参考。

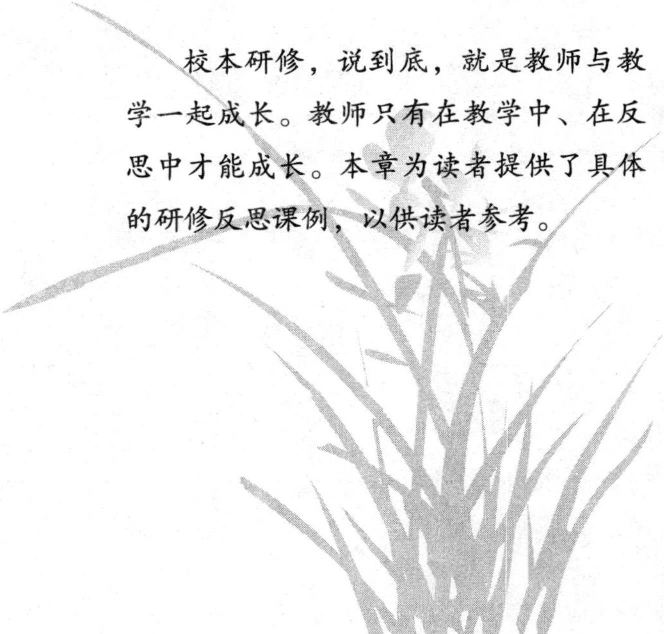

一、教师之成长，犹玉之琢磨①

荀子说："人之于文学也，犹玉之于琢磨也。"这句话告诉我们，对学习一定要努力不懈，不断刻苦求进，只有经过磨炼，不断充实自我，才能成就自我，变成一块"美玉"。其实，这句话对以课例打磨为载体的教师培养同样适用，于是笔者将其化用为"教师之成长，犹玉之琢磨"。

我们这个课例打磨群组囊括了我校目前所有的语文老师，其中教学能手4人，平均年龄34.4岁，每人都有12年以上的教学经历。因此，我们虽然年轻，但富有活力与经验。带着日常教学中无法解决的困惑，我们怀着无限的激情参与了课例打磨活动，分工协作，互相勉励，每个人都受益匪浅。

（一）结合实际，确定研究主题

我们这次之所以会将"小学语文有感情朗读指导"作为课例打磨的主题，是基于以下原因：

1. 基于对"教语文"理念的认识与理解

在2010年5月至12月期间，我跟随李秀伟老师参与了山东省小学语文远程研修《装满昆虫的衣袋》课例打磨活动。在活动过程中，我逐渐认识到当前许多语文教师存在的教学误区：教师在实际教学过程中忙于"教教材"，力求把课文教深、教透，特别是把课文的思想内容分析透。新课程理念要求我们"用教材教"或"教语文"，就是指教师要创造性地使用教材，在使用教材的过程中融入自己的科学精神和智慧，对教材知识进行重组和整合。我们要做的是真正去"教语文"，培养学生学习语文的能力，而不是单纯地去

① 山东省潍坊市奎文区圣荣小学李蕾老师提供。

"教教材"。

2. 基于课文的选择

春节之前，在参加工作室活动的时候，李老师初步提出了构建"四次设计三次打磨"校本教研模式的想法。同时要求工作室的成员回到学校成立自己的课例打磨群组，在"齐鲁名师李秀伟工作室"的网页上各自建立一个课例打磨网页，要求每人选取 2011 年 3～4 月份的一堂课，写出教学设计并发布到网上，准备开展课例打磨实验。活动结束后，我把李老师的想法告诉了语文组的老师，大家对这个新生的事物充满了好奇，同时觉得这个做法正好可以弥补我们学校由于年级少、教师少而无法开展正常教研活动的不足。经过商讨，我们决定先从二年级入手，于是牟洪梅老师就成了我校第一个"吃螃蟹的人"。很快，牟老师按照要求，选取了人教版二年级语文下册中《难忘的泼水节》一课作为打磨的课例，并写出了教学设计，这一课最重要的一个学习目标是"有感情地朗读课文"。这就为后面我们开展有感情朗读指导研究确立了内容基础。

3. 基于"头脑风暴"活动的结果

2011 年 3 月 1 日的工作室活动，李老师将"四次设计三次打磨"的校本教研模式的思路进行了提升，在明确了课例打磨活动意义的基础上，提出了《中小学学科教学改进计划》，并对我们进行了培训，使我们明确地认识到课例打磨的意义：它不仅是打造一节好课、一个优秀的教师，更重要的是能培养学生们的学科能力，实现学科的育人功能。明确了意义之后，李老师要求我们每个课例打磨群组用头脑风暴的方法，找出自己所教学科的学生亟须养成的学科能力。

回到学校，我先将李老师的《中小学学科教学改进计划》传达给老师们，使大家明确了我们要做什么，怎么做。然后经过近 40 分钟的"风暴"活动，我们从听说读写等 7 个方面找出了 26 种学生亟需培养的语文学科能力。梳理完毕后，我们又让每个老师根据自己教学的实践，把这 26 种亟需培养学科能力进行排序。经过分析，排位前三名的是所有学科都需要培养的。于是我们就确定排位占第四、第五位的"不爱读书，不会读书""读书拖长声、唱读、没有感情"作为我们 3 月份课例打磨需要解决的问题，而这恰巧跟牟老师设计的《难忘的泼水节》一课的教学目标"有感情朗读课文"不谋而合。

4. 基于课题研究的需要

除以上两个原因之外，还有一个非常重要的原因，就是在对我校市"十一五”规划课题《小学低年级学生语文、数学、英语学科品质的培养与研究》进行研究时，我们也运用了课例打磨的方式。但是我们的做法非常简单，只是停留在每月语数英教研组针对课题研究的需要，开展一次以“集体备课——上课——总结”为流程的较低层次的研究活动。在李老师提出《中小学学科教学改进计划》后，我们找到了很好的切入点。

基于以上原因，我们确定了“小学语文朗读能力指导研究”作为我们3月份课例打磨的主题。

（二）经历打磨，体验抽丝剥茧的痛苦与快乐

1. 建立组织，学习奠基

我们首先建立了“圣荣小学课例打磨QQ群”，邀请群组的每个老师加入，便于通知的下达和网上研讨活动的开展。

课例打磨活动看似简单，其实需要强有力的理论指导。为了弥补自身的不足，在我们的请求下，李老师给我们推荐了《有效教学》《课堂观察——走向专业的听评课》《大师的教书生活》等书籍。学校也非常支持我们开展这项工作，给我们配齐了必要的书籍。于是，我们利用业余时间加强学习，提高理论修养。

2. 集体备课，智慧共享

在确定了研究主题后，牟老师于2011年3月11日将她之前的教学设计按照研究主题进行了修改，于3月14日将教学设计上传网站，至此，我们的网上集体备课活动拉开帷幕。3月15日，围绕研究主题，群组的教师根据自己的理解对牟老师的教案进行了修改，并将修改意见用彩色字体标注出来，这样便于牟老师开展下一次的修改。为避免出现材料丢失现象，老师在word文档里将教学设计修改好，先发给牟老师，然后再传到网上，保证了工作的实效性。

3. 专家指导，明晰方向

在教学设计第二稿敲定之后，我们决定于3月22日进行第一次正式授课。课前，我们参照《课堂观察——走向专业的听评课》和网络资源，精心设计了观课表。然后邀请李老师参加观课活动，观课前李老师对我们的观课表进行了仔细分析，及时指出不足，并帮我们做了修改，使得此次的分工观课更有针对性。观课结束后，李老师对我们的做法给予了充分的肯定，并给我们提出了建设性的意见，使我们明晰了方向。

4. 反思与修改

2011 年 3 月 23 日，群组内的观课教师完成了观课报告，并将其发送给牟老师，而课堂实录也在大家的分工协作下完成了，牟老师的教学反思也随之完成。她依据观课报告、课堂实录、专家指导以及自己的反思对教学设计进行了又一次的修改，完成了教学设计第三稿。

5. 二次授课，遭遇滑铁卢

3 月 25 日，牟老师在二年级一班进行第二次正式授课，同样我们也进行了分工观课。但是，此次授课给大家带来的不是喜悦，而是大大的失望。为什么呢？因为在第一次正式授课之前，牟老师已经在这个班讲过这篇课文，所以当牟老师用同样的方法导入时，学生们显然已经对这节课失去了兴趣。尽管后面的环节变动很大，但由于一开始就没有调动起学生的积极性，所以这节课上得索然无味。下课后，我们立即开始讨论，分析出原因之后，我们决定再大胆一些，考虑到别的班也已经学过这篇课文的现实，我们决定将字词完全摒弃，整堂课就围绕指导学生学习“有感情朗读”这个主题进行。同时，“如何进行有效的课前调动”也成为我们研究的重点。

6. 投入研究，体验快乐

思路确定了，如何修改是个大问题。于是，我们开展了更为丰富全面的网上学习活动。教师在写出观课报告后，针对发现的问题，上网搜索相关资料，找出自己认为可以解决问题的办法，一并发送给牟老师。牟老师也放弃周末的休息时间，在家里修改自己的教学设计。她已经完全自发地投入了研究中，课例打磨的魅力已初步显现出来。

7. 领导支持，信心倍增

我们这个活动从一开始就受到了学校领导的关注，姜校长、郭校长每次都参与我们的听课或研讨活动。郭校长基本上完全加入我们的研究队伍中，给我们提了许多宝贵的意见，并帮助我们逐字逐句地通研教案，给了我们信心与力量。在得知牟老师要到育华学校讲课的消息后，她主动联系十里堡小学，让牟老师到那里进行第三次授课，这着实给了我们更大的鼓舞。

8. 三次授课，美丽初绽

3 月 29 日上午，我们的第三次授课活动在十里堡小学拉开帷幕。这次，我们同样开展了分工观课活动，但观课内容在前两次的基础上有了改动，变得更具体、更有针对性。除了“学生参与度观课表”和“朗读指导方法、次数观课表”保留外，其余两张表改为“教师范读次数及效果观课表”和“各教学环节时间分配观课表”。十里堡的学生都来自农村，见到陌生的老师显得非常拘谨，并且学生们的知识面不宽，对已经学过的有关泼水节的知识也知之甚少，读书时拖长腔、唱读现象比较严重。教师此时要想指导他们有感情地朗读真的不容易。但是，牟老师没有像第二次授课时那样情绪失落，而是充分利用自己的语言调动学生参与的积极性，使学生们由最初的讷讷不敢言到最后的积极参与，由最初的唱读到努力学着老师的样子声情并茂地大声朗读。虽然还不是那么动听，但是他们进步了，我们指导学生学会有感情地朗读的目的也初步达到了。

课后，我们没有沾沾自喜，而是又展开了新一轮的反思，因为我们又发现了新的问题。这次，我们没有围坐在一起讨论，而是抽空去找牟老师谈自己的建议，然后又逐字逐句地推敲每句过渡语怎么说、每个问题怎样提学生更易于理解……

磨课活动就在“设计教案——集体修改教案——授课、观课——写观课报告、研讨”中轮回着，它磨炼的是教师的意志，推动的是教师的成长。

（三）我们的反思与收获

1. 对有感情朗读的指导方法有了较为深入的研究

为了搞好这次磨课，教师们积极上网学习、查找资料，大家对《难忘的泼水节》这篇课文都有了非常深刻的理解。了解了它的写作背景、傣族的民族风情、与泼水节相关的故事，以及多种多样的教学设计思路……更为重要的是，大家为了有效开展有感情朗读的指导，搜集了大量的资料，并从中找出了适合低年级学生的有感情朗读的指导方法，将其付诸于自己的课堂教学，在帮助学生提高有感情地朗读能力方面做了大胆的尝试，并取得了不错的效果。

2. 增强了我们的团队意识

我校是新建校，教师们来自不同的学校，由于大家平时忙于工作，除两周一次的教研活动外，很少有时间坐下来交流，因此相互之间不是很熟。课例打磨给了我们这样一个平台，使我们加深了了解，一个和谐的团队在课例打磨中逐渐形成。

3. 教师在课例打磨中实现专业成长

伴随着课例打磨，教师的教学理念开始转变，逐步从“教教材”转向

“教语文”。而这其中变化最大的莫过于这次的课例被打磨者——牟洪梅老师。我们从她的教学反思中可以找到答案。

她在第一次的教学反思中这样写道：

这次执教，虽然圆满地完成了教学任务，重视了朗读训练，却缺少方法的指导。当有的学生重复朗读却没有更大的进步时，我觉得自己茫然了，没有进行朗读方法的指导，而是几句话捎带过去；当有的学生对第五自然段读不熟时，我只是要求学生回家再练习；当朗读水平高的孩子不用悟情就能声情并茂地朗读时，反而觉得正合自己意愿；当我为能完成教学任务而庆幸时，李老师说：“这样的教法是教课文，而不是教语文，语文课上应让问题‘减肥’，着重提高孩子某一方面的能力即可。”对本课而言，李老师说课堂上应体现学生朗读水平的提高，这才是真正有意义的教学。

在第二次的教学反思中她写道：

这堂课很失败。原因还是自己没有把握好课堂完整与学生是否有收获两者的平衡。过于追求课堂的完整，结果目标没有落实，学生这堂课也没学到东西，这节课也就不是有效的课堂。

在第三次的教学反思中她写道：

读了李秀伟老师的《与课堂教学研究一起成长》一文，有一句话让我记忆犹新：“如果让实践不再徘徊于单纯的低级行动过程，就需要在实践中能够反问实践、反思实践，由此建构实践中应有的理论内涵，并进而建构自我。”这句话让从事多年语文教学的我对这次的语文课例打磨活动有了新的认识，并为自己在打磨活动中取得的进步而由衷高兴。

今天早上第一节课是在十里堡小学试讲，虽然第一次到农村小学讲课，孩子们怯生生的，有点紧张，但是我觉得这是打磨活动开展以来最成功的课堂。课堂中有的孩子从不敢说到愿意说，从不会读书到读出自己的理解，并掌握了一种读书的方法，这就是从“教课文”到“教语文”过程的一种转变吧。

通过课例打磨，教师的写作水平和反思能力得到进一步的提高。短短的20天，我们5个人完成了40678字的文字材料，其中教学设计5稿，个人授课反思3篇，评课报告11篇，课堂教学实录3篇，还有集体备课稿、观课记录……这些凝聚着我们汗水的文字，正是我们成长的最好见证。

二、怎一个“美”字了得？——《如梦令》课例研修反思[①]

在李秀伟工作室“基于学科教学改进的校本研修”主题下，我和我的五人研究群组就《如梦令·常记溪亭日暮》进行了课例研修。确立以《如梦令》作为研修课例后，我作为备课和执教人，其他四位老师（奎文区幸福街小学杨莲兰老师、祝洪琴老师、周波老师、陈秀玲老师）作为观课和评课人，严格按照李秀伟老师提出的“课例打磨”原则，经过包括“确定主题”“四次设计三次打磨”“形成自我改进和发展报告”在内的共八个环节的研修流程，按部就班，把每一步工作做实做细，力争使研究成果能为校本研修添砖加瓦。

（一）用美的尺度观照诗词教学——研究主题的确立原点

新的《课程标准》进一步肯定和提高了小学古诗词的教学地位，要求1～6年级的学生背诵优秀诗文不少于160篇，并在附录中列出70首《古诗词背诵推荐篇目》，也新增了许多优秀诗词，小学生古诗词阅读材料不论从数量上还是内容上都有了很大程度的扩展。那么，诗词教学仅仅是背诵与积累吗？

日本的教育家小原国芳、印度的哲学家及诗人泰戈尔、北大的教授钱理群等都表达过这样一个意思：语文是一个民族的灵魂，诗歌是灵魂的内核。诗词是生命的歌，是美的化身，是值得后人咀嚼、消化、回味的精神食粮。那么，如何对诗词进行“咀嚼、消化、回味”呢？

鲁迅先生认为诗词是通过意境来反映生活的，他说：“意美以感心，一也；音美以感耳，二也；形美以感目，三也。”诗词只有在美的烛照下，才能实现意、音、形的融合。因此，诗词的阅读与欣赏应当跨入美学领域，用心灵去捕捉诗的意象和境界。

但是在具体教学过程中，很多教师急于求成，教学的盲目性和随意性较大。有的高估学生的认知水平和接受能力，要求学生每天背诵一首；有的低估学生水平，填鸭注入式地串讲，使学生没有自主学习、思考的时间；更有

① 山东省潍坊市奎文区幸福街小学孙云霄老师提供。

教师仅把诗歌大意告诉学生就算完成任务。诸如此类的做法使诗歌的美消失殆尽，变成了一项背诵的苦差，使学生难以从根本上体会诗歌最美的情感，对语文学习的兴趣也深受影响。

我们在准确认识小学古诗词教学的重要地位与意义的基础上，用美的尺度来观照教学，紧紧抓住小学古诗词的特点，从文本分析入手，结合小学生的年龄特点进行研究，以让学生感受音韵美、画面美，领悟意境美为具体目标，力求全面地、多维度地探索古诗词的最佳教学模式。

（二）风起青萍之末——解读《如梦令》的价值取向

《如梦令》这首词是南宋著名词人李清照所作。这首词语言朴实、节奏和谐，写了“酒醉”“花美”，新颖别致，优美的意境更是令人向往。它表达了词人早期的生活情趣和心境，以尺幅之短给人以足够的美的享受。

如 梦 令

常记溪亭日暮，沉醉不知归路。
兴尽晚回舟，误入藕花深处。
争渡，争渡，惊起一滩鸥鹭。

“常记”两句起笔平淡，自然和谐，把读者自然而然地引到了她所创造的词境。“常记”明确表示追述，地点在“溪亭”，时间是“日暮”，作者饮宴以后，已经醉得连回去的路径都辨识不出了。“沉醉”二字却流露了作者心底的欢愉，“不知归路”也曲折传达了作者流连忘返的情致，看起来，这是一次给作者留下深刻印象的十分愉快的游赏。果然，接写的“兴尽”两句，就把这种意兴递进了一层，兴尽方才回舟，那么，兴未尽呢？恰恰表明兴致之高，不想回舟。而“误入”一句，行文流畅自然，毫无斧凿痕迹，同前面的“不知归路”相呼应，显示了主人公的忘情心态。盛放的荷花丛中正有一叶扁舟摇荡，舟上是游兴未尽的才女，这样的美景，一下子跃然纸上，呼之欲出。一连两个“争渡”，表达了主人公急于从迷途中找寻出路的焦灼心情。正是由于“争渡”，所以又“惊起一滩鸥鹭”，把停栖在洲渚上的水鸟都吓飞了。至此，词戛然而止，言尽而意未尽，耐人寻味。

这首小令用词简练，只选取了几个片段，把移动着的风景和作者怡然的心情融合在一起，写出了作者青春年少时的好心情，让人不由想随她一道荷丛荡舟，沉醉不归。正所谓“少年情怀自是得”，不事雕琢，富有一种自然之美。一般人认为它反映的是作者愉悦轻松的心情，我们研修小组在对文本进行反复解读之后认为，这首小令既是一篇回忆之作，它的背后还是充满了伤感之意的。因为作者的经历前后反差很大，她既然怀念青春时的欢快，想必现在的生活不是称心的。

因此，这次“兴尽晚回舟”，相对于李清照沉重的一生来说，正如风起青萍之末，什么都好像没有发生过，然而正所谓“当时只道是寻常”，因为有了它，生命决然不同了。

（三）照水红蕖细细香——教学设计围绕“美”字，让课堂活色生香

1. 反复朗读，感知词的音韵美

【教学片段示例】

师：咱们先来读读这首词。请问你课前读过吗？读过更好，没读过也不怕。

生读。

师：正确、流利，很好。

师：词的一大特点是讲究平仄规律。一二声叫平声，三四声叫仄声。

课件出示《如梦令》格律：

如 梦 令

宋·李清照

— | — — | |

常 记 溪 亭 日 暮，

— | | — — |

沉 醉 不 知 归 路。

| | | — —

兴 尽 晚 回 舟，

| | | — — |

误 入 藕 花 深 处。

— | — |

争 渡，争 渡，

— | | — — |

惊 起 一 滩 鸥 鹭。

师：这就是如梦令的平仄格律。横线是平声，读的时候要拖长音，竖线是仄声，读的时候要短促，这就是“平长仄短”的诵读规律。

师：老师先来范读。注意老师的读法。

师：找到感觉了吗？

师：大家一起读。

师：下面男生读上一句，女生读下一句。

【研修要点】

此环节我的初次教学设计是这样的：①读准字音，读准停顿；②用潍坊话读；③平仄读；④一唱三叹读；⑤唱和读。目的是想通过不同形式的读，将词读通读顺读出美感，感知词的音韵美。

经过集体备课和多次试讲以后，首先，我发现学生没有经过理解的读只是形式上的鹦鹉学舌，并不能真正体会词的音韵美；其次，陈秀玲老师说，此环节我用时过多，影响了后面的环节。因此，最后我将此环节的重点放在平仄读上。在反复吟诵的过程中，让学生既感悟到古人吟诵诗词的“平长仄短”规律，又感受到宋词古韵悠长、余音绕梁的音律之美。

2. 想象，理解词的画面美

【教学片段示例】

师：同学们读得真好听啊！但是，你读懂它的意思了吗？谁愿意起来说一说？

一生叙述诗词大意。

一生补充。

师：老师考考大家，“兴”是什么意思？

生：兴趣。

生：兴致。

师：做什么的“兴致”呢？猜测一下那个下午李清照有可能做过什么有趣的事情呢？

生：喝酒。

师：李清照的一大爱好就是喝酒啊！

生：玩蹴鞠。

师：你真厉害，知道蹴鞠，蹴鞠是什么？

生：就是类似现在足球的东西。

师：你的知识真丰富！

生："兴"还有可能是玩水。

生：赏花。

师：李清照特别爱花，从她的其他词作中也可看得出。

生：看夕阳。

师：对，日暮时分哦。看夕阳是词人的雅兴啊！

生：吟诗作对。

师：作为一代词宗，这是少不了的事情了。

师：所以这个"兴"，有可能指——

课件出示：

（品尝美酒的）酒兴

（游山玩水的）游兴

（吟诗作对的）诗兴

（棋逢对手的）棋兴

……

师：这是一个多么快乐的下午啊！谁能把这种快乐读出来呢？

生读。

师：从你脸上的表情，老师读出了你的快乐。

师：请再考虑，"争渡"是什么意思？

课件出示：

关于"争渡"的注解历来有两种观点：

（1）以"唐诗、宋词、元曲三百首"为主的一方认为，"争渡"的意思是"奋力划啊，抢着划啊"。

（2）以"唐宋词鉴赏辞典"为主的一方认为，"争渡"的意思是"怎么划啊，怎么划啊"。

再读读这首词，联系词的上下句，考虑一下，你认为是哪一种意思呢？

生：抢着划，才惊起鸥鹭。所以我同意第一种观点。

生：因为误入，找不到出路，才说怎么划啊。我同意第二种观点。

生：因为天晚了，心里急着回家，所以才会抢着划，应该是第一种。

生：因为急着回家，所以才不小心误入了荷花深处，我认为是第二种。

……

师：同学们的理解都很有道理，难怪那些诗词专家们一直就这样争论不休。不管是“抢着划”，还是“怎么划”，李清照那个时刻的快乐是不变的。

谁能把李清照当时“争渡”的快乐读出来呢？

生读。

师：你真的读懂李清照的快乐了。

师：我们读懂了李清照的快乐，但这还不算高层次的理解，高层次的理解是能从词里读出画面。再读读这首词，你看看词中有哪些美丽的画面或者美好的镜头，把相关的词语在书上画出来。

生边读边画。

师：可以说说你发现的画面吗？

生：溪亭日暮。

生：藕花深处。

生：一滩鸥鹭。

师课件出示：

溪亭日暮

藕花深处

争渡，争渡

惊飞鸥鹭

……

师：对啊，同学们，这33个字就隐藏着这么多画面，真的是古人所说的画中有词、词中有画啊！那么，这些画面到底有多美呢？在小组内交流一下你喜欢的画面，并将画面描述下来吧。

生交流，描述画面。

师：咱们一起交流一下你喜欢的画面吧。

师：常记溪亭日暮，溪亭日暮在你的想象里是一幅怎样的画面呢？

生：我喜欢的“溪亭日暮”是：夕阳落山了，霞光辉映在溪边的亭子上，黄色的琉璃瓦变成了橙黄色。亭子周围的景物，荷花、绿叶，还有李清照的朋友，都成了金黄色。这让我想起了一句诗：夕阳无限好，只是近黄昏。

师：真的是一幅迷人的画面啊！

生：夕阳西下，晚霞染红了溪水，染红了远山，李清照被这美景迷住了，迷得忘记了喝酒聊天。

师：是的，好美的落日啊！把你描绘的这种美读出来好吗？

生读。

师：夕阳西下，漫天彩霞，霞光辉映着碧水，万物沐浴着霞光，置身在这色彩绚烂、水波流转的世界里，怎能不目眩神迷，怎能不沉醉呢？

“常记溪亭日暮，沉醉不知归路”，就读这两句，大家一起读——

师：藕花深处又是怎样一番景致呢？

生：一丛丛碧绿的荷叶，衬托着一朵朵美丽的荷花，让我想起一句诗：出淤泥而不染，濯清涟而不妖。荷花像一个小姑娘，穿着淡绿的裙子，亭亭玉立，显得那么恬静优雅。

师：多么美丽的荷花仙子啊！

生：一朵朵荷花在水中摇曳，千姿百态，美不胜收。繁花从这头开到那头，中间不留一点空隙，开得如此美妙绝伦。

生：这让我想起了“荷叶罗裙一色裁，芙蓉向脸两边开”。

师：多么诗情画意啊！接天莲叶无穷碧，映日荷花别样红。回眸处，有暗香流动，置身在这清香四溢的藕花深处，意醉神迷，怎么会记得清回家的路呢？这是一幅怎样的画面啊！你能把荷花的美读出来吗？请你接着我的读，兴尽晚回舟——

生读：误入藕花深处。

师：大家一起读“兴尽晚回舟，误入藕花深处”。因为误入藕花深处，所以“争渡，争渡”，谁的画面是争渡啊？

生：李清照和她的朋友抢着划船，看哪，小船划得那么快，水花把衣服都溅湿了！

师：天上燃烧着彩霞，身边怒放着荷花，在这片美丽得让人忘记了归途的风景里，突然间有了哗啦啦的船桨击水的声音，突然间有了银铃般的笑语声，这是多么生动的意境啊！

就读这四个字（师引读）：

争渡，争渡——

女同学读。

男同学读。

全体同学读。

师：争渡，争渡，所以惊起了——一滩鸥鹭！惊起一滩鸥鹭，这又是怎样的画面呢？

生：一只只白色的鸥鹭飞起来了，犹如在天空中开出了一朵朵白色的花，映着夕阳的金色，好美呀！

生：飞起的鸥鹭让我想起了一句诗：落霞与孤鹜齐飞，秋水共长天一色。

生：一只只鸥鹭从荷花丛中飞出来，犹如夜幕中炸开的一朵朵烟花，又像是在银灰色的锦缎上绣出的几朵白花，高雅端庄，美丽低调。这景色真是美不胜收啊！

师：你真是一位小才女啊！想想看，同学们，绿的荷叶，粉的荷花，粉黄橘黄的彩霞，在这背景之下，洁白的鸥鹭翻飞，清清的水花四溅，这怎能不让人惊喜、怎能不让人惊叹呢？

请小才女来读读这种惊喜！

生读。

师：惊起一滩鸥鹭！全体同学一起读（师引读）：常记溪亭日暮——

生读。

【研修要点】

想想画面的唯美部分，教师出示自学要求，让学生通过自学及小组合作将词中两个难理解的词语“兴”和“争渡”一一攻破。尤其是“争渡”这个词语的教学，先是将研究宋词专家的“抢着划”和“怎么划”两种观点呈现，让学生进行思考、辩论。学生联系词的上下文以及现实生活的经验，进行阐述，精彩之言层出不穷，一下子激活了学生的思维，将课堂推向了高潮。

接下来是“写”。在此环节的前两次试教中，教师先将自己备课时眼前所浮现的画面，用一段优美的文字深情地描述出来，让学生说说老师为什么能写这么美，从而让学生明白，要想将画面写得优美，必须运用比喻、拟人、排比、引用诗句等写作手法。然后让学生寻找这首词中还隐藏了哪些画面，引导学生抓住“溪亭日暮”“藕花深处”“一滩鸥鹭”这三幅画面。

但是，因为老师的描述具有极大的引导性，反而束缚了学生的想象力，学生写出的片段并不理想。研修小组经过讨论后，将此环节改为让学生先在小组内互说想象到的画面，教师相机指导，对语言优美的大加表扬，从而达到引领和指导其他同学的效果。

学生们在小组讨论后，将自己设想成作者本人，从作者当时的立场设身处地地考虑感受，使诗中描写的形象和景象一一浮现于脑海中，将画面写得丰满、生动，写出了意境之美。

3. 揣摩，品味词的意蕴美

【教学片段示例】

师：大家知道读懂一首词的最高境界是什么吗？就是找到能体现词人心情的词眼。把33个字浓缩为一个字。

课件出示：

(1) 再读课文，找出词眼，在文中画出来，并能说出为什么。

(2) 交流、揣摩词人沉醉的心情。

生读课文交流汇报。

师：同学们发现词眼是“醉”，之所以说它是词眼，仅仅是因为“醉酒”“醉景”吗？请同学们默读一下这段资料，看看你有什么启发。

课件出示：

李清照幸福的少女生活

李清照的外公是前朝的宰相，李清照的父亲所任官职相当于现在的教育部部长。她从小在优裕的生活环境中长大，接受着优良的家庭教育。因此，少女时代的生活在她的眼里充满了色彩，也充满了愉快、生机和乐趣。这集中体现在她那首著名的词——《如梦令》中：“常记溪亭日暮，沉醉不知归路。兴尽晚回舟，误入藕花深处。争渡，争渡，惊起一滩鸥鹭。”这词写得太好了，非常集中地体现了李清照早期生活的无忧无虑①。

师：李清照“醉”的是什么呢？

生：醉的是“无忧无虑”。

生：醉的是“快乐的生活”。

生：醉的是“美好的生活”。

师：让我们沉醉地读一读吧。

① 摘自《百家讲坛》之《李清照》。主讲人：康震，北京师范大学教授。

【研修要点】

在尊重学生独特体验的基础上，让学生寻找词眼，欣赏“醉”字，分析词人因何陶醉，并感悟“醉”字和整首词的意义关联，以及作者为何对那日的情景念念不忘。教师通过让学生咀嚼诗句、品味诗句的语言，以及适时补充李清照少女时期幸福生活的文字介绍，让学生真正走进词人的生活，品出“醉”的无穷滋味。正如陈秀玲老师在她的观课报告中所说：“孙老师让学生找出词眼，通过交流，知道是‘醉’，提供‘李清照幸福的少女生活’的资料，让学生交流她还沉醉于什么。她可能还沉醉于‘醉酒’‘醉景’‘醉生活’，让学生醉醉地读词，那种感觉真若词人一般。”

4. 拓展，领悟词的真情美

【教学片段示例】

从这首词的开头两个字——“常记”，我们不难看出，李清照后来常常回忆起这种生活。她会在什么时候常常记起呢？

生：在她快乐的时候。

生：在她不愉快的时候。

生：在她旧地重游的时候。

生：又到黄昏的时候。

师：同学们，不管是不是旧地重游，不管是不是快乐，人在任何时候，都愿意把快乐美好的记忆永存心间。

李清照结婚以后，生活甜蜜。在一首《减字木兰花》中她写道——

课件出示：

怕郎猜道，奴面不如花面好。云鬓斜簪，徒要教郎比并看。

怕丈夫以为自己的容貌不如花儿好看，于是把花朵斜插在头发上，只是要叫丈夫比比我和花儿哪一个更好看。多么甜蜜的爱情啊，她这时如果记起这首《如梦令》，肯定会快乐地吟诵，（师引读）“常记溪亭日暮——”

生（齐读）：常记溪亭日暮，沉醉不知归路。兴尽晚回舟，误入藕花深处。争渡，争渡，惊起一滩鸥鹭。

师课件出示：

花自飘零水自流，一种相思，两处闲愁。此情无计可消除，才下眉头，却上心头。——《一剪梅》

东篱把酒黄昏后，有暗香盈袖。莫道不销魂，帘卷西风，人比黄花

瘦。——《醉花阴》

师：丈夫到外地做官以后，两人暂时分开，李清照对丈夫的思念之情，正像词中所写“才下眉头，却上心头”，人比黄花都瘦了。如果这时她想起这首《如梦令》，她会带点淡淡哀愁地吟诵道，全体女生读，（师引读）“常记溪亭日暮——”

生（齐读）：常记溪亭日暮，沉醉不知归路。兴尽晚回舟，误入藕花深处。争渡，争渡，惊起一滩鸥鹭。

师课件出示：

如今憔悴，风鬟霜鬓，怕见夜间出去。不如向、帘儿底下，听人笑语。——《永遇乐》

师：北宋战乱，丈夫赵明诚去世，李清照为了躲避战火，孤身一人，到处颠沛流离，备尝人间辛苦。有一年元宵节的时候，有人约她出去游玩。那么爱玩的她拒绝了，她说，容颜憔悴，头发凌乱，害怕见人。不如自己偷偷地，从帘子底下，听人家说说笑笑。只敢悄悄偷看别人欢乐的李清照，这时如果想到了那首《如梦令》，她只能偷偷地吟诵，全体男生读，（师引读）“常记溪亭日暮——”

生（齐读）：常记溪亭日暮，沉醉不知归路。兴尽晚回舟，误入藕花深处。争渡，争渡，惊起一滩鸥鹭。

师课件出示：

寻寻觅觅，冷冷清清，凄凄惨惨戚戚。

乍暖还寒时候，最难将息。

三杯两盏淡酒，怎敌他、晚来风急？

雁过也，正伤心，却是旧时相识。

满地黄花堆积，憔悴损，如今有谁堪摘？

守着窗儿，独自怎生得黑？

梧桐更兼细雨，到黄昏、点点滴滴。

这次第，怎一个愁字了得！

赵明诚死后，李清照孤苦无依，生活凄凉。有个叫张汝舟的人，为了骗取李清照的钱财，大献殷勤，骗得李清照与他结婚，婚后却对李清照拳脚相加，施以暴力。可怜李清照这个至纯至净、柔柔弱弱的才女啊，费尽周折，才从他的魔掌中逃脱。离开了这种梦魇一样的生活，李清照的心境更加凄凉，于是她写下了《声声慢》(师读《声声慢》)。不是一个“愁”字可以形容得了的李清照，如果这时她记起了那首《如梦令》，带着现在的哀伤，追忆昔日的快乐时光，她会这样吟诵道，齐读“常记溪亭日暮——”

生（齐读）：常记溪亭日暮，沉醉不知归路。兴尽晚回舟，误入藕花深处。争渡，争渡，惊起一滩鸥鹭。

师：这快乐美好的溪亭日暮，不但温暖了千年以前李清照的一生，更明媚了千年以来无数喜欢它的人。这首词在十一届全运会上曾经被演绎过，我们大家一起欣赏一下。

（播放全运会蔡琴演唱《如梦令》视频）

生轻声哼唱。

太美了，但是这样的美感怎一个“美”字了得？让我们也像李清照一样，把这种诗情画意，把这种快乐美好永存心间吧！试试背诵出来好吗？

生齐背。

这节课大家学得那么积极，课下请大家用这种想象的方法，自己试着去解读一首词，好吗？

【研修要点】

此环节的设计意图是让学生感知李清照在不同时期的经典作品，不仅让学生明白李清照的每一首词、每一句话都是她的真言真语真性情——这是一代词宗之所以被称为“词宗”的最可珍贵之处，更是要让学生通过感知李清照晚年生活的不幸，懂得李清照年少生活“当时只道是寻常”的美好之处。在课堂即将结束时，播放蔡琴的音画视频《如梦令》，如泣如诉的吟唱，唯美，诗意，回味悠长，恰到好处地阐释了喜悦背后的哀伤。学生忍不住一起浅吟低唱，将课堂推向了美的高潮。

播放视频环节本是放在“揣摩，品味词的意蕴美”这一环节，目的是辅助学生品味音韵美。但是，蔡琴如泣如诉的吟唱与第三环节中学生领略到的“醉”的意蕴不相符，强加上去有画蛇添足之感。经过几次试讲后，把这一环节放在了拓展李清照中晚年生活之后，既与其凄凉心境吻合，又与其后期词风吻合，起到了意想不到的效果。正如陈秀玲老师在观课报告中所说：“教师联系到李清照的生活际遇，为了让学生读出不同的感觉，体验‘常记’，引用了李清照的其他 5 首词，运用得恰到好处。尤其是一位学生读

《声声慢》，特别动情，似乎要把人的眼泪逼出来似的。学生接读整首词时，集体哀痛的语调，读得催人泪下一般。在此，出示视频，在凄美的歌声中，体验更加深入。”

总的来说，这节课从美学角度全方位地进行了观照：朗读，感知词的音韵美；想象，理解词的画面美；揣摩，品味词的意蕴美；拓展，领悟词的真情美。四环节使学生在想象意境、体味感情、品读语言的过程中，始终伴随着诵读，边读边思，边读边悟，在整首词优美语言的熏陶感染中，让学生真正领略到古诗词无穷的魅力，顺利实现了课堂的三维目标。

马克思说：“人也按照美的规律来建造。”在诗词教学活动中，学生不仅仅通过思维获得对词的认识和文化熏陶，而且在他所建构的诗词世界中直观自身，从而得到整个精神上的满足和陶冶——若果真如此，我们语文教育的目的便达到了。

三、在反思中成长①

教学反思能帮助教师迅速接收课堂中的反馈信息，克服教学中的干扰因子；有助于教师找出教学设想在具体实施过程中的成功和不足，为调整教学提供可靠依据；有助于教师加深对《课程标准》的领会、对教材的理解和教法的改革力度。可以说，它是教学技能升华的催化剂，能帮助教师一路攀升。

教学反思的内容涵盖了教学活动的方方面面，包括与课堂教学有关的各基本要素及其关系。

（一）记亮点

教师在教学过程中，每一节课都会有“闪光点”，也就是成功之处。如有效的课堂组织、高超的教学设计、活跃的课堂氛围、独创的问题情境、默契的师生配合、精彩的教学片段、成功的临场发挥、独特的教学思维、经典

① 山东省潍坊市第十三中学林亚妮老师提供。

的师生对话、典型的教学案例、逼真的教学演示、巧妙的问题处理、精当的教学语言、传神的肢体语言和眼神等。只要稍加留心，这些可记之处俯拾皆是。如我在教学“蒙古的兴起和元朝的建立”时，就有不少“亮点”：

1. 本课涉及的知识面广，较为复杂，且授课时间有限，但能有的放矢，对教材正文的处理主次分明，对教材的阅读材料也进行了筛选，从而突出了本文的重点、难点，实为难能可贵。

2. 难点问题通过诱导的方式教学，使众多学生能够理解。如教学“行省制度”时，把行省制度与当今的行政区划制度进行比较，化抽象为具体；结合乡土历史提及广东省惠来县在当时属于江西行省管辖，激发学生了解乡土历史的兴趣；把秦朝的郡县制和元朝的行省制度有机地结合起来，既巩固了学生的旧知识，又有助于学生对新知识的理解。

3. 在教学“元朝的运河”时，与“隋朝的运河”比较其不同点，加深学生对相关知识的理解和记忆。

4. 在疆域问题上，运用汉代、唐代、元代及当今中国版图的复合投影片进行比较，使多数学生了解和掌握：在中国历史上元朝的疆域最为辽阔。

5. 在西藏问题上，联系唐朝与吐蕃的两次通婚；还结合时政教学，联系西藏2008年的“3·14”事件。在台湾问题上，联系三国时大陆和夷洲的关系。说明台湾和西藏自古以来就是祖国领土神圣不可分割的一部分，做到温故而知新。同时，加强了国情教育，反对分裂祖国统一，促进中华民族大团结。

6. 关键问题“面对如此辽阔的疆域，元朝实施哪些有效的政治措施进行管辖?”在教授完行省制度、宣政院、巡检司及辽阔疆域等知识点的基础上提出，恰到好处，如同下了一场及时雨，解决了学生的困惑。

7. 在教学“民族融合的发展”时，联系上学期所学相关知识，使学生明确本次融合是在前代民族融合的基础上进一步的大融合；在“回族”问题上，又与现行的省级行政区划宁夏回族自治区结合起来，实现史地学科的整合，拓展了学生的知识面。

8. 弹性教材的设计，既可拓宽学生的知识领域，也可满足不同学生层次的需求，还便于教师依据课堂的密度灵活选用，彰显教材的灵活性。

9. 整个教学过程基本上都用了过渡语，上下文的衔接较为自然。

10. 在新课授完时，抛出问题“元朝在我国历史上有哪些重要贡献?”既起到总结性的作用，又可以作为学生的课外作业，“一箭双雕”。

（二）记偶得

虽然教师在教学之前都会在教材的处理和教学过程的设计等方面花费大量的心思，做充分的准备。但在课堂上，随着教学活动的一步步深入，常常会有一些偶然事件发生。对此，教师虽然事先可能毫无准备，但是也能沉着冷静，应对自如，因势利导，充满智慧地妥善处置。有时，随着课堂教学的一步步推进、教学内容的一步步展开，教师自己也许会突发奇想，或突然产生一些灵感，并且运用这种突如其来的想法或灵感，创造出与自己预先的教学设计完全不同的教学策略，收到意想不到的良好效果。如我在讲授“蒙古的兴起和元朝的建立”时，喜获如下“偶得”：

1. 在学习“元朝统一的意义”时，竟然有个别学生认为：对统一的看法不要一概而论，统一只是创造了社会发展的条件，但不一定就有发展。元朝的统一付出的代价太高，对社会生产力的破坏很大，是得不偿失的。而分裂割据则有利于各民族之间的竞争，同样也会促进社会的发展。

2. 在探讨“文天祥是不是民族英雄”时，有的认为：在当时的情况下，他一定是汉族的民族英雄；也有的认为：当今的中国基本统一了，在这种情况下，各民族之间如同兄弟姐妹，因此，他不是民族英雄。

针对上述现象，我“因地制宜”，巧妙应对，充分肯定了他们的精彩辩论，并当场表扬了他们，学生们也纷纷鼓掌，课堂气氛异常浓厚，互动活跃，体现了历史教学的趣味性、发散性和创新性。我把自己这些教学中充满智慧的“偶得”及时记录下来，并对之进行归类、整理、总结，让自己的教学智慧实现从量变到质变的飞跃，从而提高自己的教学水平，增强自己的教学能力。

（三）记“病例”

即使是自己觉得非常成功的课堂教学，也会因多种原因而出现各种不同“症状”的“病例”。如教材处理欠当、课堂组织欠妥、教学方法不良、学法指导不力、教学演示失败、语言表达不准、出现知识错误、教学设计与实际脱节、解答不了学生的问题，等等。只要教师认真仔细地揣摩和寻找，也许自己教学的“病例”在每一节课中都会或多或少地存在。如我在教学“蒙古的兴起和元朝的建立”时，产生了下面这些“病例”：

1. 上述提到的难点问题，对基础较弱的学生来说，也许不能全面领会。

2. 元代的疆域问题，虽然用了较有代表性的疆域复合图进行比较，是较为科学之举。但是，某些同学的反应较慢，加上时间有限，可能还没真正明白元朝的疆域究竟有多大。

我记下自己在课堂教学中的这些“病例”，使其成为教学工作中的前车之鉴，在以后的教学过程中少走或不走弯路，进而使自己的教学活动日臻完善。

（四）记“诊疗”

“诊疗”也是教学反思不可缺少的内容之一。既然教学中出现了各种各样的“病症”，就必须采用“望、闻、问、切”四诊法进行准确“诊断”，查找“病因”，“对症下药”，确保“疗效”。教师教学水平是教学设计——教学实施——教学再设计——教学再实施等多次循环、螺旋上升的过程。因此，教师在授完每一节课后，都应对自己的课堂教学情况静心沉思。一方面，要总结自己的教学经验与教训：教材组织、教学内容、课堂结构、教学方法、思维训练、教学创新等，哪些方面是成功的，哪些方面需要改进；另一方面，要摸索教学的规律：根据这一节课的反馈信息和教学体会，要对教学情况进行必要的归类与取舍，修订教学方案，拟定“治疗”方案。这样既可以帮助教师对课堂教学活动扬长避短、精益求精，把自己的教学水平提高到一个新的境界和高度，又能使自己迅速走向成熟和成功，在以后的教学中更加得心应手、游刃有余。如我再次教授“蒙古的兴起和元朝的建立”时，可尝试下列“治疗”方案，从而总结出最佳教学效果。

1. 对难点问题，可利用课外时间对基础薄弱的学生加强辅导。

2. 疆域复合图的运用，设法换成各朝代疆域面积的具体数字。这样，既节省时间，又一目了然，实为最科学的办法。

3. 如果把课时由原来的 1 课时调整为 1.5 课时或者 2 课时，课时将更加充足。这样，绝大多数基础较弱的学生也能基本掌握本课的知识，教学会变得更加完美。

四、“四个关注”引领成长[①]

校本研修的最终目标是通过研修促进教师的专业成长，然后以教师的成长促进学校的发展，最终是为了学生的发展。作为一名学校管理者，既是校本研修的参与者，又是校本研修的组织者，站在双重角色的位置上审视校本研修，觉得校本研修的实效性确实有待提高。下面从四个方面谈一下提高校本研修实效性的建议：

（一）关注学后反思

系统的理论培训是对教师最常用的培训方式，它能震撼教师的思想，荡涤教师的观念。凡是参加过培训的教师都有这样的感受，刚刚培训后都觉得收获很大，而且也有大干一番的豪情壮志，但这种激情会随着时间的推移被冲淡。所以，如果校本培训只注重培训而不与教师的教学行为发生碰撞，那么新理念也只能被束之高阁，成为“水中月”“镜中花”。这就需要给教师一个能撬起理论的支点，使其对所学能够悟于心、显于行、表于言，使理论与实践能够达到融会贯通的境界。这个支点就是反思。培训过后，要组织参训教师撰写培训体会或开展研讨活动，让教师谈一谈自己在培训中的收获。这时他们会结合培训内容，对照自己的教育教学实际，认真反思。这种反思，是新事物与旧理念的碰撞，是一种理性的思考；这种思考，促使教师发现问题并进行“重建”，只有经历了“重建”阶段，教师的成长才能得到真实的提升。所以说，反思会使教师更深刻地领会培训精神，更主动地进行自我发展。记得一位专家曾经把校本研修比作大海，他说，如果浮在表面，只会折射出一些美丽的光环，华而不实；但如果深入海底，就能挖掘出真正的宝藏，正所谓“入深水者，得蛟龙也”。反思，会促使教师“入深水，得蛟龙”。

（二）关注课例研讨

有人强调，校本研修，要着眼于课堂，要关注课堂。因为落实新理念的

---

① 山东省潍坊市奎文区幸福街小学金凤华老师提供。

根基是课例，不管成功还是失败，我们只有通过剖析课例，解读课例，才能让新理念根深叶茂。作为一线教师研讨最多的也是课堂问题。谈到课堂研究，我觉得同课异构式的课堂研讨很值得借鉴。因为同课异构的校本研究最容易产生“货比货”的比较。选择一个课题，让不同的教师来设计、讲授，这种“课比课”的对比研讨最有实践性。一节课就是一位教师对教学内容的独特思考，是他教学智慧的展示。不同的教师讲授同一课题，就是多种智慧的大比拼。这样，对管理者来说，通过教师对同一教学内容处理的差异，产生“货比货”的比较，轻而易举地判断出“货”的质量；对授课者来说，他们通过观摩其他教师的课，有机会看清自己课堂的问题出在哪里，改进的方向在哪里。课后，展开研讨——调整改进——再次实践。这样让教师在鲜活的实例中经过多次磨合、印证，从而促进自己教育教学行为的改进，把新理念落实到具体的教育教学实践中。

俗话说：“不怕不识货，就怕货比货。”校本教研中一旦有了“货”与“货”的比较，我们就能及时发现问题，并在研究、解决问题中提高自我。

（三）关注“生活化”研修

大多数老师认为，只有那种组织起来的集中培训和研讨才是校本研修，这是对校本研修狭隘的理解。其实，校本研修的形式多种多样，但最容易被我们忽视的是教师们之间自发的研讨。如果留意一下，我们不难发现，经常有同年级的老师在一起谈论某个学生，谈论课堂的偶发事件和处理办法，同学科的老师在一起谈论教材，教龄长的老师在教新教师怎么管理学生等，这其实就是在进行研究。它是教学伙伴间自发的切磋和探讨，不拘时间，不拘地点，不拘形式，可随时发生，也可随时结束。没有完成任务的压力，只是一种平等的交流，就像是“拉家常”。这种不像校本研讨的研究却恰恰能解决教师日常教学中遇到的问题，也是老师们最简便、快捷的解决问题的方式。所以，学校要有意识地为教师营造“拉家常”式的研究氛围，树立“教师即研究者”“课堂即研究室”的理念，把教室、办公室真正变成研究室。只有这样，才能做到校本研修日常化、真切化、生活化，让教师在欢声笑语中，在兴趣与热情中，在自由民主的氛围中，各抒己见。实现伙伴的互助、智慧的碰撞，使校本研修真正成为教师间的一种对话，让教师拥有的时空都能成为研修文化生成的环境。

（四）关注教师差异

众所周知，孔子提倡教学要“因材施教”，这句话同样适用于校本研修。在学校里，教师的水平不一，根据他们专业成长的情况，我们不妨将教师大致分成新教师、胜任型教师、骨干教师。新教师，指教龄在三年以内的教师。他们的知识多是来源于书本的理论，缺少实际教育教学经验。所以，我们可以采用以传授经验为主的研修方式，如组织他们多听骨干教师的经验介绍和课堂观摩，特别要关注他们的课堂教学，经常走进他们的课堂，结合具体的课例，有针对性地对他们进行指导，通过听课、评课、改课、再上课，让他们的教学技能在反复的磨合与实践中获得提升。胜任型教师，占学校教师的大多数，特点是教学经验相对丰富，教学技能运用比较成熟，但教学按部就班，缺少向高层次发展的动力。对这部分教师，我们可以组织他们观看特级教师的上课录像，听名师、骨干教师讲课，激发他们成长的内驱力，然后引导他们反思自己的课堂教学，找出差距，逐步向骨干教师发展。骨干教师，已初步形成自己的教学风格，对教材处理有自己独到的见解，这时要鼓励他们凸显自己的教学风格，向个性化教师发展。对这类教师，我们宜采用专家引领的办法，让他们通过听专家讲座，聘请教研室专业人员进行具体的指导等，给他们以丰富的理论支撑和发展方向的引导，帮助他们度过“高原期”，顺利地向个性化方向发展。这样，根据不同层次教师的成长需要，施以不同内容的培训，引导每一位教师找准自己的坐标，找到自己发展的支点。

总之，校本研修应该立足于“给予教师一点经验、一些启发、一些思考、一缕充满智慧的阳光”，给教师铺就出一个个进步的阶梯，让教师在校本研修中加快专业成长的步伐。

结　语

缘于奎文区名师（专家）工作室的机制①

李秀伟工作室的成果来自于潍坊市奎文区多年来对名师工作室建设的探索与坚持。为给名师铺就成长的平台，奎文区一直坚持在做这项工作。

一、关于加强区域教师队伍建设的认识和思考

教师作为教育事业的主体，是教育教学的主要参与者，是推动教育改革和发展的中坚力量。教师素质的高低是办好教育的关键所在，加强教师队伍建设是学校不断发展的内在动力。《国家中长期教育改革和发展规划纲要(2010—2020年)》中明确提出了教师队伍建设的目标，即“严格教师资质，提升教师素质，努力造就一支师德高尚、业务精湛、结构合理、充满活力的高素质专业化教师队伍”，它是国家中长期教育改革和发展规划是否能够顺利实现的重要保障措施。在这样的背景下，探索教师队伍建设新模式，引领区域教师专业发展方向，实现教师队伍建设健康、协调、可持续的发展，具有重要的现实意义。基于以上任务和要求，对如何以名师带动加强区域教师队伍建设，我们认真进行了分析和思考：

1. 我区具有比较丰厚的名师资源，有齐鲁名师、山东省特级教师、潍坊名师、市特级教师等近20人。如何帮助这些名师的自身专业成长得到持续发展，如何发挥好名师引领、辐射和带动作用，需要找到合适的载体和建立有效的机制。

2. 如何将区域内的优秀教师资源凝聚起来成为“教师发展共同体”，从而便于主管部门对区域内优秀教师群体进行管理与规划，便于宏观调控优秀教师群体的发展方向和进程？

---

① 奎文区教育局提供。

3. 我区地处市区中心，拥有较丰富的优质教育资源，如何发挥区域内高校、上级教科研主管部门内专家的资源优势，为本区教师专业成长提供智力支持和理论引领?

4. 名师需要培养，要通过一种培养机制才能完成质的飞跃。作为教育主管部门，就要积极地为名师的成长搭建平台，创造条件和机会。因此，名师培养工程也是对在区域内培养高端教育人才的研究和探索。

基于以上思考和认识，我们确定了“以名师工作室为载体，促进区域教师专业发展”的工作思路。通过几年来的探索与实践，现在已经初步形成以“名师工作室”为载体培养教师的制度框架和实施办法，构建起名师专业成长持续发展和青年骨干教师培养的工作机制。

二、区域名师工作室建设的主要阶段

我区工作室的发展经历了三个阶段：

第一阶段：2006～2008年，组建齐鲁名师成长工作室。以齐鲁名师提名者为主体，组建了孙颖齐鲁名师成长工作室、颜诺齐鲁名师成长工作室。主要目的有两个：一是搭建两位齐鲁名师候选人自身专业成长的平台；二是将工作室作为名师带动青年教师成长的载体。

第二阶段：2009～2010年，组建省、市、区三级名师工作室。2009年，随着齐鲁名师成长工作室的两位主持教师孙颖、颜诺被正式认定为山东省首届齐鲁名师，齐鲁名师成长工作室顺利完成转型，成为齐鲁名师工作室。同时，我们还以孙颖工作室为依托，分别成立了幸福街小学语、数、英三个学科工作室，实现了齐鲁名师工作室的衍生发展；颜诺工作室作为潍坊市教育局首批设立的潍坊名师工作室，与齐鲁名师工作室有机融合，并行发展。这一年，我们还选择了区内有突出表现和特长的老师（王丽、刘青、辛秀红、孙晓燕)，组建了四个个性化教师工作室，实现了个性教师工作室的创生发展。同时，我们充分利用中心市区优势，引进市内优质教育资源，于2010年3月组建了两个专家工作室——欧晓霞专家工作室（以潍坊学院欧晓霞教授为主体成立的家庭教育和心理健康教育研究工作室)、李秀伟专家工作室（以原潍坊市教科院现任职于齐鲁师范学院山东省基础教育课程研究中心的李秀伟老师为主体成立的教育教学研究工作室)，实现了专家工作室的创新发展。

第三阶段：2011 年至今，加强名师工作室运行保障机制建设。这一阶段，主要进行了名师工作室运行保障机制的研究与实践，重点加强工作室制度建设，制订出台了《奎文区名师（专家）工作室管理办法（试行）》。根据该管理办法，2011 年组建了 11 个工作室，2012 年组建了 12 个工作室，覆盖专家、名师、个性教师工作室三个层级。在健全的制度和运行机制的保障下，我区各级工作室逐渐走上规范、健康、高效的发展之路。

三、区域名师工作室建设的推进措施

我们主要本着“区域制度规范”和“工作室自主管理”两大原则开展工作，“区域制度规范”，即将影响工作室效益的要素进行制度建设，建章立制，让制度说话，让制度规范；“工作室自主管理”，即实施项目管理，设置项目管理经费，工作室自主规划与运行，以加大工作的能动性和可控性。总之，目前我区各工作室处于良好运转状态。

1. 健全工作室的管理机构

名师培养工程是一个上下协调、内外互动的系统工程，要高起点、高定位、高标准地组织并实施好这一工程，需要各方面的共同努力。教育局专门成立了以局党工委书记、局长为组长的领导小组，副局长为组长的工作室评审委员会，教研室主任为组长的工作小组，全力推进工程实施工作，为名师培养工程增势助力；实施项目管理，设立区项目组，负责区域协调与推进，设立 11 个子项目组，负责工作室的管理与研究；工作室所在学校提供服务与支持。

现在，我区组建的 11 个工作室，在学科、学段、研究主题等方面更加全面；11 个工作室集聚了我区 170 多名骨干优秀教师，形成了一个区域内优秀教师团队，大家一起立足学科，聚焦课堂，发挥集体智慧、团队力量、专业优势，多方互动、深入基层来培养高端教师，打造学科高地。我区的“专家、名师、个性教师”三级工作室，以共同的愿景为导向，以协商、合作的文化为机制，以教师的实践问题为基础，以参与中的身份认同为标志的“教师发展共同体”已经成为我区教师队伍建设的重要措施。

2. 完善工作室的运行机制

我们围绕影响工作室效益的要素进行制度建设，建章立制，用制度管理、用制度规范。在多次论证、反复研究的基础上制订出台了《奎文区名师

（专家）工作室管理办法》，从组建、组织、经费、成果与评价管理等方面做了具体的界定，明确了工作室主持人、成员、工作室领导小组、工作室评审委员会的权利和责任。这个文件成为我区各级工作室管理的指导性、落实性、评价性文件，并在此基础上进一步加大工作室的自主管理力度、研究力度、成果推介力度，工作室实施项目管理，设置项目管理经费，这些举措极大地调动了工作室主持人的积极性和能动性。制度规范和项目管理机制已经成为工作室深度研修的有力保障。

3. 建设工作室的运行要素

（1）工作室的层级界定

我区工作室分设“专家、名师、个性教师”三级，各级工作室具体界定如下：

专家工作室：是指引进奎文区以外的教育专家或特殊人才，为我区教师专业成长提供智力支持和理论引领而组建的工作室。有条件的学校可以根据发展需要，聘请高校或教育科研机构等单位的专家，组建专家工作室落户本校，引领学校和教师发展。

名师工作室：是指发挥区内齐鲁名师、省特级教师、潍坊名师、市特级教师、奎文名师（专家型校长）的引领、辐射作用而组建的工作室。

个性教师工作室：是指区内在某个研究领域具有个性化教育教学特色和特长的老师组建的工作室，以发挥个性教师的专业引领作用。

鼓励学校积极建立校级工作室。校级工作室组建后，可向奎文区名师（专家）工作室领导小组申请备案，对已备案的校级工作室，如果运转良好、成效突出将优先审批。

（2）工作室的组建

工作室实行动态管理，以完成阶段性研究内容为工作时限，按照年度进行申报和备案（期限一般为 1 年），每年 1 月份为申报备案时间，每年 12 月份为审核审批时间。

组建工作室由学校或主持人提出申报，提供年度项目管理计划书，要有明确的研究课题，能发挥示范引领作用，能带动学校发展和教师成长；要有具体的项目实施工作方案，工作目标、工作内容、工作方式有较强的可行性和可操作性，预期成果明确，可检验。“奎文区名师工作室领导小组”对申请工作室的计划书进行审核，择优确定主持人，并以教育局办公室文件的形式在全区范围内进行公示。

工作室培养对象可由个人申报、单位同意推荐、“奎文区名师工作室领导小组”批准的方式确定；或由主持人提议，“奎文区名师工作室领导小组”批准的方式确定；也可由“奎文区名师工作室领导小组”根据人才培养要求提名确定。培养对象确定后全区范围内进行公示。

(3) 工作室的研究主题

教师专业发展最有效的途径就是行动研究，工作室实施课题带动策略，根据主持人的自身特色及研究领域存在的问题确定工作室的研究主题，并进行省、市、区各级课题的规范管理，以此规范研究，促进研究，引领研究，实现工作室科学、可持续发展。

(4) 工作室的月展示

为进一步加强日常管理，定期展示各工作室的研究成效，建立“每月一次公开展示活动，每年公开展示活动不少于 8 次”的工作机制。由区项目组汇总各工作室的月展示活动形成“奎文区各级工作室月配档表”，下发到相关学校，以便大家提前安排好学校工作室，提高参与率，也方便主持人提前谋划展示活动，以确保研修的深度。在工作室主持人的精心组织下，工作室活动的主题性、研究性、实效性均有明显提高。

(5) 工作室的月观摩

为进一步规范工作室活动程序，定期调度各工作室活动情况，建立“每月全体观摩一次活动”的工作机制，优先展示原则上较为成熟的工作室；自愿承办的方式，实现了各工作室之间的学习和借鉴、引领和促进；为区域管理部门实现定期调度提供了机会，以便及时发现管理中的问题，布置后期工作。

(6) 工作室的中期调度

工作室的中期调度在每年的 7 月份举行，由各工作室主持人对前期工作进行全面总结，就各自开展的工作进行汇报，对过程性材料进行展评。可以说，“中期调度”的目的有二，一是促进各工作室之间进行学习与交流；二是全面梳理前期取得的成效和存在的问题，为后期工作的开展提供依据。

(7) 工作室的年终评审

各工作室于每年 12 月份要进行项目汇报与展示，由工作室领导小组对各工作室项目组织考核。考核分两部分，一是由本工作室成员对工作室工作进行自评；二是由工作室评审委员会进行考评，对工作室项目完成情况从日常活动参与、培养对象成长、成果物化、在全区教育教学中产生的影响和经费使用效益五个方面进行验收和评估。

奎文区名师（专家）工作室领导小组根据工作室的测评情况，对优质项目成果予以推广和奖励，受到奖励的项目主持人在下一次项目申请时予以优先考虑；对执行不利、研究成果不显著的项目，不再予以审批。

此项工作是我区深化名师工作室运行机制的一个主要表现，主要是解决工作室的评价问题，极大地规范、完整了工作室的运行程序，激发了工作室的运作潜能，成为今年工作的终点和下年全新工作的起点。

(8) 工作室的经费管理

教育局为工作室设立专项经费，每个工作室每年度 2～3 万元，用于工作室开展工作和进行项目实施，由工作室主持人提出使用意见，专款专用；主要用于成员专业发展和成果推介，以提升工作室的经费使用效益；各工作室在申报项目时由工作室主持人提出用款计划，由区教育局计财科会同工作室管理办公室审核后下拨主持人所在单位，委托单位法人代管，会计单独记账、核算，不得超范围使用。

(9) 工作室的成果管理

每个工作室每年至少有 2 个标志性成果。如发表正式期刊论文、出版专著，有省市级教学成果、省市课题结题、省市级优质课观摩课，培养了省市教学能手、各级名师，在区域推广经验等。

凡属工作室项目成果的论文、专著、媒体刊载、技术资料、汇报材料和成果评议鉴定资料等，在发表、出版、展示、汇报时均应注明“奎文区名师（专家）工作室”字样。工作室领导小组将精选各工作室的优秀成果，由区教育局出资每年结集出版一次；对于研究成果特别突出的工作室，区教育局将出资为其出版专著。

(10) 工作室的宣传推介

鼓励各级工作室充分利用各种资源，致力于工作室成果的推介和宣传；区项目组充分发挥各种渠道的作用，积极为各级工作室提供机会和平台，以提升工作室的品质和扩大区域影响。

四、区域名师工作室建设的主要成效

经过几年的探索、研究与实践，我区的“名师工作室”作为“促进区域教师专业发展，引领、辐射和带动青年骨干教师快速成长”的一种教师队伍建设新模式，它的作用和价值在实践中越来越显得突出和重要。

1. 工作室的价值特点逐渐凸显

经过前期的实践与探索，我区的工作室形成了以下特点：

(1) 权威性：工作室的主持人在教育界和社会有一定的知名度和话语权。

(2) 学术性：工作室的主持人在学术上有专长。

(3) 学科性：以学科设立工作室，载体具体，易于交流。

(4) 开放性：工作室的大门是敞开的，不是封闭的，既有内部的广泛交流，也有外部的延伸。

(5) 互惠性：主持人与成员是平等、互补、互助、互惠的关系。

(6) 实践性：是实践共同体，为全体成员提供“做”的“场”。

(7) 研究性：强调以课堂教学为研究的第一要素，用研究带动成员的提升。

(8) 引领性：实现主持人、成员自身素质的提高和成员辐射效应的拓展。

我区的名师工作室，是一种带教方式，是一种学习机制，是一个信息交流、资源共享的平台，更是一个专业发展共同体。工作室不局限于获悉教学之术，而是要究教学之理，悟教学之道。“让教学蕴含学术，让教育充满思想”已经逐渐成为工作室践行的准则和目标追求。

2. 工作室的研究活动有序高效

各工作室依据各自的研究主题，自主、有序地开展系列研究活动，研究活动主题突出、效果明显。各个工作室结合自身的特点，于实践中逐渐梳理出科学、有效的工作模式。如课题跟进式、课堂观察式、课例打磨式、网络教研式、教育叙事研究式等，完善了区域内名师工作室的实施策略，以“读书——研究——写作”为主线的工作室模式正日趋成熟。

目前，工作室的团队研修机制正如“滚雪球”般显现其价值。“1+8+n”带动周边人共同发展。“1”表示团队的主持人，“8”代表来自各校的8

名成员，“n”表示团队所有成员所在学校的老师，通过1带8带n的团队工作模式的力量，层层带动，发挥辐射作用，引领队员教师所在学校教师的共同发展，形成更强劲的新生力量，从而实现整个研修群体的专业提升。正所谓：水相荡而生涟漪。

3. 工作室的研究成果丰富显著

我区名师工作室的健康、和谐运行极大地唤醒了区域教师的成长意识（从每年各级工作室的培养对象招募情况来看，学校、教师的积极性非常高涨）。唤醒，就是通过专业引领，让教师具有自我意识，能够自我内省，不断反思，将成长视为生活中不可或缺的重要组成部分，从而更加关注教育教学，投身研究，赋予教育新的生命价值和意义，使学习和成长成为教师的行为模式，成为教师的常态。

奎文区个性教师工作室主持人肖宝臻老师说：“工作室的工作使我有了很大的发展。我过去的班级工作是跟着感觉走，现在是依托理论开展实践，我个人认为这是一个飞跃；个人实践变成了组织群体实践与研究，我慢慢地学会了组织、协调等，这对于我这个以前不愿意抛头露面的人来说是一个挑战，同时也提高了我的工作能力；我学会了思考和总结，过去的班级管理工作总是做了就做了，现在不同了，要制订计划，要组织活动，要注意积累，要及时总结。”李蓓蓓老师是潍坊中新双语学校的一位名不见经传的青年教师，在李秀伟专家工作室的引领打造下，为山东省小学语文远程研修提供的课例，得到了多位专家的亲自指导；在2011年10月举行的全国目标教学会上提供了一节观摩课，获得特等奖，得到了与会老师的高度评价。正是工作室给她提供了一个平台、机会、指导团队，让她成长得如此灿烂！

各级工作室的研究成果丰富显著，各个工作室均能完成《名师工作室管理办法》中界定的标志性成果的级别和数量。如省市教学能手的培养，打磨国家省市级观摩课优质课，省市级课题结题，省市级科研成果，为山东省远程研修提供课例，在核心期刊发表论文，参加市级推介会等；2011年，工作室的29个课题全部通过潍坊市“十一五”规划课题的鉴定，实现了一线教师担当课题主持人的目标，极大地提高了各工作室的积极性和今后研究的规范性；全面整理我区的研究成果，于2012年编辑出版《奎文区名师工作室建设与探索》一书，从缘起、规划、管理、模式、实践、成果、感悟、展望等方面全面解读以“名师工作室”为载体培养教师的操作框架和实施策略；

2012年《中小学学科教学改进的研究》荣获山东省第三届教学成果二等奖，2012年《奎文区名师工作室管理办法》获潍坊市金点子成功案例一等奖，我区的名师工作室建设经验在全市教师教育与师德考评工作会议上作典型交流。工作室已经成为大家专业发展和收获研究成果的平台，成为区域工作、学校工作的核心和生力军。

五、区域名师工作室建设存在的问题

1. 工作室的理论水平不够，成为制约工作室高水平发展的瓶颈，“究教学之理、悟教学之道”显然离不开教育理论的支撑。

2. 进一步畅通发表、出版、推介渠道，为工作室创造更加宽广、更加开放的发展领域。

“名师工作室”是我们奎文教育的一项意义深远的工作，是奎文教育创新人才培养模式、构筑人才高地的重要举措。我区将继续深化工作室的运行机制研究，面向整体，精心谋划，加强各级联动、互动，加大优秀成员、重点成员的培养推介力度，用标准引领，用项目驱动，用竞争激励，用机制创新，为教师的专业成长注入不竭动力，实现我区教师队伍的科学、优先、可持续发展，共同成就现时和未来奎文教育的领军团队。